城市轨道交通高效制冷空调系统设计与应用

主　编　王　颖　梁路军
副主编　吴　疆　罗定鑫　张　瑞
　　　　李新美
主　审　石文星　刘　靖　邹　东

西北工业大学出版社

西安

【内容简介】 本书分为 8 章,以轨道交通高效制冷空调系统研究为主线,从系统负荷分析、设计,高效设备选型及节能控制技术,制冷机房系统的标准化设计及装配式建造,高效制冷空调系统的监测及评价,发展展望等方面入手,力争阐述一个完整的"设计、施工、制造、运维"的全寿命周期体系。

本书可作为从事空调系统工程设计工作或其他相关工作人员的参考书。

图书在版编目(CIP)数据

城市轨道交通高效制冷空调系统设计与应用/王颖,梁路军主编 . —西安:西北工业大学出版社,2020.1
ISBN 978-7-5612-6766-0

Ⅰ.①轨… Ⅱ.①王… ②梁… Ⅲ.①城市铁路-轨道交通-空气调节系统-系统设计 Ⅳ.①U239.2

中国版本图书馆 CIP 数据核字(2020)第 026026 号

CHENGSHI GUIDAO JIAOTONG GAOXIAO ZHILENG KONGTIAO XITONG SHEJI YU YINGYONG
城 市 轨 道 交 通 高 效 制 冷 空 调 系 统 设 计 与 应 用

责任编辑:华一瑾		**策划编辑**:华一瑾	
责任校对:胡莉巾		**装帧设计**:李 飞	

出版发行:西北工业大学出版社
通信地址:西安市友谊西路 127 号　　**邮编**:710072
电　　话:(029)88491757,88493844
网　　址:www.nwpup.com
印 刷 者:陕西向阳印务有限公司
开　　本:787 mm×1 092 mm　　1/16
印　　张:13.625
字　　数:358 千字
版　　次:2020 年 1 月第 1 版　　2020 年 1 月第 1 次印刷
定　　价:58.00 元

如有印装问题请与出版社联系调换

序

随着中国城市化进程的加快,城市交通需求剧增,城市轨道交通由于其独特的优势得到了高速的发展。当前世界发达国家的城市大多拥有较为成熟与完整的城市轨道交通系统,并且其城市轨道交通所承担的客运量占城市公共交通总客运量的比例已达到50%以上,有的甚至高达80%。而在中国,城市轨道交通最发达的两座城市——北京与上海,城市轨道交通也仅承担了25%左右的公共交通客流,远远低于世界发达国家水平,还有很大的发展空间。

城市轨道交通由于其自身的特点,在建设和运营过程中都面临着巨大的挑战。城市轨道交通经常被认为是"天价工程",其建设投资巨大。城市轨道交通要实现降低建设投资的目的,实现可持续发展,就不可避免地需要研究合理的解决方法和切实可行的解决途径。

通风空调系统作为城市轨道交通不可或缺的组成部分,其系统设备和管线的设置占据了大量地面和空间,基本上是城市轨道交通名列前列的"占地大户"。同时城市轨道交通系统投入运营后,运营成本居高不下,其中最大的成本来源于各个系统运行的能耗费用,因而降低轨道交通通风空调系统运行能耗,对节约城市轨道交通的运营成本来说意义重大。

《城市轨道交通高效制冷空调系统设计与应用》以轨道交通地下车站高效制冷空调系统为主线,从系统负荷分析、系统优化设计与选型、高效节能控制、装配设计与绿色建造、系统调试监测与评价、高效制冷空调系统运行实效等多方面进行讨论,力求从全生命周期的角度给出轨道交通地下车站高效制冷空调系统设计的方法。该书的出版和发行对轨道交通通风空调节能具有重要的指导意义。

中国勘察设计协会建筑环境与能源应用分会理事长

2019 年 5 月

前　言

近年来，我国城市轨道交通事业发展迅猛，2013—2018 年的 5 年间，中国内地开通城市轨道交通系统的城市总数相对于 2013 年以前增长了 84.2%，运营里程增加了 110.0%，客运量增长约为 70%，我国已成为城市轨道"交通大国"。根据中国城市轨道协会的统计，截至 2018 年底，我国城市轨道交通总运营里程达 5 766.6 km，居世界第一。

轨道交通，作为一种绿色环保交通体系，目前已成为我国大、中城市的主要出行交通工具之一。虽然我国的线网规模和客流规模居全球第一，但是总体运营的节能减排水平与发达国家相比还存在较大差距。例如，北京、上海等城市的轨道交通年运行能耗（耗电）已超过 10 亿千瓦·时，约为韩国首尔、西班牙巴塞罗那等城市的 3 倍。

目前，我国地铁的年用电量大约为 150 亿千瓦·时，约占全国年总用电量的 0.3%，其中环境控制系统能耗约占运营总能耗的 1/3，在环境控制系统中，60%～80% 的能耗为制冷空调系统所消耗。因此，降低制冷空调系统的能耗对于降低社会资源消耗、减少环境污染、实现轨道交通行业绿色生态发展具有重要意义。

本书以构建高效的轨道交通制冷空调系统为主线，从负荷分析、系统设计、设备选型、节能控制，到制冷机房的标准化设计与装配式建造，以及制冷空调系统的监测与评价等各个环节阐述其节能途径，致力于构建"设计、制造、施工、运维"全生命期的轨道交通制冷空调系统节能营造体系。

本书共 8 章，由广州地铁集团有限公司王颖和南京天加环境科技有限公司梁路军担任主编，广州地铁集团有限公司吴疆、罗定鑫、张瑞及南京福加自动化科技有限公司李新美担任副主编。第 1、2 章由王颖编写，第 3 章由罗定鑫、吴疆编写，第 4 章由吴疆、张瑞编写，第 5 章由张瑞、王颖编写，第 6 章由梁路军、罗定鑫、李新美编写，第 7 章由罗定鑫、张瑞编写，第 8 章由王颖、梁路军、李新美编写。全书由梁路军统稿，石文星、刘靖、邹东担任主审。

中国勘察设计协会建筑环境与能源应用分会罗继杰理事长为本书撰写序言，在此表示衷心的感谢。同时本书在组织、编写和出版过程中，也得到了业内专家和同行的大力支持和热心帮助。在此，对于他们所付出的辛勤劳动表示衷心的感谢。

由于水平有限，书中难免有疏漏和错误之处，恳请各位读者批评指正！

编　者
2019 年 5 月

目 录

第1章 概述 ··· 1
 1.1 轨道交通的历史和现状 ··· 1
 1.2 城市轨道交通车站的分类与特点 ··· 4
 1.3 轨道交通制冷空调系统的发展现状与趋势 ··· 7

第2章 轨道交通地下车站的负荷特点 ··· 11
 2.1 轨道交通地下车站对空调系统的要求 ··· 11
 2.2 轨道交通地下车站空调系统负荷构成 ··· 13
 2.3 轨道交通地下车站的热湿负荷特点 ··· 17
 2.4 常用的空调系统形式 ··· 20
 2.5 轨道交通地下车站的事故通风 ··· 22
 2.6 轨道交通地下车站负荷分析实例 ··· 24

第3章 高效制冷空调系统及其主要设备选型要求 ··· 30
 3.1 高效制冷空调系统 ··· 30
 3.2 冷水机组 ··· 32
 3.3 冷却塔 ·· 43
 3.4 水泵 ··· 49
 3.5 空气处理机组 ··· 55
 3.6 多联机 ·· 61
 3.7 节能控制柜 ·· 75
 3.8 变频器 ·· 76
 3.9 智能电表 ··· 78
 3.10 传感器 ··· 78
 3.11 电动阀门 ·· 82

第4章 高效制冷空调系统的节能控制技术 ··· 85
 4.1 轨道交通机房控制系统现状 ·· 85
 4.2 高效节能的系统集成方案 ··· 87
 4.3 冷水泵控制策略 ·· 92
 4.4 冷却水泵控制策略 ··· 94
 4.5 冷却塔控制策略 ·· 98
 4.6 冷水机组控制策略 ··· 99

4.7	大系统空调控制策略 ……………………………………	103
4.8	小系统空调控制策略 ……………………………………	104
4.9	系统集成控制策略 ………………………………………	105

第 5 章 标准化安装设计及绿色施工建造 …………………………… 118

5.1	高效制冷空调系统设计的一般原则 ……………………	118
5.2	高效制冷空调系统的 BIM 优化 …………………………	120
5.3	制冷机房构配件标准化 …………………………………	124
5.4	现场机械化装配 …………………………………………	128

第 6 章 高效制冷空调系统调试、检测及评价 ……………………… 142

6.1	高效制冷空调系统的调试 ………………………………	142
6.2	高效制冷空调系统的检测 ………………………………	148
6.3	高效制冷空调系统的评价 ………………………………	151

第 7 章 高效制冷空调系统运行案例及实效 ………………………… 154

7.1	北京地铁复八线通风空调系统节能改造 ………………	154
7.2	北京地铁 10 号线一期节能改造 …………………………	155
7.3	上海地铁 8 号线通风空调系统节能改造 ………………	157
7.4	深圳地铁 1 号线车站中央空调变频节能改造 …………	159
7.5	广州地铁 13 号线超高效机房系统 ………………………	162
7.6	小结 ………………………………………………………	183

第 8 章 高效制冷空调系统的发展展望 ……………………………… 186

8.1	我国城市轨道交通存在巨大需求 ………………………	186
8.2	城市轨道交通通风空调技术创新与应用的需求 ………	187
8.3	城市轨道交通车站制冷空调通风系统的发展趋势 ……	188

附录 …………………………………………………………………… 190

附录 A	专用名词解释 …………………………………………	190
附录 B	制冷机房推荐布局方案 ………………………………	192

参考文献 ……………………………………………………………… 210

第1章 概 述

1.1 轨道交通的历史和现状

随着社会的进步,城市化进程加快,城市地域不断扩大,城市人口日益增多,大中型城市普遍出现了人口密集、机动车数量激增、交通阻塞、环境污染严重及能源匮乏等城市病症。城市交通是城市发展的生命线,拥堵的交通不仅造成了交通堵塞,也增加了交通事故的发生率。此外,交通问题带来的噪声污染和汽车尾气污染问题也不容忽视。作为城市公共交通系统的一个重要组成部分,城市轨道交通应运而生,并得到了迅速发展。

城市轨道交通是指在城市中使用车辆在固定导轨上运行,并主要用于城市客运的交通系统,一般包括地铁系统、轻轨系统、单轨系统、有轨电车、磁浮系统、自动导向轨道系统及市域快速轨道系统等。城市轨道交通在《建筑学名词》中的定义是指在不同类型轨道上运行的大、中运量城市公共交通工具;或当代城市中地铁、轻轨、单轨、自动导向、磁悬浮、城际高速铁路等轨道交通的统称。城市轨道交通具有运量大、全天候、快速、污染少、占用城市用地少、节能、安全、准时与舒适等特点,属绿色环保交通体系,符合可持续发展的原则,特别适用于大、中城市。城市轨道交通种类繁多,按照用途可分为城市铁路、市郊铁路、地下铁道、轻轨交通、城市有轨电车、独轨交通、磁悬浮线路、机场联络铁路及新交通系统等。发达国家多年来的实践证明,大力发展以地铁、轻轨为主体的城市轨道交通,是解决城市交通问题的最佳途径。

城市和区域轨道交通的系统制式可按照运能、线路敷设方式、路权等多个方面进行划分,从目前国内外轨道交通的发展现状和趋势来看,其发展模式主要有地铁、轻轨、单轨系统、区域快速铁路、有轨电车及新交通系统等几种。

1.1.1 国外城市轨道交通发展概况

城市轨道交通自诞生至今已有150多年的历史,但国际上大规模修建城市轨道交通却始于20世纪70年代。目前,世界上已有50多个国家的330多座城市建立了城市轨道交通系统,线路总长度有数万千米,各大城市的地铁、轻轨、城市铁路及新型城市轨道交通都得到了很好的发展,为城市的客运交通和经济发展做出了重要的贡献。

1863年1月10日在英国伦敦开通了第一条地铁"大都会号"(Metropolitan Railway, Paddington - Farringdon,6 km),标志着城市地下快速轨道交通的诞生。随后美国、匈牙利、奥地利、法国和德国也相继建成了自己的地铁线路,到了20世纪,日本、加拿大、苏联等国在地铁方面得到了迅速的发展,轨道交通从欧美、亚洲扩展到大洋洲,从发达国家发展到发展中国家。当今世界的大城市和特大城市中,轨道交通已在公共交通系统中占据主体地位。地铁作为大规模的城市轨道交通在许多大城市得到了广泛应用,并成为城市公共交通的主体。在发达国家城市,地铁等轨道交通已经成为主要的出行方式之一,在一些国际大都市,如东京、伦敦和莫斯科,地铁在出行方式中所占的比例达到了87%、61%和54%。

目前,全球拥有城市轨道交通线路最多的地区分别为欧洲、亚洲和美洲。运营线路最长的国家分别为中国、美国、日本和德国,上述国家运营里程数合计占全球运营里程的近45%。发达国家的主要大城市如纽约、华盛顿、芝加哥、伦敦、巴黎、柏林、东京等,已基本完成城市轨道交通网络建设,后起的新兴国家和地区城市轨道交通建设方兴未艾,亚洲地区包括中国、印度、伊朗、越南、印度尼西亚等在内的多个国家均有多个城市在建或规划建设城市轨道交通线路。

1.1.2　国内城市轨道交通发展概况

我国地铁发展起步较晚,于1965年开始进行北京地铁的建设,并于1969年建成了中国第一条地铁——北京地铁一号线。该工程最早于1953年在《关于改建与扩建北京市规划草案》中被提出,最初是为了防范空袭和核弹威胁,和平时期则兼顾交通需要所建,全线均为地下线,按照防空工事标准设计,其规划方案如图1-1所示。

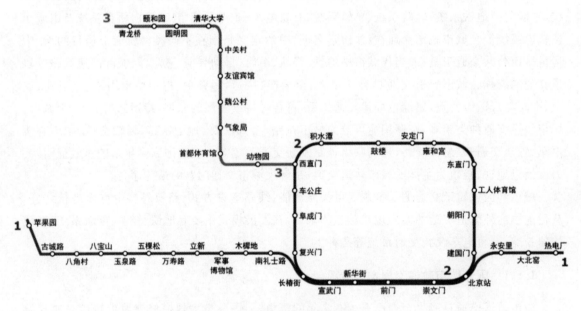

图1-1　北京地下铁道规划方案(1965年)

近年来,越来越多的城市意识到城市轨道交通在优化城市空间结构、缓解城市交通拥堵、保护环境等方面所呈现出来的积极作用,且对城市可持续发展具有重要的意义。特别是2008年以来,政府加大基础设施建设力度,各级政府纷纷开始筹建轨道交通,在国内各大城市掀起了一股地铁建设热潮,使得城市轨道交通步入一个跨越式发展的新时期。经过50多年的发展,现在中国城市轨道交通产业正步入高速发展时期,已成为世界上城市轨道交通发展最迅速的国家。

中国城市轨道交通协会发布,截至2018年底,国内累计有35个城市建成投运城市轨道交通线路155条,运营线路5 766.6 km,其中2018年内新增22条运营线路,新开延伸段14段。进入"十三五"以来,三年累计新增运营线路长度2 148.7 km,年均新增线路长度为716.2 km。表1-1给出了部分主要城市的轨道交通线路概况。2018年我国大陆地区5 766.6 km的城市轨道交通运营线路中,地铁线路里程为4 511.3 km,占比78.23%;其他六种形式(包括轻轨、单轨、市域快轨、现代有轨电车、磁悬浮交通、APM等)共计1 255.3 km,占比21.77%。由此可见,地铁为我国目前城市轨道交通领域的主流运输工具,而且已基本在新增运营线路和未来城市轨道交通市场中占据绝对主导优势。

表1-1 中国内地部分主要城市2018年已开通运营线路及里程统计

(截至2018年12月31日)

序 号	城 市	总里程/km	最早通车时间
1	北京	713.7	1969年10月1日
2	上海	784.6	1993年
3	广州	449.5	1997年6月
4	天津	227.0	2005年12月
5	深圳	285.9	2004年12月
6	南京	394.5	2005年9月
7	重庆	315.3	2011年7月
8	长春	115.6	2002年1月
9	武汉	351.1	2004年7月
10	大连	182.1	2015年1月
11	沈阳	128.7	2010年9月

纵观我国城市轨道交通发展历程,可以发现其如下特点。

(1)建设速度快。2018年全国城市轨道线网总规模已达5 766.6 km,创历史新高,"十三五"期间,我国城市轨道交通在建的城市将超过80个,在建线路达到6 000 km左右。预计到2020年底,我国将有超过50个城市建设轨道交通,未来十年,城市轨道交通车辆平均年需求将超过5 000辆。

(2)形式多样。虽然采用地铁形式的城市较多,运营里程占总数的75%以上,但轻轨、单轨、有轨电车、磁悬浮等其他形式也不同程度地存在着,如长春拥有轻轨和有轨电车,重庆地铁二号线采用的是单轨铁路,广州地铁四号线采用的是直线电机系统。

(3)由单线向网络发展。多个主要大城市的城市轨道交通网络已建成多条线路,并已形成基本框架。这标志着我国的城市轨道交通已形成网络化趋势。同时,我国的城市轨道交通批建也已由原来一条线路单独批建转变为城市轨道交通网络建设规划的审批。

(4)城市轨道交通车辆及机电设备等的国产比例不断上升,产业初步具有了一定规模。

(5)城市轨道交通从中心市区逐渐扩展到城市边缘和卫星城。为了实现城市空间转移和卫星城的建设要求,北京、上海、广州等一线大城市正在规划或建设市郊线路或城际快速轨道交通。

1.2 城市轨道交通车站的分类与特点

与国家铁路相比,城市轨道交通车站的行车作业流程相对简单,不办理货运和列车编组作业,也很少办理越行和会让作业。但由于城市轨道交通车站设置在城市内部,其空间结构设计、施工方法比铁路车站更为复杂。

1.2.1 城市轨道交通车站的分类

城市轨道交通车站有很多分类方式,主要有下述3种分类方法。

(1)从车站与地面的相对位置上分。轨道交通车辆一般采用高地板设计,相应的车站也采用高站台形式,保证乘客水平进出车厢。为了满足相应要求需要将车站设置在地铁、轻轨线路的一定位置,并进行专门的设计。城市轨道交通中列车停靠时间短、进出站频率高,乘客候车、滞留站内的时间也较短,人流量大。

城市轨道交通车站根据车站与地面的相对位置可分为地面车站、高架车站和地下车站三种,如图1-2所示,地下车站和高架车站实景图如图1-3所示。车站按照其在线路运营中的功能又可分为中间站、折返站、换乘站、枢纽站和终点站等,部分车站示意图如图1-4所示。

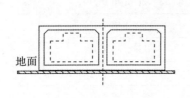
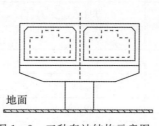
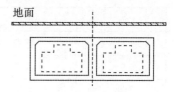

图1-2 三种车站结构示意图
(a)地面车站; (b)高架车站; (c)地下车站

图1-3 地下车站和高架车站实景图

地面车站造价比较低,但对轨道交通线经过的区域造成了分割,一般修建在用地面积受限制的区域。在城市中心范围内,已有的地面建筑往往难以改变,地面空间资源又十分有限,因此城市轨道交通车站常常设置于地下或地上,且造价比地面车站要高。

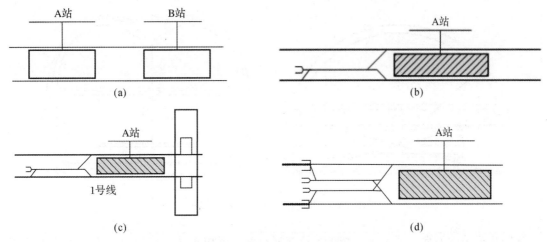

图 1-4 不同类型车站示意图
(a)中间站； (b)折返站； (c)换乘站； (d)终点站

高架车站一般位于中心区域以外的地面上,可设置在城市道路的中心线,也可设置在绿化隔离带;从人行道进入高架车站的楼梯、天桥,可直接用作过街天桥使用。为节省车站周边地面资源,并充分利用线路与地面之间的垂直空间,高架站多采用双层设计,站台层在上方,站厅层在下方。由于设置在地面上,一般不考虑环控系统。

地下车站在目前占据轨道交通首要地位的地铁系统里面被普遍采用,其在防火、防灾及环境控制方面有特殊要求,与地面车站和高架车站有着显著的区别。

(2)从车站的结构形式上分。高架车站以框架结构为主,地下车站结构横断面形式主要根据车站埋深、工程水文地质条件、施工方法、建筑艺术效果等因素确定。在选定结构横断面形式时,应考虑到结构的合理性、经济性、施工技术和设备条件。结构横断面形式一般有矩形断面和拱形断面两种。矩形断面是车站中常选的形式,一般用于浅埋车站。

车站可设计成单层、双层或多层,跨度可选用单跨、双跨、三跨或多跨的形式,矩形断面车站结构如图 1-5 所示。而拱形断面则多用于深埋车站,有单拱和多跨连拱等形式。单拱截面中部起拱,高度较高,两侧拱脚处相对较低,中间无柱,因此建筑显得高大宽阔,如果建筑处理得当,常会得到理想的建筑艺术效果,拱形断面车站结构如图 1-6 所示。

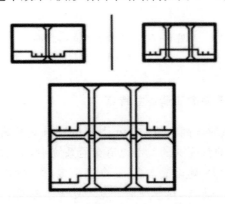

图 1-5 矩形断面车站结构示意图

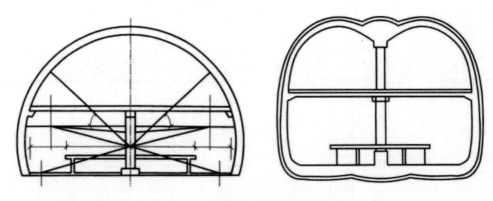

图 1-6 拱形断面车站结构示意图

（3）从车站的站台形式上分。城市轨道交通车站一般由车站主体（站台、站厅、设备用房和管理用房等）、出入口及通道、通风道及地面通风亭（仅地下车站）和其他附属建筑物组成。

车站按照其站台形式还可分为岛式车站[见图 1-7(a)]、侧式车站[见图 1-7(b)]和岛侧混合车站[见图 1-7(c)]。岛式车站其站台位于上、下行行车线路之间，是一种常用的车站形式，具有站台面积利用率高、能灵活调剂客流、乘客中途改变乘车方向方便、车站管理集中、站台空间宽阔等优点，因此，一般用于客流量较大的车站。侧式车站的站台位于上、下行线路的两侧，它也是常用的一种车站形式。该类型车站的站台上、下行乘客可避免互相干扰，正线和站线间不设喇叭口，造价低，改建容易，但是站台利用率低，不可调剂客流，中途改变乘车方向经地道或者天桥，车站管理分散，站台空间不及岛式宽阔。因此岛式车站站台多用于两个方向客流量较均匀（或流量不大）的车站及高架车站。岛侧混合车站是将岛式车站站台和侧式车站站台同设在一个车站内，主要用于两侧站台换乘或列车折返，可布置成一岛一侧式或一岛两侧式。

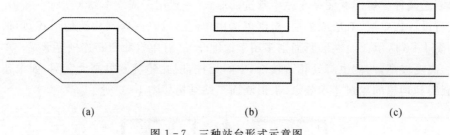

图 1-7 三种站台形式示意图
(a)岛式车站；(b)侧式车站；(c)岛侧混合车站

1.2.2 城市轨道交通车站的建造运营特点

（1）以地下站为主，建造成本高。地铁是我国城市轨道交通领域的主要形式，其线路大部分位于地面以下，相应地在地铁模式的城市轨道交通系统中的车站也大部分建设在地面以下。轨道地下车站存在施工难度大、建设成本高、安全隐患多、作业时间长、进出站不便、空气不流通、改扩空间小和容易积水等缺点，其本身是个庞大复杂的建筑工程。选择地下设站的直接原因就是车站所在轨道路线是走地下的，故地下站是万不得已的设站方式。不过地下站有很多特殊的用途,比如遮风挡雨、战备防空、节约地上空间等。地铁站或其他城市轨道交通站是地下站的主体,近年来部分城际轨道在市区走地下,出现了地下城轨站。

(2)动力空调照明的能耗高。地下车站作为一个承担了多种功能的公共场所,要面向工作人员、乘客等多种人群,在安全、卫生、舒适度等方面有不同的要求。在轨道交通飞速发展的同时,轨道交通的能耗也不断增加。地铁轨道交通的能耗分为牵引能耗和动力空调照明能耗。牵引能耗主要是指列车在运行中电机动力消耗和车载电器设备如空调等系统的电能消耗,牵引能耗与发车间隔关系较大;而动力空调照明能耗则主要包括车站内的环控设备、屏蔽门、电扶梯、车站照明及站区空调通风系统等的用电。

地铁是公共建筑中的能耗大户,地下车站的能源消耗尤为突出,其中通风空调系统的能耗占比约为30%～50%。根据国内已投入使用的地铁线路运营情况来看,对于我国北方站内不设空调系统的地铁线路,为保证地铁系统正常运营,每20 km的地铁轨道交通线路,每年需耗电6 000万千瓦·时,若车内设有空调系统,年用电量还要增加至8 000万千瓦·时,如北京地铁能源费用支出约占总运行费用的40%。对于南方城市来说,则平均每20 km地铁轨道系统的年用电量高达10 000万千瓦·时。

1.3 轨道交通制冷空调系统的发展现状与趋势

1.3.1 轨道交通通风空调系统的发展现状

轨道交通通风空调系统作为地铁的环控系统,承担着地下空间的环境参数的控制和改善功能,其目的是把站台、站厅和区间隧道的热湿环境维持在舒适范围内,它是整个地铁系统中耗资巨大的环节。轨道交通通风空调系统是随着工程建设不断发展的,从最初的完全采用自然通风,到后来设置机械通风,再发展到空调降温,基本上与地上建筑设备技术同步进行。

(1)城市轨道交通通风空调系统形式。我国已开通运营及正在建设和设计的城市轨道交通的城市,从地域上可分为北部、中部和南部城市,各地区具有自身典型的气候特点,从通风空调系统设置情况来看,考虑当地气候条件和城市轨道交通的运输能力等因素,主要采用通风系统或空调系统。目前城市轨道交通通风空调系统的配置根据实际状况,有两种类型、三种典型形式的系统得到广泛实际应用,即通风系统和空调系统两种类型,通风系统、无屏蔽门通风空调系统和有屏蔽门通风空调系统三种典型形式。

从实际统计数据来看,我国轨道交通地下车站的通风空调系统普遍采用空调系统,主要由风系统和冷源系统所构成。风系统包括风机、空调机组或空调末端等设备以及相应的风阀和管道等。而冷源系统用于为通风空调系统提供冷量,一般分为分散冷源和集中冷源两种。分散冷源需在每个车站设置制冷机房,我国较多采用水冷冷水机组。这种方式运行控制简单方便,但需要此站的一端或两端留有相当面积的制冷机房面积,并在机房内设置一套冷水设施。而集中冷源是在全线若干个站共设一个冷冻站房,在区间隧道铺设冷水管为车站提供空调冷源。该方案为车站节省了制冷机房的空间,解决了车站设置冷源时冷却塔的室外放置问题,但是不可避免会增加部分管路输送能耗。

地铁通风空调系统由两个系统组成:第一个是隧道通风系统,由区间隧道通风系统和车站隧道通风系统两部分组成。第二个是车站通风空调系统,主要由大系统、小系统和水系统三部分组成。大系统是指车站公共区通风空调系统,小系统是指车站设备管理用房通风空调系统,水系统是指空调水系统。

(2)城市轨道交通通风空调系统的能效现状。通风空调系统是城市轨道交通的两大用电系统之一,其实际耗能达到了城市轨道交通的30%～50%。例如:北京某城轨交通系统中,通风空调系统分别占轨道交通系统总能耗的33%;上海某地铁站的能耗中,通风空调系统能耗占总能耗的30%～35%,如不考虑列车牵引能耗,则车站空调通风系统能耗占车站常规能耗的50%以上;武汉某站,通风空调系统占地铁车站总能耗的37.3%,空调季节里通风空调系统能耗约为非空调季节里的3倍。在广州、深圳等南方地区,由于空调运行时间长,通风空调系统所占的百分比则将更高,有数据显示通风空调系统用电约为48%～50%。并且在通风空调系统的能耗中,约60%～80%的能耗消耗在制冷机房系统内。

由此可见,城市轨道交通地下车站的制冷机房能耗在地铁系统能耗中占有较大的比例。据国内地铁运营数据显示,部分地铁车站的冷水机组、水泵存在"大马拉小车"的现象。如在集中供冷系统中,部分设计单位对空调负荷安全因数的放大过高,计算方法不当,会造成集中冷站二次变频水泵长期处于低频率运行状态。又如某地铁线的风系统变频运行中,存在变频幅度不大、节能效果不理想的现象。

1.3.2 轨道交通通风空调系统的未来趋势

我国轨道交通装备制造业经历60多年的发展,已经形成了自主研发、配套完整、设备先进、规模经营的集研发、设计、制造、试验和服务于一体的轨道交通装备制造体系,包括电力机车、内燃机车、动车组、铁道客车、铁道货车、城轨车辆、机车车辆关键部件、信号设备、牵引供电设备及轨道工程机械设备等10个专业制造系统,特别是近十年来在"高速""重载""便捷""环保"技术路线推进下,高速动车组和大功率机车取得了举世瞩目的成就。

(1)向智能高效方向发展。中国轨道交通装备制造业是创新驱动、智能转型、强化基础、绿色发展的典型代表,是我国高端装备制造领域自主创新程度最高、国际创新竞争力最强、产业带动效应最明显的行业之一。我国轨道交通装备制造行业仍然年轻,与发达国家相比还有一定的提升空间。轨道交通作为《中国制造2025》重点发展的十个领域之一,正在开启发展的新模式。

城市轨道交通通风空调系统作为城市轨道交通系统中的重要组成部分,承担着多项功能,对城市轨道交通系统的安全、卫生、舒适、高效、低能耗运行具有重要的影响,同时城市轨道交通通风空调系统的高效、低能耗、低成本运行对于降低城市轨道交通的运营成本、提高城市轨道交通运营的经济性也具有重要的促进作用。

(2)能效评估将成为必然。地铁内部的空间和发热量大,为了维持其热湿环境,环控系统的风机、制冷机、空调机的装机容量都相当大,由此引起大量的设备投资和运行能耗费用。在地铁车站运营初期,环控系统能耗甚至超过总能耗的50%,严重影响到地铁的运营经济性。因此,节能是地铁环控系统必须考虑的问题。一年中的不同季节,同一天的不同时刻,地铁里列车的密度和乘客客流量是不同的,相应的产热量也是不同的,而且外界大气温度也在不断地变化,因此不同情况下需要地铁通风空调系统以不同方式运行,需要合理、有效地控制地铁通风空调系统的运行,制定出最优的环控系统运行方案,从而满足地铁内乘客舒适度要求,既保证地铁系统正常运营,又能使环控系统的运行费用降到最低。

地铁系统作为公共建筑中的能耗大户,其地下车站制冷机房这一能耗占比最大的部分的运行情况将直接影响地铁系统的总能耗。地下车站制冷机房的主要能耗包括制冷主机能耗、冷却水泵能耗、冷水泵能耗和冷却塔能耗。故制冷机房瞬时能效比 COP_c 可以表示为

$$COP_c = Q_e/(P + P_{cw} + P_w + P_{wf}) \tag{1-1}$$

式中　Q_e——冷水机组的制冷量,单位:kW;

　　　P——冷水机组的输入功率,单位:kW;

　　　P_{cw}——冷水泵的输入功率,单位:kW;

　　　P_w——冷却水泵的输入功率,单位:kW;

　　　P_{wf}——冷却塔的输入功率,单位:kW。

制冷机房全年综合制冷能效比 $SCOP_c$ 的计算公式为

$$SCOP_c = \frac{冷水机组在制冷季节制取的总冷量}{制冷机房在制冷季节消耗的总电量} \tag{1-2}$$

式(1-1)和式(1-2)分别表示制冷机房在某运行时刻的能效比和整个制冷期间制冷机房的全年制冷能效比,显然二者存在一定的区别和联系。式(1-1)中 COP_c 仅仅体现某一特定时刻、特定工况下的制冷性能,而式(1-2)中的 $SCOP_c$ 则体现了制冷机房全年的平均制冷性能,它是各时刻能效比对时间的积分值。显然 $SCOP_c$ 越高,制冷机房全年所消耗的电量越少,系统的节能性也越好。

目前,美国 ASHRAE 给出了制冷机房全年制冷能效比的指引要求,$SCOP_c$ 大于 5.0 为高能效区间,若 4.4~5.0 为较好能效区间,3.5~4.4 为一般能效区间,2.9~3.5 则属于需要进行改进的低能效区间。

作为评价绿色建筑的权威的工具,新加坡绿建认证 $SCOP_c$ 将绿色建筑评价分为四个等级:认证级、银级、金级和铂金级;其对机房的全年能效比最小规定见表 1-2。

表 1-2　新加坡绿建认证 $SCOP_c$ 要求

绿色建筑标志	冷负荷/RT	
	不超过 500	超过 500
	最小制冷机房系统能效比	
认证级	4.40	5.00
银级	4.40	5.00
金级	5.00	5.41
铂金级	5.00	5.41

注:RT 是冷吨,1RT=3.5 kW。

从表 1-2 可以看出,对于通过绿建认证的建筑,当建筑制冷量小于 500 RT 时,$SCOP_c$ 最小不低于 4.4 且对于认证为铂金级的建筑 $SCOP_c$ 不低于 5.0。同时根据我国公共建筑节能设计标准要求,新建建筑 600RT 以上制冷机房,其 $SCOP_c$ 最小亦不低于 4.40。

轨道交通地下车站制冷空调的能耗,除了主要能耗部分制冷机房外,还有末端设备的能耗,此时的空调系统瞬时制冷能效比 COP_s 为

$$COP_s = Q_e/(P + P_{cw} + P_w + P_{wf} + P_{cwf}) \tag{1-3}$$

式中　Q_e——冷水机组的制冷量,单位:kW;

　　　P——冷水机组的输入功率,单位:kW;

　　　P_{cw}——冷水泵的输入功率,单位:kW;

　　　P_w——冷却水泵的输入功率,单位:kW;

　　　P_{wf}——冷却塔的输入功率,单位:kW;

　　　P_{cwf}——空调末端设备的输入功率,包括大系统空调设备(含空调器、新风机、回排风机、出入口、换乘通道的风机盘管)和小系统空调设备(含空调器、回排风机),单位:kW。

空调系统全年平均综合制冷能效比 $SCOP_s$ 的计算公式为

$$SCOP_s = \frac{冷水机组在制冷季节制取的总冷量}{制冷系统在制冷季节消耗的总电量} \tag{1-4}$$

本书定义的高效制冷空调系统是指制冷机房全年综合制冷能效比($SCOP_c$)不低于5.0,且空调系统全年平均综合制冷能效比($SCOP_s$)不低于3.5的制冷空调系统。

通过系统的优化设计、优化控制和优化运行等措施,有效地降低地下车站制冷机房的能耗,对于整个地铁系统的节能降耗具有重要的实际意义。要实现制冷机房的低能耗、低成本运行,需要对城市轨道交通通风空调系统与设备进行创新,在满足必需的功能要求基础上,则需通过选择适宜、合理的标准,精确的计算和设计,采用优化的系统运行控制策略,因地制宜地挖掘节能潜力,以提高运行效率。

因此,对城市轨道交通地下车站高效制冷机房的设计、选型以及运行控制优化等的研究与发展,将是城市轨道交通通风空调系统未来的重点发展方向,也是实现先进轨道交通的重要组成部分。在城市轨道交通地下车站高效制冷机房的设计与开发的同时,需积极开发城市轨道交通通风空调系统新技术和新设备,提高其智慧、高效、节能水平,为城市先进轨道交通的大发展提供强有力的支撑。

本书在后面的章节中将从轨道交通地下车站空调负荷特点、高效制冷空调系统及其设备设计选型、高效节能控制技术、高效制冷空调系统标准化设计与绿色施工建造、系统监测与评价等方面,结合实际案例进行分析,以便为行业提供参考。期待这些案例对推动轨道交通地下车站制冷空调系统可持续发展有所裨益。

第 2 章　轨道交通地下车站的负荷特点

地铁车站不同于普通的建筑物,它由站台层、站厅层、设备层以及出入口组成,其主体部分全部位于地下,主要通过车站的出入口、通风井以及车站隧道与外界连通。因此,地铁车站的内环境可以认为是与外界基本隔绝的,不受外界光照、雨水等影响,相应地其内部环境也不像地上建筑那样,可以利用自然环境进行调节。

但是,地铁作为一种现代交通工具,其运行要消耗大量的电能,而大部分电能又转变成热量在车站内堆积(如车站照明、电梯设备用电等)。同时,地铁的车流量和客流量巨大且全天候运行,也会带来巨大的热湿负荷,如果这些热湿负荷不能及时排出,会导致地铁车站内温度升高,湿度增大,影响乘客的舒适度,而且由于地铁中的人流量大,也需要及时补充足够的新鲜空气以满足乘客需求及卫生要求。这些都只能靠空调系统对地铁车站内的温度、湿度、空气流速以及空气质量等进行控制,才能满足车站的使用需求。对于没有屏蔽门的地铁,所有的车站还会通过隧道连接起来,使得需要进行环境控制的区域和空间大大增加。

地铁建造投资大,运行成本高。虽然环控系统的造价仅占地铁投资的 1%～2.5%,但在运行过程中,其能耗却在总能耗中占有相当大的比例。带空调的环控系统的运行能耗约占整个地铁总能耗的 40%,对于广州等炎热地区,这一比例甚至高达 50%。当前,热带和亚热带大部分地区都采用空调作为地铁环控的主要手段,合理的空调系统设计在保持站内环境舒适的同时可以节约运行能耗,对地铁运行的节能减排有重要的现实意义。

地上建筑的空调系统是按相应设计规范即在给定一定的室内环境舒适性保障率条件下设计的,可以认为是在接近极限工况下进行设计的,即基本上是在环境最为恶劣、人员最多且设备发热量最大的情况下计算负荷的,同时,一般的设计师在负荷计算时往往还考虑了一定的余量。因此,设计负荷明显高于实际运行负荷,系统绝大部分时间在部分负荷状态下运行,有些系统甚至在全生命期内从未达到过最大负荷状态。此时的制冷系统配置存在较大的富余量,导致较大的资源浪费,同时在某些负荷设计过大的情况下,系统长期在极低部分负荷状态下运行,而主机在极低部分负荷状态下存在能效急剧衰减的现象,对于工频水泵和风机,则存在严重的"大马拉小车"现象。即使采用变频水泵和变频风机,由于其频率卸载存在下限,其能效也有一定程度的衰减。因此,通过对车站负荷逐时、逐日、逐月的计算获得准确的制冷总负荷、最小制冷负荷,获得详细的车站日负荷变化规律和年负荷变化规律,剔除设计选型余量,是系统的精细化设计、设备精细化选型及精确控制的重要前提。

2.1　轨道交通地下车站对空调系统的要求

2.1.1　轨道交通通风空调系统的功能

轨道交通地下车站通风空调系统具备以下几方面功能。

(1) 为乘客提供往返地面至列车的过渡性舒适环境。
(2) 为工作人员提供舒适的工作环境。
(3) 提供保证设备正常运行所需的环境。
(4) 当列车在隧道发生阻塞事故时,保证列车周围环境温度,为隧道供应适量的新风。
(5) 在发生火灾的情况下,营造合理的气流组织,及时排烟,保障站内人员的生命安全。

因此,轨道交通地下车站通风空调系统一般具有以下3个特点:①设计较为复杂,管线占用空间较大;②能耗大,运行费用高;③对地铁站结构的设计方案影响大,一旦成型则无法更改。

2.1.2 对地下车站通风空调系统的要求

地下车站通风空调系统,一般由大系统、小系统两部分组成。

(1) 车站公共区通风空调系统(大系统)。它主要负责地铁车站站厅层、站台层公共区、站台轨道区、出入口通道的通风和消防排烟。正常运行时,车站公共区通风空调系统负责为乘客提供相对舒适的候车环境。当车站公共区发生火灾时,车站公共区通风空调系统将在迅速除烟排气的同时,提供一定的迎面风速给候车的乘客,引导乘客疏散至安全区。

(2) 车站设备管理用房通风空调系统(小系统)。它主要负责为工作人员提供舒适的工作环境和为车站设备提供适宜的运行环境,而且兼具排烟功能。正常运行时,车站内人员所需的工作环境和设备所需的工艺环境均由车站设备管理用房通风空调系统提供。发生火灾时,车站设备管理用房通风空调系统能够在短时间内排出车站设备管理用房区域中的烟气。

2.1.3 各区域的参数要求

对于民用建筑而言,由于人员长期逗留区域对舒适性要求更高,空调的室内设计参数参见表2-1[《民用建筑供暖通风与空气调节设计规范》(GB 50736—2012)]和表2-2[《公共建筑节能设计标准》(GB 50189—2015)]。

表2-1 人员长期逗留区域空调室内设计参数

类别	热舒适度等级	温度/℃	相对湿度/(%)	风速/(m·s^{-1})
供冷工况	Ⅰ级	24~26	40~60	≤0.25
	Ⅱ级	26~28	≤70	≤0.3

表2-2 公共建筑空调系统室内空气计算参数

类别	温度/℃	相对湿度/(%)	风速/(m·s^{-1})
一般房间	25	30~60	0.10~0.20
大堂、过厅	室内外温差≤10		

地铁环境是人员密集、短时间逗留的公共场所,乘客完成一个乘车过程,从进站、候车到上车,在车站上车仅3~5 min,下车出站约需3 min,其余约3/4的时间在车厢内,因此,车站空调有别于常规舒适性空调。在《地铁设计规范》(GB 50157—2013)中对地铁地下线段的通风、

空调与供暖进行了规定,对区间隧道通风系统、地下车站公共区通风和空调系统、地下车站设备与管理用房通风、空调系统和空调冷源及水系统等方面的设计要求进行了详细说明。由此可以看出:对于轨道交通地下车站的空调系统而言,在通风工况和空调工况下,其站厅公共区的空气设计参数有详细规定(不超过30℃,不同工况略有差别),站台公共区计算温度低于站厅1~2℃,相对湿度为40%~70%。

可见,人员短期逗留区域空调供冷工况室内设计参数温度宜比长期逗留区域提高1~2℃,风速不宜大于0.5 m·s^{-1}。

为了节约能源,只考虑乘客由地面进入地铁车站有较凉快的感觉,满足"暂时舒适"即可,故站厅中公共区的空气计算温度取低于空调室外空气计算干球温度2~3℃,且不超过30℃;站台中公共区的空气计算温度取低于站台的空气计算温度1~2℃,相对湿度均为40%~70%。如广州地区一般站厅空气干球温度可取29℃,站台取27℃。小系统中人员常驻房间设计空气温度取27℃,设备用房按设备要求设计。

相比较而言,轨道交通地下车站空调系统设计温度比地上建筑舒适性空调系统的设计温度高。相应地,可以采取较高的送风温度,这样可以在满足规范与标准的要求的前提下,既能够有效保证站内人员的舒适度,又可大幅度降低系统能耗。

2.2 轨道交通地下车站空调系统负荷构成

地铁车站的空调负荷一般由列车运行散热负荷、列车活塞风负荷、乘客负荷、室外新风负荷、车站照明及设备负荷、由壁部吸放热所增减的负荷等构成,地铁车站内负荷如图2-1所示。在没有屏蔽门的情况下,列车运行散热和列车活塞风可直接算入车站负荷;而有屏蔽门时,地铁站台屏蔽门系统将对地铁系统内空气流动与传热特性产生影响,把地铁车站和轨道区间隔开控制,则这两个负荷对车站负荷的影响就极为复杂。

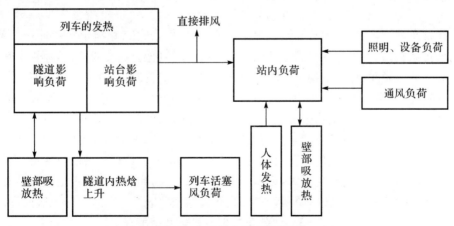

图2-1 地铁车站内负荷图

研究表明:地铁车站中的热量主要来自列车(74%)、照明(6%)、动力负荷(5%)和人员(15%)。地铁车站内随着位置的不同其发热量也不同,同一位置的发热量也会随着运行时间而发生变化。因此,地铁内各种热源的发热量是时间和位置的函数。考虑到在每一运营年段里的列车密度、人员和其他热源的发热量都是以日为周期逐时变化的,除了工作日和周末节假日外都会有所不同,同一时刻每天之间的负荷基本不会有太大差异。

2.2.1 大系统空调负荷

大系统空调负荷主要由7部分组成,包括人员负荷、照明及公共设备负荷、出入口渗透换热负荷、屏蔽门传热新风负荷和车站围护结构的传热负荷,以及其他不确性负荷。

(1)人员负荷。人员负荷是指由地铁车站内乘客所散发的热量以及散湿量而引起的负荷。地铁存在高低峰谷和地区的差异。客流资料的调研结果表明:客流量较大的地铁车站其高峰期人体热负荷可以占到该车站总负荷的40%左右;而对于客流量较小的车站,人体热负荷占该车站总负荷的比例可能还低于10%。由此可见,人体热负荷也是地铁车站动态负荷的主要因素之一。车站人流量的大小直接影响了车站的热湿负荷,人员负荷大小由站厅层和站台层的人流量及人员散热量决定。

人体的散热、散湿负荷由乘客进、出车站引起,是由车站客流量和乘客在车站的停留时间共同决定的动态负荷。上车乘客从地面进入车站站厅直至进入列车车厢,大约需要 3~5 min;下车乘客从车站站台直至到达地面,大约需要 3 min。这个过程的平均时间还与列车行车计划相关(列车行车间隔决定了乘客在站台的最长滞留时间)。

$$Q = \left(\frac{A_1}{60}a_1 + \frac{A_2}{60}b_1\right)q_c + \left(\frac{A_1}{60}a_2 + \frac{A_2}{60}b_2\right)q_p \quad (2-1)$$

式中 Q——车站乘客产生的逐时人员负荷,单位:W;

A_1、A_2——分别为车站小时下车与上车客流量,由远期预测客流乘以高峰系数确定,单位:人·h^{-1};

a_1、a_2——分别为上车与下车乘客在站台层停留的时间,单位:min;

b_1、b_2——分别为下车与上车乘客在站台层停留的时间,单位:min;

q_c——站厅层人员散热量,单位:W;

q_p——站台层人员散热量,单位:W。

对于换乘车站而言,计算人数必须根据车站换乘的方式决定,在确定空调计算人数后,考虑适当的群集系数,就可以计算得到车站的人员负荷。与其他公共交通一样,地铁也存在明显的地域差异和峰谷时间,计算空调负荷时必须充分研究客流情况,计算人员的逐时负荷。

(2)照明及公共设备负荷。照明负荷是在1天内相对稳定的负荷。由于大部分地铁车站位于地下,因此无论白天、晚上均需要照明,约占车站总负荷的8%~12%。

地铁车站照明及公共设备负荷,主要包括灯光照明、广告牌、指示牌、自动售票机、自动检票机、闸机、自动扶梯、电梯、通信设备及银行内设备等的负荷。地铁车站的设备负荷属于稳定负荷,一般情况下,设备负荷变化不大,可以考虑为全天恒定,此部分负荷占地铁车站总负荷的10%左右。按照规范和设计要求,负荷计算时设备负荷按照表 2-3 和表 2-4 取值进行估算。

表 2-3 地铁车站部分设备负荷取值

	照明负荷	广告指示牌	自动售票机	进出闸机	票房售票机	验票机	通信设备	银行	商铺
数值	20	1	1.2	0.55	0.23	0.13	2.5	8	5
单位	W/m²	kW/个	kW/台	kW/台	kW/台	kW/台	kW/台	kW/个	kW/个

表 2-4 地铁车站电梯负荷取值

提升高度 H/m	产热量/(kW·台$^{-1}$)
$H \leqslant 5.5$	3.7
$5.5 < H \leqslant 12$	4.7
$12 < H \leqslant 15$	6.0
$15 < H \leqslant 19$	7.4

(3) 出入口渗透换热负荷。出入口渗透换热负荷是指由于地铁车站出入口与外界相连产生的换热量，一般以出入口通道截面积计算，但当出入口长度过长时，还需考虑附加负荷。

(4) 屏蔽门传热负荷。由于列车运行产生大量的热量，隧道内的温度一般高于地铁站台，所以通过站台层屏蔽门渗入的空气对车站负荷影响很大。屏蔽门传热负荷主要由屏蔽门关闭时产生的传热负荷和渗透换热负荷与开启时的对流换热负荷两部分组成，因而传热负荷与行车组织、屏蔽门形式、车站类型等多种因素有关。随着客流的高低峰时间，一天中的车辆对数也有高低峰时段。因此，屏蔽门传热负荷也是影响地铁车站通风空调系统动态负荷的主要因素之一。

屏蔽门关闭时产生的传热负荷和渗透换热负荷按工程计算方法来计算：

$$Q = \frac{F(T_1 - T_2)}{\frac{1}{a_1} + \frac{\delta}{\lambda} + \frac{1}{a_2}} \tag{2-2}$$

式中　F——屏蔽门面积，单位：m^2；

　　　a_1、a_2——屏蔽门与站台层、隧道间的对流传热因数，单位：$W \cdot (m^2 \cdot ℃)^{-1}$；

　　　T_1，T_2——隧道内和站台内的温度，单位：℃；

　　　δ——屏蔽门厚度，单位：mm；

　　　λ——屏蔽门导热因数，单位：$W \cdot (m \cdot ℃)^{-1}$。

屏蔽门渗透和对流换热负荷按工程计算方法来计算：

$$\text{CLI} = c_p \rho Q (T_w - T_n) \tag{2-3}$$

式中　CLI——渗入风量带来的余热，单位：kW；

　　　c_p——空气定压比热，单位：$1.01 \times 10^3 \text{ J} \cdot (\text{kg} \cdot ℃)^{-1}$；

　　　T_w，T_n——分别为隧道内和站台内的温度，单位：℃；

　　　ρ——空气密度，取 $1.2 \text{ kg} \cdot \text{m}^{-3}$；

　　　Q——通过屏蔽门进入站台的风量，单位：$\text{m}^3 \cdot \text{s}^{-1}$。

(5) 新风负荷。为了满足地铁车站通风的卫生及舒适要求，空调系统需要引入一定量的室外新风。而在夏季，室外空气温度高，引入车站后会增加车站空调负荷，新风负荷计算公式为

$$Q_o = M_o (h_o - h_r) \tag{2-4}$$

式中　Q_o——新风负荷，单位：kW；

　　　M_o——输入新风量，单位：$\text{kg} \cdot \text{s}^{-1}$；

　　　h_o，h_r——室内、外空气比焓值，单位：$\text{kJ} \cdot \text{kg}^{-1}$。

在屏蔽门系统地铁车站空调设计中,新风量的选取方法与普通民用建筑相同,即需满足人员卫生要求,补充局部排风量、保持空调房间的"正压"要求。同时新风量不应低于送风量的10%。屏蔽门的漏风量被当作局部排风考虑。因此,空调新风量通常选取计算人员新风量(每人$12.6 \text{ m}^3 \cdot \text{h}^{-1}$)、系统总送风量的10%和屏蔽门漏风量三者中的最大值。

根据目前屏蔽门系统的应用情况,在空调季节为避免车站内出现负压,防止室外热风入侵,屏蔽门的漏风量是空调系统新风量选取的决定因素。

(6)车站围护结构的传热负荷。地铁车站深埋地下,车站周围土体会通过车站围护结构对站内环境产生影响,并且其传热过程与地面建筑也不相同,是一个非稳态传热过程。土壤的蓄热作用与地铁所处的地质条件、埋深、纬度以及车站建筑构造形式等因素有关,计算比较复杂,如无相应的计算程序,可考虑采用地铁已有数据,并在纬度低、埋深较浅时取下限,反之应加大该指标的取值。

(7)其他不确定性负荷。屏蔽门在列车停站时开启,站台与隧道环境发生短暂的热质交换,成为影响站台空调环境的不确定空调负荷,这种负荷的影响因素很多,目前尚无成熟计算方法,理论研究中多采用计算流体动力学(Computation Fluid Dynamics,CFD)模拟软件进行计算,设计中一些城市地铁按照 $5 \sim 10 \text{ m}^3 \cdot \text{s}^{-1}$ 估算其漏风量。

2.2.2 小系统空调负荷

小系统空调负荷主要由5部分组成,包括人体散热、散湿负荷,围护结构散热、散湿负荷,照明负荷,新风负荷和设备发热负荷。

(1)人体散热、散湿负荷。小系统人体散热、散湿负荷来源于车站工作人员,以及设备、管理用房内相关人员。各设备、管理用房的计算人数应根据各房间的功能要求决定,且计算人数不少于2人。

(2)围护结构散热、散湿负荷。小系统围护结构散热主要是变电房、通风房间与空调房间之间的温差稳定传热,通风房间的室内设计温度可按当地室外计算温度考虑。

(3)照明负荷。照明负荷指小系统服务区域内的照明设备发热所带来的空调系统负荷。

(4)新风负荷。小系统新风负荷可按照 $30 \text{ m}^3 \cdot (\text{人} \cdot \text{h})^{-1}$ 计算。

(5)设备发热负荷。设备发热负荷是小系统空调负荷的主要组成部分,包括变电房、地铁动力用房、通信机房等设备的发热。

此外,对于非屏蔽门系统,由于其车站站台与隧道直接连通,车站空调负荷包含了相邻区间隧道保持设定环境所必须的空调负荷。其车站公共区设备负荷、照明负荷、围护结构负荷、人体散热散湿负荷的计算方法与屏蔽门系统基本相同。

在闭式系统空调设计中,新风量通常按照每人 $12.6 \text{ m}^3 \cdot \text{h}^{-1}$ 且不小于系统总送风量的10%选取,不考虑屏蔽门系统中的"正压"问题。而列车运行散热所带来的动态负荷,通常采用估算的方法。

2.2.3 地铁车站湿负荷

在每年的雨季,潮湿的外部空气在建筑物与土壤接触的墙壁上会被冷凝,容易造成地铁车站的相对湿度过高,使人体散热困难,令人感到闷热,不舒服。另外,湿度过大会促使霉菌的生长,从而导致金属锈蚀、木器变形、物品发霉变质腐烂,影响设备的正常使用。若地铁车站的被覆层漏水,则壁面结露,地面冒水、积水,空气相对湿度高达90%~100%。

通常湿负荷主要有两个来源,即围护结构散湿和人体散湿,在夏季还有来自室外的新风。

围护结构散湿主要是指施工水分、地下水及被覆层外的湿空气通过围护结构散发到地下建筑室内。一般围护结构内表面散湿量的计算,大多采用同类型情况的经验数据,属于改造工程时,应尽量用本工程的实测数据。

一般围护结构内表面散湿量,可按下式计算:

$$W = Fw \qquad (2-5)$$

式中　W——围护结构内表面散湿量,单位:$g \cdot h^{-1}$;
　　　F——围护结构内表面面积,单位:m^2;
　　　w——围护结构内表面单位面积的散湿量,对于一般混凝土贴壁衬砌,取 1~2,对于衬套、离壁衬砌,可取 0.5,单位:$g \cdot (m^2 \cdot h)^{-1}$。

人体散湿负荷主要是由乘客在车站内的活动造成的,所以车站客流量及乘客在站内停留时间是人体散湿负荷的决定因素。根据每位乘客在车站站台和站厅所停留的时间,以及所给出的车站早高峰时和晚高峰时客流量及客流密度因数,可以得出站台各个时刻的人员散湿量。

站台人员的散湿量:

$$D_n = d n_{max} n' m T / 60 \qquad (2-6)$$

式中　D_n——站员人员散热指标,单位:W/人;
　　　d——站台人员散湿指标,单位:$g \cdot (h \cdot 人)^{-1}$;
　　　n_{max}——站台高峰客流量,单位:人;
　　　n'——群集因数;
　　　m——客流密度因数;
　　　T——每位乘客在车站公共区所停留的时间,单位:min。

考虑站台人员的构成比例,站台的群集系数可以取为0.9,散湿指标取轻度劳动下29℃时的散湿指标 212 $g \cdot h^{-1}$,散湿量随温度的变化很大,因此散湿指标的数值需考虑不同季节的变化。但因为地铁内散湿量相对较小,为便于计算,以29℃为基准计算人员散湿量。

2.3　轨道交通地下车站的热湿负荷特点

轨道交通地下车站的热湿负荷与常规建筑的热湿负荷存在一定的差异,与常规办公建筑相比,地下车站对温度和相对湿度的要求相对较低,但是对CO_2浓度要求高,这主要是因为地下车站人流量大,但是人员在快速流动过程中室内外温差不宜过大,因而地下车站的温度无须太低,且人员流动过程中存在一定的吹风感,因而相对湿度亦无须太低。因此,针对轨道交通地下车站的热湿负荷特点进行对应的空调系统设计则至关重要。

地铁车站的热湿负荷来源多样,相应地也会受到各种因素的影响。总体上,地铁站的热湿负荷是动态变化的,且因所在地区不同,其地铁系统也具有不同的动态规律。

在地铁车站的热湿负荷中,列车运行和车载设备所消耗的电能转化为热量后由列车活塞风带入车站,列车进站时制动系统所产生的热量也大部分散发于车站内。这部分负荷与列车速度、隧道阻塞比、隧道及车站的空间形状、车站至地面通道的空气流动阻力、列车制动回收率等因素有关。

随着车站客流量和季节的变化,车站的空调负荷也是动态变化的。目前大多数地铁车站的环控系统都是按照设计工况的工频运行的,基本没有调节的手段和措施,导致车站内的环境状况与乘客舒适度需求存在一定的差距,同时也存在较大的能源浪费现象。

在车站热负荷中,照明、设备和屏蔽门渗透的负荷约占总负荷的40%,可以认为这部分负荷是个定值;人员负荷及新风的负荷约占总负荷的40%,但这个负荷随时间和季节的变化是个变化值,总负荷的变化主要来自于客流量的变化。而车站的湿负荷主要来源于围护结构和人员的排湿,其动态变化主要依赖于客流量的变化,如在一天中的早、晚高峰时段,由于客流量剧增,人员排湿量也较大,而且在不同的季节,每天的湿负荷也显示出一定的差异。

2.3.1 轨道交通地下车站公共区通风空调系统特点

轨道交通地下车站公共区通风空调系统具有以下显著特点:

(1)地铁车站的大部分深埋于地下,仅通过车站出入口和风亭与外界进行热量交换,其内部空间与外界的联系相对较弱。

(2)地铁车站有大量内部热源和污染源,其热源包括列车牵引系统、动力照明系统、通信系统、信号系统及其他机电系统设备产生的巨大发热量;污染源包括乘客和工作人员的新陈代谢产生的大量热湿负荷和二氧化碳等废气、地下土建物散发的潮气、列车闸瓦产生的粉尘以及各类设备运转产生的噪声污染。

(3)作为地下交通建筑,相对封闭,人员聚集,必须通过通风空调系统创造人工环境。由于火灾发生时其烟气难以排出,故也需要该通风系统来及时组织防烟、排烟。

(4)由于车站位于地下,土壤的蓄放热特性使得建筑具有显著的热效应,室内环境表现出冬暖夏凉的特点。

(5)列车在隧道内运行时产生巨大的活塞通风效应,并对车站内空气环境产生一定的影响。

在现代地铁系统中,地铁车站通风空调系统兼具通风和空调的功能。夏季,公共区通风空调系统正常运行,将地铁车站内产生的热量传递出去;冬季,由于内部空间与外界的连通相对封闭,车站自身产生的热量可以通过空调通风系统使车站达到合适的温度,无须空调系统进行制热。

因此,地铁车站具有夏季制冷冬季无须制热、通风空调系统单季节运行的特点。同时,地铁站通风空调系统在列车正常运行时,主要承担着对车站区域进行空气调节的功能,保障车站区域的热湿参数维持在良好的环境状态,使得人员和设备拥有良好的环境条件;而当列车发生故障而停车或者当地铁车站内发生应急事故时,地铁站通风空调系统主要工作在通风模式,为人员的救援提供必要的空气条件。

2.3.2 地铁站的 CO_2 负荷特点

城市轨道交通地下车站是乘客和工作人员的活动场所,同时地下车站与地面大气连通较少,是一个相对密闭的空间,其空气品质对人员的健康有很大的影响。尽管人们在地下车站的停留时间较短,但地下车站的空气质量仍然是一个很重要的因素,需要依靠地下车站通风空调系统进行相应的控制和调节,以保证地下车站内的空气品质。

空气中的 O_2 和 CO_2 与人们日常生活的关系极为密切。成年人在静止状态下每一次呼吸的空气量大约为 300～800 mL(平均约 500 mL),如果每分钟平均呼吸 16 次,那么 1 min 呼吸的空气量约为 8 L。成年人每小时呼吸消耗的氧气量约为 20～30 L。在一个相对密闭的空间内,人员活动将消耗 O_2,产生 CO_2,最终使得 O_2 浓度逐渐下降,CO_2 浓度逐渐升高。采取通风等措施,送入的新风量越大,空间内的 CO_2 浓度越低,O_2 浓度越高,反之亦然。在不同情况下,每人每小时消耗的 O_2 和放出 CO_2 的量见表 2-5。空气中 CO_2 的含量对人体的影响程度也存在很大的差异,见表 2-6。

表 2-5 人呼吸消耗 O_2 量和放出 CO_2 量

活动状态	消耗 O_2/(L·h^{-1})	放出 CO_2/(L·h^{-1})
睡眠(安静)	20	16
脑力劳动	25～30	20～25
一般劳动	35	30
不同程度的体力劳动	60～120	50～100

表 2-6 空气中不同 CO_2 含量对人体的影响

空气中 CO_2 体积分数/(%)	在标准大气压下的影响
0.03	常态空气
0.05	8 h 内没有有害影响
1.0	呼吸较深,肺换气量稍微增加
2.0	呼吸较深,肺换气量增加 50%
3.0	呼吸较深,不舒服,肺换气量增加 100%
4.0	呼吸吃力,速率加快,相当不舒服,肺换气量增加 200%
5.0	呼吸极端吃力,剧烈头痛、恶心,肺换气量增加 300%
7.0～9.0	容忍限度(个别人可能发生昏迷)
10.0～12.0	失调,瞬间失去知觉
15.0～20.0	症状增加,时刻有致命危险
25.0～30.0	呼吸减少,血压下降,昏迷,有致命危险

对于轨道交通地下车站,在《地铁设计规范》(GB 50157—2013)中规定:地下车站公共区内的 CO_2 日平均浓度应小于 0.15%,地下车站公共区域空气中可吸入颗粒的日平均浓度应小于 0.25 mg·m^{-3}。

车站内 CO_2 浓度的影响主要受车站客流量和室外新风的影响。当客流量大时,车站内的 CO_2 含量也增大。在地铁空间内往往设置有 CO_2 传感器,通过传感器的检测结果对地铁站通风空调系统进行控制,实现对 CO_2 浓度的调控,保证其位于标准规定的范围内。当客流量很大时,人员呼出的 CO_2 量很多,车站公共区的 CO_2 浓度增大。此时控制器的输出控制量也变大,风机高速运转增加新风量使 CO_2 浓度维持在设定值以下;当客流量很小时,人员呼出的 CO_2 量很少,车站公共区的 CO_2 浓度变化很小,控制器的输出控制量减小,风机以合适的转速使 CO_2 浓度维持在设定值以下。

2.4 常用的空调系统形式

轨道交通地下车站的制冷空调系统普遍采用集中式空调系统,包含风系统、水系统等类型。

风系统中通常采用混合式系统,需处理的空气一部分是新风,一部分是空调系统的回风,根据新、回风混合过程的不同,工程上通常有两种形式:一次回风系统和二次回风系统。一次回风系统是将从房间抽回的空气与室外新风混合,通过热湿处理后再送入房间中;二次回风系统是将从房间抽回的一部分空气与室外新风混合,经热湿处理后再与另一部分回风混合,再送入房间中。

2.4.1 一次回风空调系统

一次回风空调系统的结构示意图如图 2-2 所示。空调系统中的冷源由冷冻站集中供给,制冷系统运行时,外界新风与系统的一次回风混合,由空气处理装置进行降温、去湿后,通过送风机、风管和空气分配装置,将处理后的空气送入各个空调房间内。在一次回风空调系统中,如果采用表冷器来对空气进行热湿处理,其常规处理过程在焓湿图上的处理过程如图 2-3 所示。

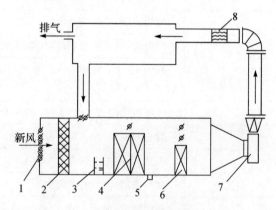

图 2-2 一次回风空调系统结构示意图
1—新风口; 2—过滤器; 3—电极加湿器; 4—表冷器;
5—排水口; 6—二次加热器; 7—送风机; 8—精加热器

W_x 状态的新风经新风百叶窗进入空调系统,首先经过过滤净化,然后与室内循环空气(一次回风)进行混合达到参数状态点 C_x。混合后的空气流经表冷器进行降温、去湿处理,达到机器露点温度后,再经过加热器等湿升温到送风状态点 S_x,送风机将 S_x 状态点的空气送入空调区域后,吸收空间内空气中的余热和余湿,变为室内空气状态参数点 N。此时空气分为两部分,一部分为满足房间内空气的卫生参数要求而被直接排放,另一部分作为一次回风回到空气调节系统进行再循环。

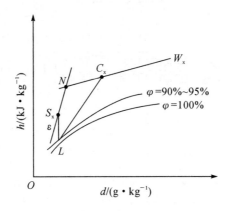

图 2-3　一次回风空调系统空气处理过程

一次回风空调系统运行示意图如图 2-4 所示。

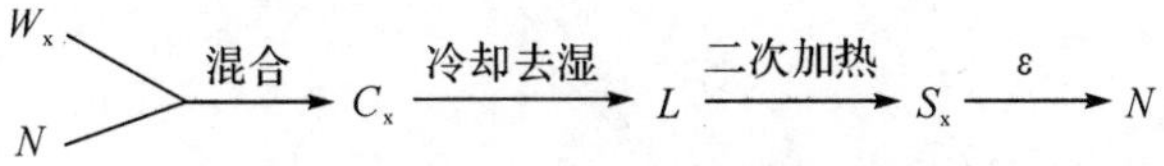

$$W_x, N \xrightarrow{混合} C_x \xrightarrow{冷却去湿} L \xrightarrow{二次加热} S_x \xrightarrow{\varepsilon} N$$

图 2-4　一次回风空调系统运行示意图

由焓湿图可以得到,为了将一定量的空气从 C_x 点降温去湿到状态点 L 点,其需要的总的负荷包含三大部分:室内空气的冷负荷、室外空气的冷负荷以及空气的再热负荷。在制冷运行中利用回风可以节省系统的制冷量,其与一次回风量成正比。但过多地采用回风量,难以保证空调区域内的空气卫生条件,因此回风量有上限限制。

建议地铁站空调系统设计时,其室内设计温度较常规住宅空调要高,可以适当提高送风温度,这样可以有效地降低过冷机的能量消耗。

2.4.2　二次回风空调系统

为提高空气调节系统的运行经济性和舒适性,也可以采用二次回风空调系统。与一次回风空调系统相比,在新风百分比相同情况下,两者的回风量是相同的。在前面的分析中可以发现,一次回风空调系统在制冷运行时:一方面需要将混合后的空气进行冷却除湿,即需要冷却到机器露点状态;另一方面又要用二次加热器将处于机器露点的空气再热到送风状态,才能向空调房间送风。这样"一冷一热"的处理方法造成了能源的极大浪费。二次回风空调系统采用二次回风代替再热装置,克服了一次回风空调系统的缺点,减少了系统的能耗。集中式单风管二次回风空调系统如图 2-5 所示,其空气处理过程如图 2-6 所示。

可见,二次回风空调系统将一部分室内空气与一定量处于露点温度状态的空气相混合,直接得到送风状态 S_x 点,而不必启动再热器对空气进行加热升温处理。

二次回风空调系统运行示意图如图 2-7 所示,过 N 点作热湿比线,并延长 $\varphi=90\% \sim 95\%$ 的相对湿度线相交于 L' 点。L' 点就是二次回风空调系统的露点温度,S_x 点即是系统的送风状态点,又是二次混合点 C''。这样处理的结果可以将系统的二次加热过程去掉,达到节能运行的目的。二次回风空调系统夏季空气处理方案如图 2-7 所示。

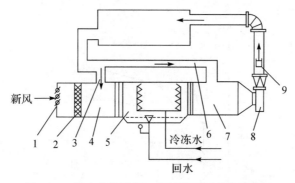

图 2-5 集中式单风管二次回风空调系统示意图
1—新风口； 2—过滤器； 3——次回风管； 4——次混合室图；
5—喷雾室； 6—二次回风管； 7—二次回风室； 8—风机； 9—电加热器

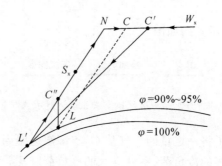

图 2-6 二次回风空调系统空气处理过程

图 2-7 二次回风空调系统运行示意图

2.5 轨道交通地下车站的事故通风

在生产或某些工艺过程中，由于操作事故和设备故障而突然产生大量有毒气体或有燃烧、爆炸危险的气体、粉尘或气溶胶物质时，为了防止对工作人员造成伤害和防止事故进一步扩大，必须设有临时的排风，这即为事故通风。

对于城市轨道交通地下车站而言，事故通风系统的设置是非常必要的。由于轨道交通地下车站对外连通的口部相对来说是比较少的，一旦发生火灾，浓烟难以自然排除，并且会迅速蔓延充满起火部位以及其周围的一定空间，给救援工作带来极大困难。再者，由于人员要从地下空间疏散到地面，甚至要从区间隧道经过较长的距离撤离，需经较长的路程才能到达口部，浓烟充满区间隧道使得可见度降低，人员不易行走，安全疏散难度大。

此外，城市轨道交通事故中火灾发生频率最高。据资料记载，仅从 1971 年 12 月到 1987

年11月期间,欧洲和北美洲的地铁中就发生重大火灾事故40多起,造成重大经济损失,并造成人员伤亡,其中车辆燃烧着火事故30起,占全部火灾事故的70%,车站火灾6起,占14%,烟头引起火灾3起,占7%,纵火2起,占5%,接触网破损和轨道短路各导致火灾1起,这些事故都导致了人员伤亡。从统计资料来看,城市轨道交通死亡总人数中,火灾造成的死亡人数占到了绝大多数,超过了城市轨道交通死亡总人数的60%。而城市轨道交通发生火灾造成的人员伤亡中,绝大多数是由被烟气熏倒、中毒、窒息所致。如1987年11月18日,格林尼治时间晚上19时29分,英国伦敦地铁国王十字勋章地铁站4号自动扶梯失火,火灾由吸烟烟头引起,波及售票大厅,31名乘客死亡,100多人受伤,几周的时间内,地铁都中断运行,引起城市轨道交通行业人士的震动,引发了人们对城市轨道交通防灾体系的高度重视。

1969年11月11日,北京地铁因为电气故障导致电气机车发生火灾,浓烟聚集,由于排烟设施不完善,未能形成有组织的通风排烟,导致烟气四处扩散,并从地铁车站的出入口逸出,给人员疏散和救援造成了极大困难,结果导致多人被熏倒,200多人中毒受伤。这是我国城市轨道交通发展过程中的严重教训。

尽管城市轨道交通建设和运营中都采取了各种预防措施,但实际运营过程中存在各类意外因素的影响,仍然不能完全排除火灾发生的危险。因此,必须强调地下车站和隧道区间要具备完备的防烟、排烟和事故通风系统,有效的防烟、排烟和事故通风已经成为城市轨道交通发生火灾时进行救援的不可或缺的组成部分。

随着城市轨道交通的不断发展,受各方面因素的影响,实际工程中,往往将防烟、排烟及事故通风系统和正常的通风与空调系统合用,通过可靠的控制系统,确保发生火灾时能够从正常的通风与空调模式快速切换为防烟、排烟和事故通风运行模式,以确保在发生火灾时能及时有效地满足防烟、排烟和事故通风的要求。

事故通风的排风量宜根据工艺设计要求通过计算确定,但换气次数不应小于12次·h^{-1}。事故排风量可以由房间中设计的排风系统和专门的事故通风系统共同承担。

事故通风的吸风口应设置在有毒气体或燃烧、爆炸危险物质散发量可能最大或聚集最多的地方,对事故排风死角处,应采取导流措施。

事故通风的排风口应尽量避开人员经常停留或通行的地方,与机械送风系统进风口的水平距离不应小于20 m;当水平距离不足20 m时,排风口必须高于进风口,并不得小于6 m。如果排除的是可燃气体或蒸气,排风口应距离可能溅落火花的地点20 m以上。

事故通风的风机可以是离心式或轴流式,其开关应分布设置在室内、外便于操作的位置,若条件许可,也可以直接在墙上或窗上安装轴流风机。排放有燃烧、爆炸危险气体的风机应选择防爆型风机。

事故通风只是在紧急的事故下应用,因此可以不经净化处理直接向室外排放,而且不必设置机械补风系统,可以由门、窗自然补入空气,但应注意留有空气自然补入的通道。

由于轨道交通地下车站的特点,其与地面大气连通较少,一旦发生火灾等事故,地下车站内的空气质量急剧下降,严重威胁人员安全。而通常情况下,地下车站也只能够靠通风空调系统与外界大气进行交换。因此地下车站通风空调系统除了承担日常的新风供应等通风需求外,还必须承担事故通风的功能,能够在事故发生时及时进行工作模式的切换,实现事故通风,满足事故处置时的通风要求。

2.6 轨道交通地下车站负荷分析实例

结合前述内容,此处以广州市广州地铁13号线一期工程的新塘站和白江站为例,对其负荷情况进行分析。

2.6.1 车站概况

(1)新塘站。

1)工程概况。本站为广州地铁13号线一期工程第9个车站,也是终点站,与16号线新塘站换乘。车站位于增城市新塘镇新新公路与规划107国道投影相交的十字路口以西,东端是官湖站,西端为白江站。

车站总长度511.6 m,标准段宽41.5 m,车站设计客流量以远期2041年客流量控制,其设计客流量为2 846人·h^{-1};车站有站厅、站台共两层,地铁部分中部为公共区,站厅层公共区面积5 130 m^2,站台层公共区面积3 774 m^2,公共区面积共8 904 m^2。

2)空调系统概况。本站为分站供冷,制冷机房设置在车站负一层A端,站内采用异程式系统,供水温度为7℃,回水温度为12℃,车站总计算冷量3 570 kW(1 000RT),共设置3台制冷量为1 190 kW(338 RT)的冷水机组。设置3台变频冷水泵($L = 205.0$ $m^3 \cdot h^{-1}$,$H = 36$ m H_2O),3台冷却水泵(参数$L = 250.0$ $m^3 \cdot h^{-1}$,$H = 27$ mH_2O),3台冷却塔($L = 330$ $m^3 \cdot h^{-1}$,32/37℃)。

大系统采用全空气系统(Air Handing Unit,AHU),小系统采用全空气系统(AHU)和新风系统加风机盘管(Pre-Cooling Air Handling Unit,PAU;Fain Coil,FC)。

(2)白江站。

1)工程概况。

本站为13号线一期工程自西向东第8个车站,位于南端107国道和北端山头之间,呈南北向布置,南端是温涌路站,北端是新塘站。

车站总长度223 m,标准段宽21.1 m。车站设计客流量以远期2041年客流量控制,其设计客流量为18 033人·h^{-1};车站有站厅、站台共两层,两端为设备区,中间为公共区。站厅层公共区面积2 422 m^2,站台层公共区面积2 050 m^2,公共区面积共4 472 m^2。

2)空调系统概况。本站为分站供冷,制冷机房设置在站台层B端,站内采用异程式系统,供水温度为7℃,回水温度为12℃,车站总计算冷量1 776 kW(505 RT),共设置2台制冷量为888 kW(252.5 RT)的冷水机组。设置3台冷水泵($L = 161$ $m^3 \cdot h^{-1}$,$H = 30$ m),两用一备,变频控制,3台冷却水泵($L = 191.5$ $m^3 \cdot h^{-1}$,$H = 28$ m),两用一备。2台冷却塔($L = 254$ $m^3 \cdot h^{-1}$,32/37℃)。

大系统采用全空气系统(AHU),小系统采用全空气系统(AHU)和新风系统加风机盘管(PAU+FC)。

2.6.2 负荷分析

根据原设计,新塘站大、小系统冷负荷分别为2 032 kW、1 274 kW,各占总负荷的61.5%和38.5%;白江站大、小系统冷负荷分别为981 kW、669 kW,各占总负荷的59.5%和40.5%。

新塘站和白江站负荷情况如图2-8所示。

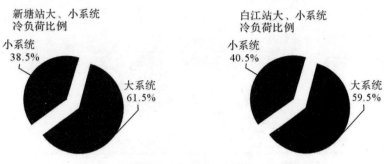

图2-8 新塘站和白江站大、小系统冷负荷比例

(1)大系统中各分项负荷。两个车站大系统中各分项负荷分析结果分别见表2-7以及图2-9和图2-10。

表2-7 大系统各分项负荷

车 站	负荷组成	冷负荷大小/kW	在大系统冷负荷中所占比例/(%)
新塘站	人员冷负荷	515.1	25.3
	围护结构冷负荷	293.7	14.5
	室内设备及照明冷负荷	348.6	17.2
	出入口通道冷负荷	25.6	1.3
	新风冷负荷	465	22.9
	管道、风机温升冷负荷	99	4.9
	屏蔽门渗透冷负荷	285	14.0
白江站	人员冷负荷	221.1	20.8
	围护结构冷负荷	138.8	13.0
	室内设备及照明冷负荷	191.65	18.0
	出入口通道冷负荷	19.2	1.8
	新风冷负荷	201	18.9
	管道、风机温升冷负荷	46	4.3
	屏蔽门渗透冷负荷	160	15.0
	商铺、银行等其他冷负荷	86	8.1

从表2-7和图2-10中可以看出,在新塘站、白江站中,与室外气候相关较大的新风冷负荷、出入口通道冷负荷以及屏蔽门渗透冷负荷分别共占大系统冷负荷的38.2%和35.7%,与室外气候相关不大的其他负荷分别占61.8%和64.3%,与客流相关的人员和新风冷负荷分别占48.2%和39.7%。

(2)小系统中各分项负荷。小系统中各功能房间包括24h空调房间、18h空调房间(人员管理用房)。冷负荷包括设备发热量、围护结构传热量、新风负荷等,其中设备发热量、围护结构传热量全年比较稳定,新风则随室外气候变化而变化。

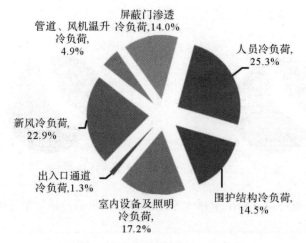

图 2-9 新塘站大系统各分项负荷比例

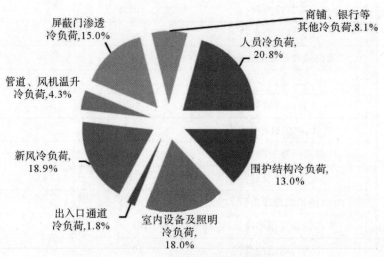

图 2-10 白江站大系统各分项负荷比例

小系统各负荷及其所占比例见表 2-8 以及图 2-11 和图 2-12。

表 2-8 小系统各分项负荷

车 站	负荷组成	冷负荷大小/kW	在小系统冷负荷中所占比例/(%)
新塘站	人员冷负荷	26.1	2.1
	围护结构冷负荷	131.3	10.7
	室内设备冷负荷	732.7	59.6
	照明冷负荷	51.7	4.2
	新风冷负荷	287.5	23.4

续表

车 站	负荷组成	冷负荷大小/kW	在小系统冷负荷中所占比例/(%)
白江站	人员冷负荷	20.9	2.9
	围护结构冷负荷	45.1	6.2
	室内设备冷负荷	461.8	63.5
	照明冷负荷	38.7	5.3
	新风冷负荷	160.4	22.1

此外,小系统中,又分为24 h运行空调系统和18 h运行空调系统。新塘站中两者空调冷负荷比例分别为89.8%和10.2%。白江站两者空调冷负荷比例分别为94.8%和5.2%。

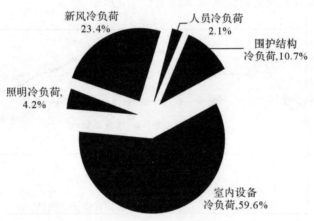

图2-11 新塘站小系统各分项负荷比例

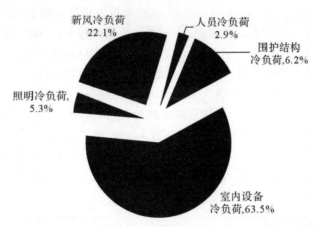

图2-12 白江站小系统各分项负荷比例

因此,地铁站空调冷负荷首先分为大系统、小系统两部分,两者各自占总负荷的60%和40%左右;在大系统中,与室外气候相关较大的新风冷负荷、出入口通道冷负荷以及屏蔽门渗透冷负荷占大系统冷负荷的37%左右,与室外气候相关不大的其他负荷占63%左右,与客流相关的人员和新风冷负荷占 44% 左右。小系统中与室外气候相关较大的新风冷负荷占总冷负荷 22% 左右。小系统中又分为 24 h 运行和 18 h 运行的空调系统,24 h 运行空调系统负荷占小系统负荷的 90% 左右。

2.6.3 地铁空调负荷的变化规律

空调负荷中有一部分随着室外气温和客流大小的变化而变化,而室内设备发热量、室内围护结构冷负荷则与室外气候和客流大小变化关系不大。由于地铁空调包括大、小系统空调,其运行时间不一致,小系统基本上都需要全天 24 h、全年运行,大系统则每天运行 18 h,非全年运行,且空调总负荷白天与夜间差异较大。另外,地铁空调系统按照远期负荷设计,在初期和近期运行时空调系统处于部分负荷运行。

(1)空调冷负荷全天变化规律。大系统空调冷负荷全天变化主要与客流及室外气候变化相关,一般地,设计日大系统负荷变化规律如图 2-13 所示。

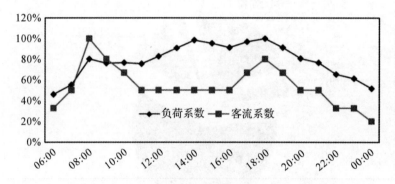

图 2-13 广州 1 号线某站客流及负荷变化曲线

从图 2-13 中可以看出,客流在 8:00 左右达到峰值,但此时由于早上新风负荷并不大,故空调冷负荷未在早高峰达到峰值;14:00 左右,虽然客流未到最高峰值,由于新风冷负荷大,出现冷负荷峰值;在 18:00 点左右的晚高峰,由于新风冷负荷较大,空调冷负荷也达到了最大值。空调冷负荷在 6:00 及 24:00 左右的出车、收车阶段,负荷最小,约为 45%~50% 左右。

(2)空调冷负荷全年变化规律。全年运行条件下,随着室外气候、客流变化,车站空调冷负荷的变化曲线如图 2-14 所示。该图表示了广州 1 号线某站实际运行的全年负荷随季节变化的规律,可以看出,12 月、1—3 月为全年负荷最低的月份,3—8 月,随着气温的升高,日平均冷负荷逐渐增大,8 月份以后,空调冷负荷又逐渐减少。全年工况下,最大、最小冷负荷之比可达 4:1 左右。图 2-15 为广州 1 号线某站实际的负荷运行时间,由于该系统运行时间才 1 年左右,因而系统负荷尚未有超过设计负荷的 80%,且整体上看,系统负荷在 50%~60% 之间时间最长。

2.6.4 最小冷负荷分析

对于大、小系统合用冷源的车站空调系统,其最小冷负荷出现在夜间大系统停用、小系统继续运行的时段。根据上述分析,小系统冷负荷所占总冷负荷的 40% 左右,而在小系统中,包括 18 h 运行的人员管理用房空调负荷(约占 5%~10%)和 24 h 运行的其他设备用房空调负荷,冷负荷包括相对稳定的内部热源和随气候变化的新风负荷,其中若相对稳定的内部热源占

80%左右,则0:00—6:00时段的最小冷负荷占总设计冷负荷的24%～28%。另外,在0:00—6:00时段,由于列车基本停用,空调大系统停用,仅有相对稳定的内热源,所需要的变电设备的负荷也降低,变电设备发热量也相应降低,故系统最小冷负荷可降低至20%左右。

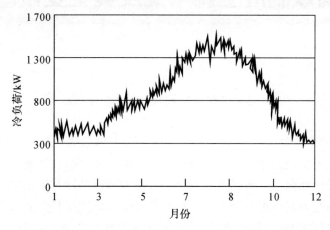

图2-14 广州1号线某车站第1年全年冷负荷变化曲线

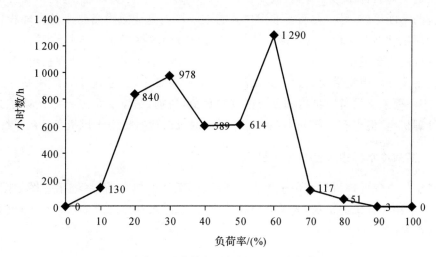

图2-15 广州1号线某车站全年日平均冷负荷运行情况

如果在车站运行初期,由于各设备选型均为根据远期负荷考虑,在初期负荷不大情况下,系统最小冷负荷将低于设计冷负荷的10%。

对于大、小系统合用冷源的车站空调系统,在大、小系统同时运行的时段内,即6:00—24:00时段之间,系统的负荷变化率可在45%～100%变化,其大系统的最小负荷约为总冷负荷的27%左右,此时为早晚发车、收车时间。此时,小系统负荷也有所减少,若按小系统90%负荷率考虑,则此时大、小系统的总冷负荷为设计总冷负荷的63%。

如果从全年考虑,新风负荷将会进一步减少,在冬季时可能变为0,故从全年时间长度上看,大、小系统同时运行时的最小负荷可达到设计总冷负荷的50.4%,如果在车站运行初期,大、小系统同时运行的最小冷负荷则可低于设计总冷负荷的50%。

第3章 高效制冷空调系统及其主要设备选型要求

3.1 高效制冷空调系统

城市轨道交通地下车站由于外界新风、围护结构、人体散热等所产生的热负荷需及时排出，因而需要设置制冷空调系统。制冷空调系统的能耗主要包括制冷机房能耗以及末端风机的能耗；制冷机房的能耗包括冷水机组、冷却水泵、冷水泵以及冷却塔的能耗。正如第1章所述，高效制冷空调系统为制冷机房全年综合制冷能效比（$SCOP_c$）不低于5.0，且空调系统全年平均综合制冷能效比（$SCOP_s$）不低于3.5。为了实现系统的高能效运行，则需要制冷空调系统中的各个耗能设备及相关配件均处于高效运行状态。

先进轨道交通装备作为《中国制造2025》十大领域之一。为实现这一目标，一方面要实现高能效设备的不断更新，另一方面要求用户方能逐渐接受高能效设备带来的高额投资。只有这样才能不断推动高能效设备的不断发展，才能开辟节能减排行业的未来。

空调系统的主要设备为冷水机组、冷却塔、冷却水泵、冷水泵、空气处理机组、多联机以及其他辅助设备。在城市轨道交通地下车站的制冷空调系统中，大系统主要解决站厅站台的负荷，小系统中主要解决设备区机房和办公区域的负荷，目前，最常见的制冷空调系统为冷水机组＋空气处理机组，但也有一部分小系统采用了多联机或冷水机组＋风机盘管的系统形式。

3.1.1 高效冷水机组＋空气处理机组

冷水机组＋空气处理机组可用于解决大系统、小系统的热负荷，系统示意图如图3-1所示，但多用于解决大系统的负荷，其系统包括冷水机组、冷水和冷却水输送系统、空气处理机组和空气输送系统。

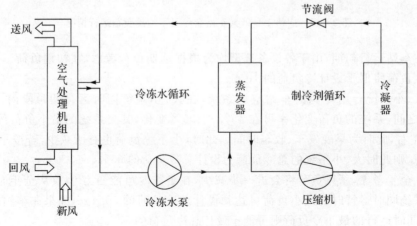

图3-1 冷水机组＋空气处理机组系统示意图

(1)冷水机组的制冷循环流程。制冷循环由压缩过程、冷凝过程、膨胀过程和蒸发过程组成。该循环利用制冷剂在封闭的制冷系统中,反复地将制冷剂压缩、冷凝、膨胀、蒸发,连续不断地在蒸发器中吸热汽化,制取冷量,实现冷水的降温。

(2)冷水和冷却水的循环流程。

1)冷水循环。冷水由冷水泵(冷冻泵)打入蒸发器中被制冷剂冷却降温,然后通过管道进入末端空调设备给室内空气循环提供冷量。

2)冷却水循环。冷却水由冷却水泵(冷却泵)从冷却塔抽出,打入冷凝器中与制冷剂换热,吸走制冷剂的热量,即冷却制冷剂,再由冷凝器回到冷却塔,冷却水在冷却塔中与室外空气进行对流换热和蒸发散热,然后又由冷却水泵抽出,以此作为循环。

(3)空气处理机组。空气处理机组(Air Handling Unit,AHU)是一种集中式空气处理设备,通过风管分配被热湿处理后的空气,可实现集中式空气处理。最基本的集中式系统是一种全空气单区域系统,一般包括风机、加热器、冷却器以及过滤器各组件。这里所说的AHU,指的是一次回风空调系统(见图3-2),其基本工作过程是:室外来的新风与室内的一部分回风混合后,经过滤器滤掉空气中的粉尘、烟尘、黑烟和有机粒子等有害物质。

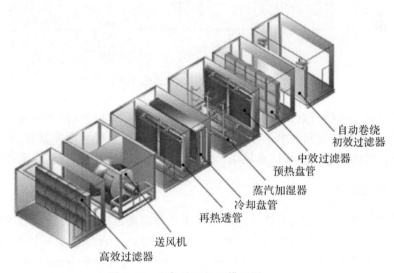

图3-2 空气处理机组模型图

一次回风空调系统的空气处理流程:首先由新风机将新风从新风井或新风口中吸入混风室,与室内的回风混合后由空气处理机组过滤、降温(或加热)、除湿(或加湿)处理后由风机风管送入末端装置,如散流器等,随后送入室内。而室内回风由回风机与回风管从回风口吸入后送入静压箱,一部分与新风混合,一部分送入排风井。

干净的空气经风机送到冷却器或加热器进行冷却或加热,以达到送风状态点,然后送入房间。根据冬、夏季节的变化,典型的集中式空气处理系统调节过程也不相同。根据全年空气调节的要求,空气处理机组可配置与冷热源相连接的自动调节系统。

为了实现高效冷水机组+空气处理机组的运行模式,需要选用满足国标双一级能效的主机,选择高能效变频水泵,选择高能效低噪声的空气处理风机,同时配备具有节能算法和主动寻优算法的控制程序和控制系统。

3.1.2 高效冷水机组+风机盘管

冷水机组+风机盘管模式主要用于轨道交通的小系统中。风机盘管是中央空调理想的末端产品,风机盘管广泛应用于宾馆、办公楼、医院、商住和科研机构建筑中。风机将室内(或室内空气与新风混合后的)空气通过表冷器进行冷却或加热后再送入室内,使室内气温降低或升高,以满足人们的舒适性要求。因此,风机盘管用于地铁地下车站中的办公区域是非常合适的。典型的风机盘管系统如图3-3所示。

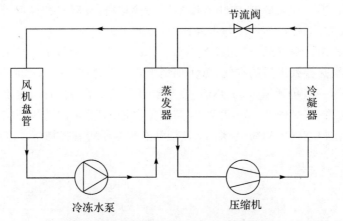

图3-3 冷水机组+风机盘管系统示意图

为了实现该方式的高效运行,风机盘管与大系统的空气处理机组合需要用一套制冷主机,冷量通过分、集水器输送到各个末端。因此,风机盘管应尽可能采用多排管、低噪声风机,冷水机组+风机盘管的模式需要与冷水机组+空气处理机组模式协同运行,以实现智能节能运行。

3.1.3 多联机系统

在地下轨道交通车站中,多联机主要用于小系统以满足机房和办公区域的空调要求。

多联机系统是"变冷媒流量空调系统"的简称,它是由一台(组)室外机和若干台室内机组成的一个制冷剂循环系统。该系统由制冷剂管路连接的室外机和室内机组成。室外机由室外侧换热器、压缩机和其他制冷附件组成;室内机由风机和直接蒸发器等组成。通过制冷剂管路,一台室外机能够向若干个室内机输送制冷剂液体,通过控制压缩机的制冷剂循环量和进入室内各个换热器的制冷剂流量,可以适时地满足室内冷热负荷需求。它克服了传统的水系统中央空调的许多弊端,具有明显的先进性及独到之处。经过30多年的发展与应用检验,该项技术已日益完善与成熟。目前,大金、海信、日立、三菱、海尔、美的以及天加等公司均有此产品。

3.2 冷水机组

冷水机组作为轨道交通地下车站制冷系统的冷量来源,其能效及稳定性对制冷系统高效可靠运行至关重要。为此,为了实现制冷系统尤其是制冷机房的高效,冷水机组宜选用国标双一级(额定制冷工况和部分负荷性能(Integrative Part Load Value,IPLV)均为一级能效)机组,如变频螺杆机组、变频离心机组、磁悬浮离心机组等。同时考虑到轨道交通地下车站的特性,冷水机组要能够在不同冷水出水温度和进出水温差情况下均处于最佳或者较佳的运行状态。

在冷水机组形式确定后,冷水机组的安装施工质量亦能够影响主机的运行效率。同时冷水机组的选择除了考虑本身能效外,还需要综合考虑设备的备用性、价格及投资回收期等。因此,本节从高效冷水机组形式和特点、串联逆流大温差子母配高效制冷机组、冷水机组的安装施工以及冷水机组的选择等四方面进行阐述。

3.2.1 高效冷水机组形式和特点

1. 变频螺杆冷水机组

螺杆式制冷机组是一种回转容积式制冷机组,它是由螺杆式制冷压缩机、冷凝器、节流阀、蒸发器、油分离器、自控元件和仪表组成的一个完整制冷系统(见图3-4)。其冷媒通常采用R22、R134A和R407C。螺杆式冷水机组的主要优点是结构简单、紧凑,质量轻,转速高,体积小,动力平衡性好,零部件少,易损件少,可靠性高,维修周期长,在低蒸发温度或高压比工况下仍可单级压缩。采用滑阀装置,其制冷量可在10%～100%范围内进行无级调节,并可在无负荷条件下启动,低负荷下的能效比较高。其特点:对于建筑空调负荷有很好的适应性;排气温度低,热效率高;运转平稳、操作简单,易于实现自动化等。其在大、中冷量范围内得到广泛应用,并且有向活塞式冷水机组应用的小冷量范围和离心式冷水机组应用的大冷量范围扩展的趋势等。因此,在空调制冷行业中,螺杆式制冷机已成为其他种类制冷机的有力竞争者,尤其是在负荷不太大的高层建筑物进行制冷空调,更能显示出它独特的优越性。其缺点是噪声相对较高,油路系统较复杂,耗油量较大。

螺杆式制冷机组的工作原理:螺杆式制冷压缩机的机体内装有两只互相啮合的平行转子——阳转子和阴转子。当两转子转动时,两转子的齿部相互插入到对方的齿槽内,随着转子的旋转,插入的长度越来越大,容纳气体槽的容积越来越小,从而达到压缩气体制冷剂的目的。

螺杆式制冷机按结构不同,有双螺杆和单螺杆、立式和卧式之分。其中双螺杆与单螺杆相比,双螺杆机组具有可靠性高、使用寿命长、振动噪声小、制冷系数以及经济性高等优点。因此它较适用于大、中型空调制冷系统。

变频螺杆制冷机组主要是在常规螺杆制冷系统的基础上内置变频器,因此,从能量调节的角度来看,与常规的螺杆机组相比,它具有更大的能量调节范围。同时由于变频压缩机通过改变频率来调整负荷输出,其压缩机在运行过程中的机械损失将大幅度降低,因而部分负荷时,在相同蒸发温度和冷凝温度情况下,机组的能效反而会更高,即变频螺杆的IPLV值比传统的螺杆更高。同时采用变频调节螺杆制冷机组负荷,机组调节更加稳定。此外在部分负荷下,常规螺杆制冷机组通过阀滑调节,能量调节大但是功率变化小,压缩机排气温度会有明显的升高,此对压缩机寿命存在一定的影响,因而变频螺杆制冷机组的机械寿命在一定程度上得到了提高。

图3-5为某品牌某典型变频螺杆机组的部分负荷曲线图。从图3-5中可以看出,当冷凝器进水温度30℃、蒸发器出水温度7℃、负荷为90%时,COP达到最大,且负荷在70%以下后机组COP存在较大幅度的衰减。

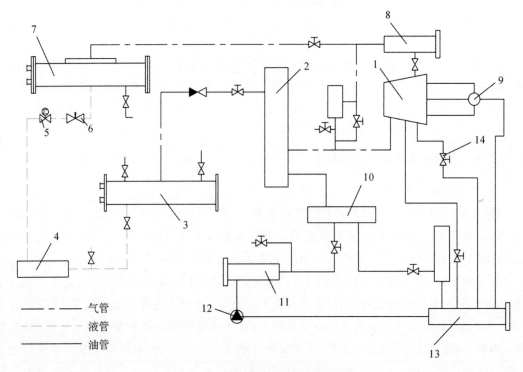

图3-4 螺杆式冷水机组制冷系统

1—压缩机； 2—油分离器； 3—冷凝器； 4—干燥过滤器； 5—电磁阀； 6—节流阀； 7—蒸发器； 8—吸气过滤器；
9—容量调节四通阀； 10—油冷却器； 11—油粗滤器； 12—油泵； 13—油精滤器； 14—喷油阀

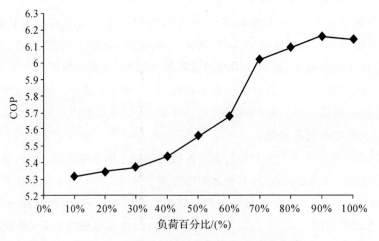

图3-5 变频螺杆机部分负荷COP变化曲线

2. 变频离心式冷水机组

离心式制冷机组是由离心式压缩机、冷凝器、节流装置和蒸发器等设备组成的一个整体，图3-6为单级离心式冷水机组的实物图。电动机通过增速器带动压缩机的叶轮将来自蒸发器的低压气态制冷剂压缩成为高压蒸气，送入冷凝器，被冷凝后的液态制冷剂经浮球式膨胀阀节流后送到蒸发器中吸热制取冷水。离心式冷水机组目前大多采用R123或R134A制冷剂。

第3章 高效制冷空调系统及其主要设备选型要求

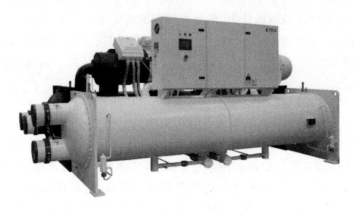

图 3-6 单级离心式冷水机组

离心式冷水机组具有转速高、单机制冷量大、质量轻、体积小、易损件少、振动小、运转平稳及对设备基础要求低等优点。离心式冷水机组能经济、方便地调节制冷量,通常可在30%～100%的负荷范围内无级调节,易于实现自动化操作。大型制冷机可采用经济性较高的工业汽轮机驱动,利于能源的综合利用。离心式冷水机组的组成如图3-7所示。离心式冷水机组根据压缩机级数可分为单级、双级和三级。按能量利用程度可分为单一制冷型、热回收型和热泵型。

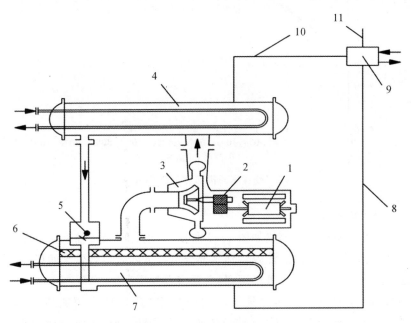

图 3-7 离心式冷水机组

1—电动机; 2—增速器; 3—压缩机; 4—冷凝器; 5—浮球式膨胀阀; 6—挡液板;
7—蒸发器; 8—制冷剂回收管; 9—制冷剂回收装置; 10—抽气管; 11—放空管

离心式压缩机的结构及其工作特性决定了其制冷量一般不小于350 kW。在部分负荷工况下通过容量调节机构调节容量。离心式冷水机组采用可调导叶方式,或变频调速和可调导叶协调控制等方式进行容量调节。

由于离心式制冷机组本身制冷量大、各种机械摩擦损失小,因而大部分离心式制冷机组的额定工况能效均较高。变频离心式冷水机组主要是在常规离心式冷水机组的基础上内置变频器。因此,从能量调节的角度来看,与常规离心式冷水机组相比,离心式制冷机组具有更大的能量调节范围。

由于变频压缩机通过改变频率来调整负荷输出,其压缩机在运行过程中的机械损失将大幅度降低,因而在部分负荷时,在相同蒸发温度和冷凝温度情况下,机组的能效反而会更高,即变频离心式冷水机组的 IPLV 与常规离心式冷水机组相比具有更高的值。采用变频调节离心式冷水机组负荷,机组调节更加稳定。在部分负荷下,常规离心式冷水机组通过导叶调节,能量调节大但是功率变化小,压缩机排气温度会有明显的升高,这对压缩机寿命存在一定的影响。因此变频离心式冷水机组的机械寿命在一定程度上得到了增强。

图 3-8 为当冷却水进水温度 30℃,冷水出水温度 7℃时,某变频离心制冷机组的 COP 变化曲线,从图 3-8 中可以看出,该机组在 40%～100%工况下机组均处于高能效状态,且在 50%～90%区间达到最大,因而变频离心机组除了满负荷能效高以外,在部分负荷下更能够达到优异的能效。

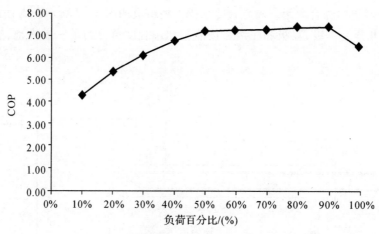

图 3-8　变频离心机部分负荷 COP 曲线

3. 磁悬浮离心式冷水机组

磁悬离心式浮冷水机组的压缩机如图 3-9 所示,由于其压缩机轴承在磁场作用下处于悬浮状态,因而压缩机损失大大降低,能效特别是部分负荷下能效得到较大的提升。

近年来磁悬浮冷水机组开始大量应用,其主要特点如下。

(1) 使用环保冷媒 R134A。其对臭氧层的破坏率(消耗臭氧潜能值,Ozone Pepletion Potential,ODP)为 0,在最新的蒙特利尔协议中没有设置禁用时间表,且属于正压冷媒,外界大气不容易渗入系统,工作压力低,容器安全有保障,无明显毒性或可燃性。

(2) 运行噪声低。运行噪声低满载状态下噪声低至 70dB 左右,部分负荷下噪声更低,比常规机组低 20dB 左右。运行噪声低的特点使得磁悬浮压缩机特别适用于对噪声有严格要求的新建和既有建筑的改造工程。

(3) 无油运行。磁悬浮压缩机的轴与轴承不接触,与传统轴承相比,磁悬浮轴承没有机械摩擦,仅有气流摩擦,而气流摩擦的能量损耗仅为机械摩擦的 2%。90%的压缩机烧毁事故由润滑油失效引起,磁悬浮压缩机彻底去除了因回油问题而导致的大量故障。当使用润滑油时,会在换热器表面产生一层油膜,这样会阻隔换热器的吸热和放热,影响换热器的换热效果。

(4)结构紧凑,占地面积小。磁悬浮离心式冷水机组高转速带来的好处是叶轮直径可减小至5～8 cm。磁悬浮压缩机的体积与质量仅为相同冷量常规压缩机的20%左右,节省占地面积,也使吊装更为方便。

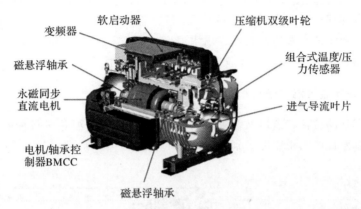

图 3-9　磁悬浮离心式冷水机组压缩机

(5)运行高效,性能稳定。采用二级压缩可以使理论制冷系数比一级压缩提升约10%,通过变频技术使机组在低负荷(一般最低部分负荷10%)时低速运转,避免喘振的发生,同时保持高效运行。图3-10为某型号磁悬浮离心机在空调供热制冷协会(The Airconditioning, Heating and Refrigeration Institute,AHRI)工况下的性能曲线,从图3-10可以看出,随着部分负荷率的增加,COP快速增加,在AHRI工况25%负荷下,COP高达13.4。结合负荷特性,该机组非常适合用于地铁机房中。

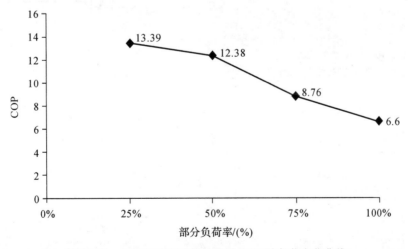

图 3-10　AHRI工况下某磁悬浮COP随负荷变化曲线

(6)实际运行时的其他优点。

1)磁悬浮压缩机的启动为软启动,启动电流仅为0～6 A,传统压缩机的启动电流需要

200~600 A。而且在实际运行中磁悬浮模块化冷水机组多个模块式依次启动,没有冲击电流,前一个启动平稳后下一个才启动,使得运行更安全。

2)在突然断电时,压缩机中电容器中的电可以保证转轴速度缓慢减小直至为零,避免了突然停运对压缩机的损坏。

3)磁悬浮离心式冷水机组的应用:根据磁悬浮变频离心式冷水机组低噪声、部分负荷时卓越的能效比的特点,特别适合于医院、大酒店、高档办公楼、绿色节能环保建筑等的中央空调系统。它能充分发挥部分负荷高效节能的作用,很大程度上节省了整个空调工程的运行费用。另外由于磁悬浮变频离心式冷水机组在出水温度3~18℃都有很高的COP,所以也非常适合应用在地下车站,但需持续关注其运营阶段的安全稳定性能。

3.2.2 串联逆流大温差子母配高效制冷机组

针对地下车站的负荷特点以及需求,一种基于串联逆流大温差子母配的高效制冷空调系统应运而生。其原理图与示意图分别如图3-11和图3-12所示。

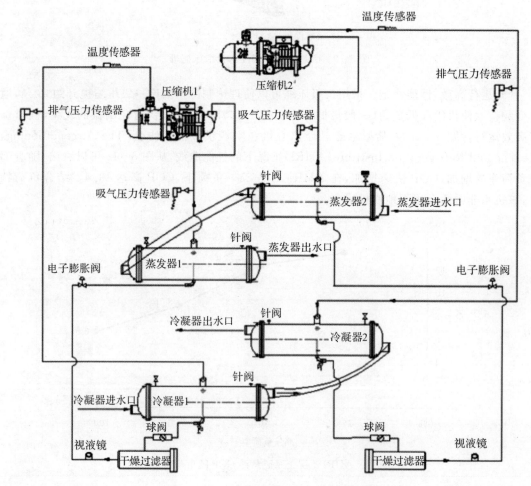

图 3-11 串联逆流高效冷水机组原理图

图3-12给出了该类型机组的换热器进、出水示意图,可以看出该冷水机组包含两套独立

的制冷系统,包括压缩机、冷凝器、电子膨胀阀、蒸发器、干燥过滤器、球阀、视液镜、排气压力传感器、吸气压力传感器、温度传感器等。其中,压缩机1#和压缩机2#(见图3-11)的制冷能力比例为4∶6。两个独立的蒸发器由串联水管连接,两个独立的冷凝器亦由独立水管连接。系统1中蒸发器1与出水管道连接,冷凝器1与冷凝器进水管道连接;系统2中蒸发器2与进水管道连接,冷凝器2与冷凝器出水管道连接。

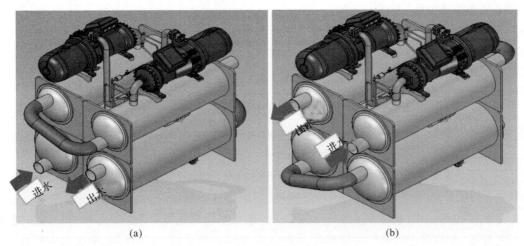

图3-12 冷凝器、蒸发器进出水示意图
(a)系统1; (b)系统2

该系统具有下述技术特点。

(1)串联逆流设计。从图3-12可以看出,系统1[见图3-12(a)]和系统2[见图3-12(b)]的蒸发器和冷凝器进出口呈现逆流状态,以设计工况(系统冷凝器进出口水温30.5℃/35.5℃,系统蒸发器进出口水温10℃/17℃)为例,此时对于系统1,冷凝器进出口水温为30.5℃/32.5℃,蒸发器进出口水温12.8℃/10℃与单机头相同工况相比,蒸发器出口水温不变,而冷凝器出口水温较设计工况低(35.5-32.5=3℃),根据压缩机的特性,机组COP将得到较大的提高。

同样,对于系统2,冷凝器进出口水温为32.5℃/35.5℃,蒸发器进出口水温17℃/12.8℃与单机头相同工况相比,冷凝器出口水温不变,而蒸发器出口水温较设计工况高(12.8-10=2.8℃),根据压缩机的特性,机组COP将得到较大的提高,同时冷量亦得到较大的提高。综上所述,采用串联逆流的设计可以实现机组冷量和COP均有较大幅度提高,COP提升更多。

(2)双机头子母设计。从图3-12中可以看出,该高效冷水机组包括系统1和系统2两个独立的制冷系统。压缩机设计冷量比例为4∶6,由于压缩机的特性,在相同工况下,单个压缩机在75%~100%负荷下系统性能相差不大,但随着压缩机负载的进一步降低,其系统性能将大幅度降低,因而该设计主要目的在于通过有效控制实现机组在较大负荷范围内均能高效运行。

对于子母配双机头高效冷水机组,在确保机组一直处于75%负荷以上,通过子母配设计,在最小压缩机处于75%负荷时,其本身负荷为:0.4×0.75=0.3,即为系统负荷的30%,可以实现机组在大冷量范围内均能高效运行。

(3)大温差、高出水温度设计。根据地铁站台冷量需求的特点,串联逆流子母配双机头高效冷水机组采用大温差设计。根据大温差和高出水温度匹配优化换热器尺寸和换热面积,换热器均采用三流程形式,提高在水流量变小情况下水侧的换热性能。以上措施使换热器整体换热性能提高。

采用高出水温度设计(10℃及其以上蒸发器出水温度),在蒸发中设置特有的挡液板,确保制冷剂在蒸发器中剧烈沸腾时不产生带液现象。同时采用特有的回油技术,使压缩机在不同工况下回油问题得到完好解决。通过大温差、高出水温度设计,机组蒸发温度得到较大提升,从而大幅度提高机组COP。

(4)高过冷度设计。从制冷原理可以看出,冷凝器过冷度的增大将增加系统制冷量,但对制冷系统耗功产生的影响很弱,因而提高冷凝器过冷度将较大幅度提升系统COP。本机组采用特有的逆流过冷方式,使得冷凝器制冷剂冷凝并流出时强制逆流通过过冷室,同时加大冷凝器过冷管数量,使冷凝器出口过冷度有较大幅度的增大。

(5)逻辑优化控制设计。从上述分析可以看出,要想实现制冷系统在部分负荷下高效运行,则需要控制系统的运行逻辑,实现任何一台压缩机无论何时均在其75%负载及其以上运行,其控制逻辑如下。

1)压缩机减载调节。当实际负荷小于计算负荷时,大小压缩机同时减载,直到减载到额定负载的75%。当此时负荷仍然小于计算负荷,关闭小压缩机,大压缩机直接加载到100%(相当于总负载的67%)。随着负荷的进一步降低,逐步降低压缩机负载到75%。如果此时负载进一步降低,则开大小压缩机并加载到100%(相关于总负载的33%)同时关闭大压缩机。随着负载进一步降低,小压缩机减载到其负载的75%,直到关机。

2)压缩机加载调节。当实际负荷大于计算负荷时,开启小压缩机,并持续加载到100%,若负荷不能满足要求,开启大压缩机,并持续加载到100%。当加载过程完成稳定时,如果压缩机的加载负荷不在75%及其以上情况,先将负载加载到75%,然后按照压缩机减载调节逻辑进行运行。

3.2.3 城市轨道交通中冷水机组的安装施工

城市轨道交通中冷水机组的安装施工应注意以下要求。

(1)压力容器的设计、制造和试验按国家有关规定执行,并提供权威部门的测试报告。机组使用的材料应符合国家标准的有关规定。

(2)使用的隔热材料应具有阻燃或难燃、无毒、无臭等性能(并提供权威部门的测试报告),黏合剂应无毒,黏贴或固定应牢固。人体可能接触的零部件、外壳等发热部位的温度应小于60℃,其他部位温度也不应有异常上升。

(3)机组的气密性试验和水侧的液压试验应符合相应标准的要求。

(4)机组在启动或运行时,应防止过量的液态制冷剂或油进入压缩机,以免产生液击。

(5)车站大、小系统冷源宜合并设置,末端水管系统独立设置。

(6)对集中供冷冷站和分站供冷车站的制冷机选型,均应通过对负荷进行分析后确定选用制冷机的台数、容量等,以使制冷机在全年负荷变化情况下均能处在高效区运行。

(7)分站供冷车站应根据车站冷负荷计算来确定冷水机组的配置。若车站小系统冷量不小于车站总冷量的20%,则选用两台同容量的制冷机组,制冷机组容量大小按车站总冷量的50%配置;若车站小系统冷量小于车站总冷量的20%,则选用两大一小三台制冷机组,两台大机容量大小按车站总冷量的50%配置,小机容量大小按小系统负荷配置。

(8)冷水机房应设置靠近空调负荷中心的位置,宜与空调机房综合布置。冷水机房一侧应预留吊装孔,考虑冷水机组整体运出通道,同时冷水机组上方应预留吊钩。

(9)对于集中冷站的机房,设备房与控制室应分开设置,且控制室与主机房之间应设玻璃观察窗,系统及末端设备应配备必要的温度压力传感器,末端传感器应与集中供冷站设有监控接口。

(10)冷水机组应设冷媒泄漏紧急排放管,通过排风道接至室外。

(11)冷水机组、水泵、冷却塔、空调器应布置在混凝土基础上,基础周边设置排水沟并引至排水点。空调器的基础高度应满足冷凝水管的水封安装要求,水封高差应为积水盘处负压的1.5倍以上。

(12)为保证车站重要设备管理用房的可靠运行环境,需对通信设备室及电源室、信号设备室及电源室、综合监控设备室、屏蔽门控制室等房间设置备用空调系统。

(13)室外机放置处应设置检修电源和水源,应考虑排水问题,并充分考虑室外水源与电源的管理和维护。

3.2.4 城市轨道交通中冷水机组的选择与确定

空调冷源可供选择的设备很多,选择冷源方案时要根据使用能源的种类、初始投资、占地面积、环境保护、安全和运行费用等方面综合考虑,并结合工程的实际情况,找出各种方案的优、缺点,经过技术经济比较后确定。

1. 需要考虑的因素

(1)机组能耗。机组能耗是确定空调冷源方案时,首先要考虑的因素。在空调工程中,冷水机组是主要的能耗设备。因此,空调冷水机组的能耗是设备选型的一个重要指标,一般情况下,在以节能为主的系统中,优先考虑变频螺杆、磁悬浮、高效离心机等形式的双一级(满负荷和IPLV均达到国标一级能效)机组。

(2)空调冷水泵和冷却水泵的能耗。空调冷水泵和冷却水泵的能耗与空调冷水机组的性能有着密切的关系。水泵的功率主要取决于蒸发器和冷凝器所要求的水量和水流阻力。对空调冷水泵而言,空调供、回水温差一般取5℃,当冷水机组制冷量一定时,冷水泵的水量是一定的,不同类型的冷水机组其蒸发器的阻力不同,阻力越大冷水泵消耗的功率越大。对冷却水泵,溴化锂冷水机组的散热量较大,需要的冷却水量也较大。

(3)空调冷水机组部分负荷下的特性。空调冷水机组部分负荷运行时的能耗和制冷效率代表了冷水机组的重要性能,也是设计选择的重要依据。因为空调冷负荷变化时,要求冷水机组进行负荷调节,实际使用中冷水机组往往长期处于部分负荷状况下运行。因此冷水机组部分负荷运行时的能耗指标对冷水机组运行中的节能有着十分重要的作用。在选择冷水机组时,需要进行动态能耗分析。

(4)运行管理和使用寿命。空调冷水机组是价格昂贵的重要设备,要求运行管理方便,故障率小,使用寿命长。

(5)环境保护要求。空调制冷系统的环境保护问题主要指对大气臭氧层的破坏和促使全球气候变暖。目前,制冷剂正处于一个替换的过程中,按照国际协议,替代制冷剂 R134A、R123 以及 R22 不论是热力性能还是对环境的要求,在一个相当长的时期内是可以使用的。

(6)噪声和振动。冷水机组的噪声和振动往往成为有些工程设备选型的重要因素。比如设在居民宿舍区的空调制冷机组,对噪声要求就非常严格;而对设在大楼屋面的风冷热泵机组,就应考虑机组振动的影响。

(7)设备价格。选择空调冷水机组,既要考虑设备先进、优质,又要考虑价格合理,能为业主所接受。

表 3-1 为某城市轨道交通项目对冷水机组的技术要求。

表 3-1 某城市轨道交通项目对冷水机组的技术要求

序号	技术要求	问题说明
冷水机组		
1	性能系数(COP)不应低于《冷水机组能效限定值及能效等级》(GB 19577—2015)规范中能效等级 1 级规定 综合部分负荷性能系数(IPLV)不低于《冷水机组能效限定值及能效等级》(GB 19577—2015)中 4.2 条能效等级 1 级规定	无法同时满足双 1 级标准的机组能耗大
2	压缩机采用变频压缩机,如变频螺杆、磁悬浮、变频直驱等变频压缩机	压缩机为冷水机组的核心部件,行业先进压缩机品牌技术至关重要
3	冷凝器、蒸发器水侧阻力不大于 5 mH_2O,承压应大于 1.6 MPa	对冷凝器、蒸发器铜管设计要求高,可以提高系统性能
4	机组要求具备冷凝器自动在线清洗功能	部分外置的冷凝器在线清洗装置案例,容易堵塞胶球,维保不便

2. 综合经济型分析

从经济角度分析、评价制冷机系统优劣的基本原则,就是对各种技术可行的制冷方案进行费用比较,以全部费用综合最小的方案为经济效益最佳方案。

制冷系统的全部费用可分为固定费、运行费和维护费三部分。

(1)固定费。固定费就是购置设备的初投资并考虑该设备在整个使用寿命期间的折旧费、利息、固定资产税和保险费等。根据文献,用逐年递减方法计算的年平均固定费概算方法可概括为表 3-2。

表 3-2 年平均固定费概算方法

序号	费用项目	概算方法
1	年折旧费	设备费÷折旧年限
2	平均年利息	(设备费×年利率)/2
3	平均年固定资产税金	(设备费×0.8×税率)/2
4	平均年保险费	(设备费×0.8×保险金率)/2

(2)运行费。运行费是设备运转时所消耗的电费、蒸汽费、燃料费、水费和人工费等。制冷

系统的运行费用与制冷机组及其辅助设备的开启时间、运行负荷率(运行时负荷与制冷机组容量之比)有关,而运行负荷率除与建筑物用途、当地室外气象参数、室内设计参数及空调系统运行方式(是连续运行还是间歇运行)有关外,还与制冷机组备用情况有关。

(3)维护费。维护费包括设备管理费和维修费两部分。

经济性分析的方法主要有年经营费用法和寿命周期费用法两种。所谓年经营费用就是将初投资加上计算利息,再按设备使用年限等价平均分摊给每一年的费用(称之为固定费),再加上每年的运行费和维护费。固定费和维护费也均与设备的使用年限有关。所谓寿命周期费用就是设备在整个寿命周期内的总的费用,同时应把每年的当年价格换算成设备使用期末的价格。

3.3 冷 却 塔

冷却塔作为制冷系统中的主要散热设备,其通过蒸发冷却的方式将冷凝器中的热量散失到周边空气中,从而实现系统的正常运行。对于冷却塔的性能来说,逼近度(冷却塔出水温度与环境湿球温度的差值)为一个重要的性能评价指标,一般而言,普通的冷却塔的逼近度在 $3\sim6℃$,而对于高性能的冷却塔,其逼近度可达到 $1\sim3℃$。然而逼近度越高,所需要的填料面积越大,制造工艺等更加精确和复杂,对应的制造成本和人工费用亦有一定程度的增加。同时对于不同类型的冷却塔,其相关换热面积下,逼近度亦存在一定的差异,如逆流冷却塔在换热效果上明显优于其他类型冷却塔,然而横流冷却塔在模块化拼装方面有着独特的优势。因此,根据实际情况,合理选择不同塔体结构和换热面积的冷却塔对于实现制冷空调系统的高效运行具有重要意义。为提高全系统整体能效水平,应在满足各方面条件(如土建基坑、初投资等)的前提下尽可能选择高逼近度的冷却塔。下面将从常见冷却塔的形式和分类、冷却塔的技术要求、冷却塔的安装使用与维护、城市轨道交通中冷却塔的选择与确定几方面来说明。

3.3.1 常见冷却塔的形式和分类

根据不同的分类方法,冷却塔有下述多种分类方法:

按通风方式分有自然通风冷却塔、机械通风冷却塔、混合通风冷却塔。按热水和空气的接触方式分有湿式冷却塔、干式冷却塔、干湿式冷却塔。按热水和空气的流动方向分有逆流式冷却塔、横流(交流)式冷却塔、混流式冷却塔。按用途分一般空调用冷却塔、工业用冷却塔、高温型冷却塔。按噪声级别分为普通型冷却塔、低噪型冷却塔、超低噪型冷却塔、超静音型冷却塔。其他如喷流式冷却塔、无风机冷却塔、双曲线冷却塔等。下面重点介绍在空调系统中常用的逆流式冷却塔、横流式冷却塔。

1. 逆流式冷却塔

逆流式冷却塔主要由塔体、填料、风机、布水器(配水装置)及挡水板(除水器)等组成,其工作原理如图 3-13 所示。

在冷却塔内,借助于通风机的强制通风,使气流从下向上流动,而水滴则从上向下流动,气、水逆向流动,进行热质交换,因此具有较好的冷却效果。塔内填料断面处的平均风速一般为 $2\sim3 \text{ m}\cdot\text{s}^{-1}$,冷却幅高可达 $3\sim5℃$,淋水密度控制在 $12\sim15 \text{ t}\cdot(\text{m}^2\cdot\text{h})^{-1}$。

2. 横流式冷却塔

横流式冷却塔中空气在传热传质过程中同水的流向是垂直的,填料放置在塔的周围,而水滴仍是自上而下流动。目前,在我国空调系统中应用的逆流式、横流式冷却塔外壳大多采用玻璃钢制作,这易于成形,便于安装,耐腐蚀。随着环保的要求越来越高,钢制塔应该是行业发展主流趋势。图3-14为横流式冷却塔工作原理图,表3-3为逆流式和横流式冷却塔的特点对比。

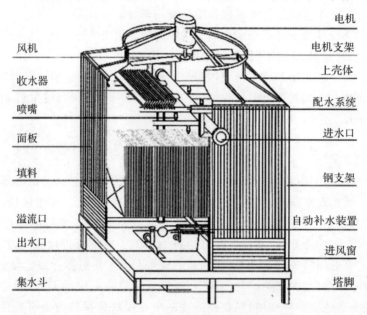

图3-13 逆流冷却塔工作原理图

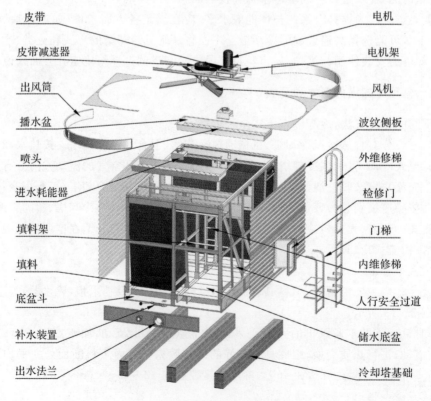

图3-14 横流式冷却塔工作原理图

表 3-3 逆流式冷却塔、横流式冷却塔的对比

项 目	逆流式冷却塔	横流式冷却塔
效率	冷却水与空气逆流接触,换热效率高	水量、容积散质系数与逆流塔相同,填料容积要比逆流塔大15%~20%
配水设备	对气流有阻力,配水系统维修不便	对气流无阻力影响,维护检修方便
风阻力	水气逆向流动,风阻力较小,为降低进风阻力,往往提高进风口高度,以减少进风速度	此逆流塔低,进风口高,即淋水装置高,故进风风速低
塔高度	塔总高度较高	填料高度接近塔高,收水器不占高度,塔总高度低
占地面积	淋水面积同塔体积,占地面积小	平均面积大
热湿空气回流	比横流塔小	由于塔身低,风机排风回流影响大
冷却水温差	可大于 5℃	可大于 5℃
冷却幅度	可小于 5℃	可小于 5℃
气象参数	湿球温度可大于 27℃	湿球温度可大于 27℃
冷却水进入压力	要求 0.1 MPa	可小于等于 0.005 MPa
噪声	可达 55 dB(A)	可达 65 dB(A)

3.3.2 冷却塔的型号与规格

常见冷却塔的型号示意如图 3-15 所示:其中 Y 表示改型代码;J 表示机力通风式冷却塔;D 表示低温型;W 表示无填料式;L 表示冷却塔;G 表示鼓风式;100 表示塔规格;Y 表示圆形;P 表示带集水盘。

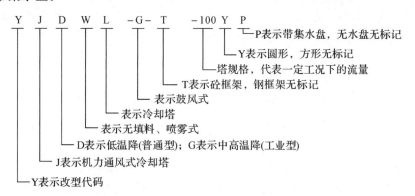

图 3-15 冷却塔型号示意

3.3.3 冷却塔的技术要求

冷却塔应设置在通风良好的地方,并与周围环境相协调,其噪声应符合现行国家标准《城

市区域环境噪声标准》(GB 3096—2008)的规定。

多塔布置时,宜采用相同型号产品,且其积水盘下应设连通管,进水管上设电动阀。

1. 噪声控制及控制方案

冷却塔主要噪声源有风机噪声、水滴声和电机噪声等。风机噪声包括空气动力性噪声、电磁噪声和机械噪声等,属低中频,据调查实测,风机的空气动力性噪声比风机其他部分辐射的噪声要高 0～10 dB。水滴声是下淋水由分布器喷出直接撞击到塔内部四周的彩钢板和水池所形成的,其噪声级与水滴细化程度、水滴势能和水流量有关,呈高频特性。

噪声控制方案如下。

降噪方案应从解决冷却塔噪声源入手,对风机选型、电机选型、进风面百叶、集水池及塔型号进行技术提升,同时对降噪技术提升后的冷却塔整塔进行冷却技术协会(Cooling Technology Institute,CTI)标准测试(指要求其实际出力与标定出力100%符合)。

(1) 风机选型。根据风机空调动力学理论,风机噪声的声功率与风机叶片叶梢的圆周速度值的 6 次方成正比,与风机叶轮外径尺寸的 2 次方成反比。因此,通过加大风机直径,减小转速,改进叶片叶型、结构和材料,如玻璃钢等,可以降低风机的噪声。目前市面上风机质量参差不齐,有普通铝合金风机、低噪声铝合金风机及超低噪声玻璃钢风机等,根据有关资料介绍,风机转速由 n_1 降低为 n_2 时,降噪量 L 可按下式估算:$L=50\lg(n_1/n_2)$。本方案选择了超低噪声玻璃钢风机,风机的转速为 210 r·min^{-1},与转速 600 r·min^{-1} 的普通风机进行比较,按上式计算风机噪声将降低 20 dB 以上。

(2) 电机选型。电机采用低噪声、振动小的电动机,同时其传动部分倒置于气室内部,解决了风筒受重压变形的问题,提高了塔的整体稳定性,最大限度地避免了塔体振动带来的不利影响,使塔噪声影响降至最低。

(3) 进风面百叶。将进风面普通百叶更换为消声百叶,消声百叶内填充容重为 40 kg·m^{-3};防水型玻璃吸声棉,百叶通透率70%。

(4) 集水池。在集水池布置落水撞击材料,如消声垫、泡沫塑料。

(5) 选大容量冷却塔。在选型时考虑适当放大 10%～15% 余量,实现小流量大塔型,冷却塔采用在低气水比工作点运行的方式,同时对其进行了CTI认证,保证其降噪后冷却塔标定的热力性要求。

2. 节能实现

节能减排和资源综合利用是中国经济和社会发展的长远战略方针,是中国"十三五"发展规划的重要内容。对于大型空调系统而言,寻求廉价的可再生能源,降低空调系统能耗是当前研究的重点。

(1) 确定高效率填料及其运行的合适区间。淋水填料是冷却塔的核心部件,是冷却塔中空气与热水进行热质交换的主要场所,其热力性能和阻力性能直接影响冷却塔的冷却效果,也是间接体现能耗高低的关键部件,因此要充分掌握高效填料的应用条件。一般来说,高效填料的散质系数大,比表面积大,但是其阻力小,能耗低。对比国内外同类填料的热力特性发现,虽然它们都是薄膜式填料,单位体积的密度相近,比表面积和孔隙率也相近,仅细节部分的构造有所区别,但热力特性相差较大。性能高的填料完成相同的设计任务,所需的气水比小,风机耗功少。除了继续开发新的填料品种外,也要注重开发现有填料的潜力,改进试验装置及方法。

在进行热力测试的同时,对不同淋水密度和风速下的填料特性给予区分,并针对不同的气象条件与不同的运行区间加以论证,这样填料的特性才能在实践中得到充分、有效的运用。

(2)变流量优化。冷却塔运行过程中存在长时间部分负荷运行的情况,因而如何确保系统始终处于高效状态对系统节能至关重要。一方面,可采用变频风机和变频水泵来适应系统在部分负荷下的节能特性;另一方面,可采用变流量喷头,即在流量低于额定流量的50%以下时,通过对喷头进行优化设计,仍然使得水分能够较为均匀地喷洒在填料表面,尽可能增加空气与水分的接触表面积,提高冷却塔传热传质性能。

3.3.4 冷却塔的安装使用与维护

1. 安装要求

(1)一般要求。

1)冷却塔应安装在通风良好的位置,冷却塔的进风口与建筑物应保持一定的距离,以保证新风吸入塔内,并避免挡风和防止冷却塔排出的热湿空气回流而降低冷却塔的冷却能力。冷却塔还应避免安装在有热空气产生、粉尘飞扬的场所的下风口。

2)冷却塔的基础应按照生产厂家提供的尺寸施工,并按照要求预埋钢板或预留地脚螺栓孔洞,其各部位尺寸必须准确,各个基础平面在同一水平面上,标高误差1 mm。

3)冷却塔本体和周围通常采用非阻燃型材料制作,在安装中不能在塔上焊接,并远离明火。

4)两台以上冷却塔并联使用而采用一台水泵时,为使并用的冷却塔水位同高,集水盘应安装连通管。

(2)冷却塔主体安装。

1)冷却塔的底盘支架组装后应平整,与基础预埋件或地脚螺栓孔洞对准找平后焊接。

2)在组装底盘时安装人员应踩在片件的加强筋上,避免损坏底盘。

3)安装外壳和底盘玻璃钢片件时,为防止壳体或底盘变形,应将串上的螺钉和密封垫依次逐渐上紧。

4)底盘组装后无变形现象,在接缝处部位干净和干燥状态下,应采用安全可靠、环保无毒的防水手段密封,以防集水器漏水。

(3)布水装置的安装。

1)配水系统总体布置形式应满足配水均匀、水力损失小、通风阻力小、便于施工安装与维修的要求。逆流式冷却塔宜采用管式配水,应通过水力计算及布置条件比较,确定采用树枝状管式配水或环状管式配水。树枝状配水管宜采用对称分流布置形式,使各支干管入口水压接近相同。主干管管径宜采用分段变径措施。支干管宜通过计算,综合采用变径、变坡或变喷嘴标高的措施,使各喷头入口水压接近相同。

2)通过水力计算确定合理管径和分段变径布置的配管方案,应使90%的喷嘴出水量误差在5%以内,其余10%的喷嘴出水量误差在10%以内。喷头平面布置形式应根据单个喷头布水特性,按照组合布置形式通过计算取最优确定。横流冷却塔宜采用池式配水,池底标高应一致。配水池设计水深宜大于喷头内直径的6倍,且不小于0.15 m。配水池保护高度宜大于0.1 m,在最大设计水量时不产生溢流。

3)池式配水前的配水管应能向各配水池均匀供水。池数、各水池的配水点数、消能设施及水量控制调节设施应结合配水池尺寸经计算比较后确定。池顶宜设置盖板或采取防止光照下滋生微生物和藻类的措施。

(4)通风设备的安装。根据冷却的方式不同,通风设备有抽风式和鼓风式两种:

1)冷却塔风机的叶片顶部与壳体四周的径向间隙均匀,其间距不小于10 mm,叶片安装的角度应相同。

2)采用抽风式冷却塔,电动机盖及转子应有良好的防水措施。一般采用封闭式笼型异步电动机,且接线端子用松香或其他密封绝缘材料密封。

3)采用鼓风式冷却塔,风机与冷却塔体距离一般不小于2 m,防止风机溅上水滴。

(5)收水器的安装。收水器一般装在配水管上、配水槽中或槽的上方,阻留排出塔外空气中的水滴,起到水滴与空气分离的作用。在抽风式冷却路中,收水器与风机应保持一定的距离,以免产生涡流而增大阻力,降低冷却效果。收水器应选用收水效率高、高(宽)度低、通风阻力小、刚度大、质量轻的形式,材质可采用塑料、玻璃钢等,其理化性能应与填料具有同等水平。漂滴损失水率宜小于0.001%。

2. 维护要求

(1)冷却塔安装完毕,投入运转前,应仔细清除管道、收水器、填料表面及集水池等处的杂物和污垢,以免发生堵塞。

(2)冷却塔交付使用前,应先进行试运转。检查通风机、塔体安装是否平稳,逆流塔旋转布水器运转是否正常,喷头布水是否均匀出水,电动机防潮措施是否严密等,经检查合格,方能交付运行。

(3)冷却塔使用时,应经常观察、检查通风机运转情况,包括电源、电压、通风机振动、噪声,齿油位是否漏油或皮带传动是否松动、是否打滑等,检查旋转布水器或喷头布水是否正常。

(4)齿轮箱用20#机械油或齿轮油,除平时不断加注到规定油位外,每连续运转一年,应全部更换一次。

(5)皮带传动轴承座,要加注润滑油脂,用钙基润滑脂ZG-4[符合国家标准《钙基光滑脂》(GB 491—1987)]或钙钠基润滑脂ZGN-2[符合国家标准《钙钠基润滑脂》(SYB 1403—1959)]。除平时每月用油枪加注一次外,每连续运转一年,应全部拆洗更换一次。要经常注意各连接部件、螺栓的紧固情况。

(6)冷却塔进水浊度不大于10 mg·L^{-1},运转时,应根据水质情况,考虑定期排污或增加水质稳定处理设施。

(7)填料材质采用改性耐温硬聚氯乙烯(PVC),片型按设计要求决定。

(8)循环水中产生菌藻时,可采用冲击加氯去除,加氯量可控制回水总管内余氯为0.5~1.0 mg·L^{-1},时间4~6 h。

3.3.5 城市轨道交通中冷却塔的选择与确定

根据地铁特殊要求,在冷却塔技术研究和开发上应着重节能、环保。冷却塔技术是一个系统工程,它的内在规律要求对风、水、热交换介质三者性能很好匹配和相互协调。保证冷却塔的节能高效运行需采用如下技术措施。

(1) 节能型动力设备的选型,包括风机、动力节能选型。
(2) 运行过程中根据水温调节风机运行数量,选择冷却塔的组合形式。
(3) 冷却塔设计时尽量减小上升蒸汽在填料和风机之间形成涡流。
(4) 填料选型应能保证水流和风的充分接触和组装强度,尽可能地增加填料比表面积。
(5) 循环水喷淋装置选型应淋水效果好,洒水均匀,循环水分布合理,不易阻塞。
(6) 冷却过程中水的飞溅损失要尽量小。
(7) 冷却塔需采用超低噪声系列,运行中噪声要求严格按区域声功能区噪声标准控制,如2类区白天不得高于60 dB,夜间不得高于50 dB。
(8) 循环水系统的节能还应包括浓缩倍数控制和循环水泵的选型。

高效冷却塔在设计过程中的湿球温度逼近值的要小于3℃,如在广州地区设计湿球温度为28.5℃时,可考虑设计30.5℃/35.5℃高效超低噪声CTI变频冷却塔,或者31℃/36℃高效超低噪声CTI变频冷却塔,此时湿球温度逼近度分别为2℃和2.5℃。

3.4 水 泵

水泵作为冷量和热量的传输设备,主要实现将冷凝器中的热量传输到冷却塔中,将蒸发器中的冷量传输到末端。在空调系统中水泵能耗占了系统能耗的20%左右。水泵运行所产生的能耗不仅仅增加整个制冷系统的功耗,同时其运行所消耗的能量有很大部分以热量的形式注入冷水中,降低了末端所获取的冷量,因而需要通过优化运行来降低水泵所消耗的能量,然而水泵输送循环水过程中还需要保证最不利环路,即对水泵的输出压力存在一定的要求,因此在目前的重要空调系统节能控制中,最为行之有效且最为复杂的控制策略即为对水泵变频的调节控制。加强空调用水泵特性研究,了解水泵对空调系统的影响及其耗功变化规律并采取合理的水泵控制策略对空调系统的节能有重要的指导意义。下面将从水泵的形式和分类、水泵的主要性能参数、水泵的运行以及城市轨道交通中水泵的选择与确定几方面对水泵进行介绍。

3.4.1 常见水泵的形式和分类

水泵通常根据工作原理及结构形式进行分类,可分为叶片式(又称叶轮式或透平式)、容积式(又称定排量式)及其他类型三大类,下面重点介绍工程中常用的水泵:离心式水泵和轴流式水泵,它们也是水泵节能的主要对象。

(1) 离心式水泵的工作原理。如图3-16所示,离心式水泵由叶轮、压出室、吸入室、扩压管等部件组成。当原动机通过轴驱动叶轮高速旋转时,叶轮上的叶片将迫使流体旋转,即叶片将沿其圆周切线方向对流体做功,使流体的压力能和动能增加。在叶轮出口的外缘附近,由于具有最高的圆周切线速度,故该处的流体亦将具有最高的压力能和动能。在惯性离心力和压差力的作用下,流体将从叶轮出口外缘排出,经压出室(蜗壳)、出口扩压管,由出口管道输送至目的地。同时,由于惯性离心力的作用,流体由叶轮出口排出,在叶轮中心形成流体空缺的趋势,即在叶轮中心形成低压区,在吸入端压力的作用下,流体由吸入管经吸入室流向叶轮中心。当叶轮连续旋转时,流体也连续地从叶轮中心吸入,经叶轮外缘出口排出,形成离心式水泵的连续输送流体的工作过程。

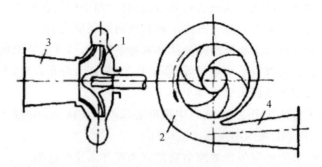

图 3-16 离心式水泵示意图
1—叶轮；2—压出室；3—吸入室；4—扩压管

(2) 轴流式水泵的工作原理。轴流式水泵主要由叶轮、吸入口、出口扩压管组成。当叶轮在原动机驱动下高速旋转时，叶轮上的叶片作用于流体的力可以分解为两个分量：力的一个分量沿圆周运动方向，它驱使流体作圆周运动，此分力对流体做功，使流体的压力能和动能增加，即使流体获得机械能。力的另一个分量沿轴向，它驱使流体沿轴向运动，即形成流体从轴流式水泵的吸入口流入、从出口扩压管排出的连续输送过程。

离心式水泵是应用最广泛的水泵，是泵节能的主要对象。本节将以离心式泵为主，讨论泵节能技术。

3.4.2 水泵主要性能参数

水泵的基本性能参数表示水泵的基本性能。水泵的基本性能参数有流量、扬程、轴功率、效率、转速、比转速、必须汽蚀余量或允许吸上真空高度等。

1. 流量

水泵的流量是指单位时间内从水泵出口排出并进入管路的液体体积。体积流量以符号 q_v 表示，单位为 $m^3 \cdot s^{-1}$、$m^3 \cdot h^{-1}$ 等。水泵的流量除用体积流量 q_v 外，还可用质量流量 q_m 表示。q_m 定义为单位时间从水泵出口排出并进入管路的液体质量。显然 q_v 与 q_m 间的关系为

$$q_m = \rho q_v \tag{3-1}$$

2. 扬程

通常用扬程 H 表示流体经水泵所获得的机械能。水泵的扬程 H 指单位质量液体经过水泵后所获得的机械能。

如图 3-17 所示，扬程 H 的计算式为

$$H = (Z_2 - Z_1) + \frac{p_2 - p_1}{\rho} + \frac{v_2^2 - v_1^2}{2g} \tag{3-2}$$

式中 Z_2、p_2、v_2 与 Z_1、p_1、v_1 分别为 2-2 截面及 1-1 截面的位置高度、压力和速度值。水泵的扬程即为水泵产生的总水头，其值等于水泵的出口总水头和进口总水头的代数差。

3. 轴功率

由原动机或传动装置传到水泵轴上的功率，称为水泵的轴功率，用 P 表示，单位为 kW。

4. 效率

水泵的输出功率（有效功率）P_u 与输入功率（轴功率）P 之比，称为水泵的效率或全效率，

以 η 表示,即

$$\eta = \frac{P_u}{P} = \frac{\rho g q_v H}{1\,000 P} = \frac{p q_v}{1\,000 P} \tag{3-3}$$

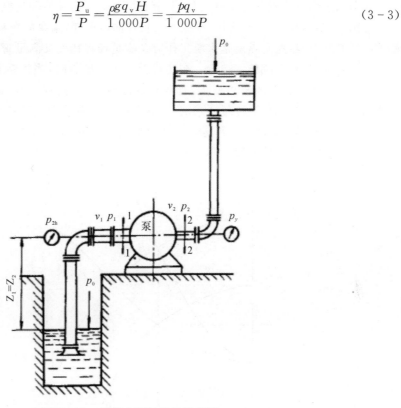

图 3-17 计算水泵扬程的示意图

5. 转速

水泵的转速,指水泵轴旋转的速度,即单位时间水泵的旋转数,以 n 表示,单位为 $\mathrm{r \cdot min^{-1}}$ 或 $\mathrm{r \cdot s^{-1}}$。

6. 比转速

水泵的比转速以 n_s 表示,用下式定义:

$$n_s = \frac{3.65 n \sqrt{q_v}}{H^{3/4}} \tag{3-4}$$

作为性能参数的比转速是按水泵最高效率点对应的基本性能参数计算得出的。对于几何相似的水泵,不论其尺寸大小、转速高低,其比转速均是一定的。因此,比转速也是系统风机分类的一种准则。

7. 必需汽蚀余量或允许吸上真空高度

水泵的必需汽蚀余量是指:为了防止水泵内汽蚀,水泵运行时在进口附近的管路截面上单位重量液体所必须具有的超过汽化压头的富裕能头值,该值通常由水泵制造厂测试得出。水泵的必需汽蚀余量用 $NPSH_r$ 表示,单位为 m。

水泵的允许吸上真空高度是指,为了防止水泵内汽蚀,水泵运行时在系进口附近的管路截面上所容许达到的最大真空高度值,该值通常由水泵制造厂规定,在不同的大气压力下及不同的液体温度时需进行换算。水泵的允许吸上真空高度用以 H_s 表示,单位为 m。

8. 水泵的特性曲线

调节水泵出口流量的方式有两种：调节水泵出口阀门和控制电机转速（变频）。

如图 3-18 和图 3-19 所示，根据水泵特性曲线可知，水泵的扬程特性曲线和管网的管阻特性曲线有交叉点，这个点就是水泵工作时既满足扬程特性又满足管阻特性的工作点，供水系统工作于平衡状态，系统稳定运行。在使用管道阀门控制时，当流量要求减小时，必须减小阀门开度。这时供水管道的阻力变大，管阻特性曲线上升，扬程上升，运行工况点向上方移动。在使用水泵调速控制时，当流量要求减小同样流量时，由于阀门开口度不变，管道的阻力曲线不变，此时水泵的特性取决于其转速。如果把速度降低，运行工况点则沿同一条特性曲线下移，扬程也同样沿此特性曲线下移。

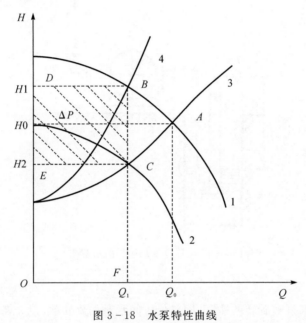

图 3-18 水泵特性曲线

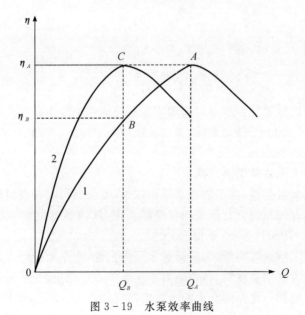

图 3-19 水泵效率曲线

根据离心泵特性曲线公式,有

$$P = \frac{QH\rho}{102\eta} \quad (3-5)$$

式中　P——泵在使用中的工况点轴功率,单位:kW;
　　　Q——使用工况点的流量,单位:$m^3 \cdot s^{-1}$;
　　　H——使用工况点的扬程,单位:m;
　　　ρ——输出介质的密度,单位:$kg \cdot m^{-3}$;
　　　η——使用工况点的泵的效率,单位:%。

调节转速和调节阀门时,两个工况点(原、现两工况点输出介质流量 Q 相等)的水泵在输出同样流量的轴功率之差为

$$\Delta P = P_{阀门} - P_{变频} = \frac{HQ_{现}(H_{原} - H_{现})\rho}{102\eta} \quad (3-6)$$

由式(3-6)可以看到,在水泵提供相同的流量时,使用调节阀门的方式来控制流量,与使用调节水泵转速的方式比较,有 ΔP 的功率被损耗浪费了。并且随着阀门的不断关小,这个损耗还要增加。

3.4.3　水泵的运行

一般情况下,地铁车站空调系统设计时要考虑各种极端情况,并且兼顾近中远期的客流情况,因此在设计时都留有比较大的富余量,使空调水泵在绝大多数时间里不需要在满负荷状态下运行即可满足车站所需的制冷量等要求。这就要求考虑为空调水泵加装变频控制设备、高精度传感器,并采用多变量的模糊控制技术,对水泵等设备进行智能控制。根据冷水机组的要求实现对水量的实时调节,可以达到较好的节能效果。同时限定最小水泵流量范围,在运营初期及夜间低负荷运行,可较好地解决因管网阻力变化而使水泵电机过载等问题,同时也增强了系统对阻力变化的适应性,提高了系统的循环效率,降低了运行能耗。

(1)离心式水泵变速运行的实现。水泵的调整方法分为高效调速方法和低效调速方法。所谓高效调速方法是指在调速过程中没有转差损耗或对转差损耗进行回收,如变极电动机调速、变频调速、串级调速等。低效调速方法是指在调速过程中有转差损耗,如电磁调速电动机(滑差电动机)调速、调压调速、液力偶合器调速等。高效调速方法在实现调速过程中转差变化很小,系统中增加的调速装置(如变频调速的变频器及其控制回路,串级调速的整流装置、逆变装置、变压器等)大都是电气电子元件,本身功耗很低,效率高,在 $90\% \sim 95\%$ 之间。由于电动机的效率随负载率降低而下降,而水泵的轴功率与转速是3次方关系,因此降低转速时电动机效率有所下降。采用有转差损耗调速方法时,电动机部分的损耗较小,能量损耗主要是其转差损耗功率。各种调速系统的效率见表3-4。

表 3-4　各种调整系统的效率　　　　　单位:%

调速方法	系统效率	
	全速	半速
变频调速	80~90	60~80

续表

调速方法	系统效率	
	全速	半速
晶闸管串级调速	90	80
标记电动机调速(有级调速)	80～90	70～80
液力耦合器调速	90～92	40～50
电磁调速电动机调速	80 左右	50

由表 3-4 可见,高效调速方法的调整系统效率高,由于近年来电气与电子技术的迅速发展,高效调速装置的可靠性得到提高,性能价格比较高,高效调速方法在电动机调速的领域有很大的应用前景,其中,用变频器控制水泵的平均节电率可达 55％左右,控制十分方便,已成为最受欢迎的调速方法。

(2)水泵串联与并联运行的特点。

1)水泵串联的特点。在理想状态下,同型号同规格的两台水泵其流量与扬程关系是:

串联时: $Q = Q_1 = Q_2$; $H = H_1 + H_2$

从以上两式得知,当两台或两台以上水泵串联时流量并无大的改变而扬程叠加。

水泵串联主要解决扬程不够的问题,可以用两台扬程较低的水泵串联起来工作。所谓两台水泵串联就是第一台水泵的出口接第二台水泵的入口。经串联后的水泵,其流量不变,扬程是两泵之和。但不是随便两台泵都能串联工作的,水泵的串联运行必须具备两个条件:①两台泵的流量基本上相等,至少两台水泵的最大流量基本上相等;②后一台泵的强度应能承受两台泵的压力总和。

2)水泵并联的特点。水泵并联常用于单台水泵不能满足流量要求时,或选择系统流量过大的单台水泵会造成运转费用增加时。并联可根据用水量的多少及用水高峰调节开启水泵的台数,降低运行成本。

并联时: $Q = Q_1 + Q_2$; $H = H_1 = H_2$

即当两台或两台以上水泵并联时,其系统的扬程无大改变,但流量叠加。

水泵并联的优点:①水泵并联运行的泵有一台损坏时,其他几台水泵仍可继续供水;②可以通过开停水泵的台数来调节泵站的流量和扬程,以适应用户的用水变化;③增加供水量,输水干管中的总流量等于各台并联水泵的出水量之和。

采用水泵并联,提高了运行调度的灵活性和供水的可靠性。

3.4.4 城市轨道交通中水泵的选择与确定

目前,我国地铁车站多采用水流方向自循环冷却泵—冷水机组—冷却塔配置系统,即水泵前置式。冷却泵扬水管接入冷水机组,而冷水机组的出水接入冷却塔。在该配置方式中 冷却塔的布置灵活,不受位置限制。根据地铁系统运行特点,采用变频空调水泵变流量控制是行业发展趋势,可以进一步降低系统总体能耗。表 3-5 为某地铁集团对水泵的技术要求。

表 3-5　某地铁集团对水泵的技术要求

序　号	技术要求	问题说明
1	水泵的叶轮制造材料应为不锈钢(SUS316)或青铜；泵轴采用 SUS316 不锈钢	叶轮、泵轴为主要部件，材质要求高
2	采用三相鼠笼式异步电机，绝缘等级为 H 级，防护等级为 IP55，变频电机在工频下，效率应满足《中小型三相异步电动机能效限定值及能效等级》(GB 18613—2012)中 2 级能效的要求，并提供电机工频运行能效的第三方检测报告	提高电机的性能及能效要求，特别是专用变频电机可以提高水泵能效
3	电机具有较高的功率因数和效率，满载功率因数不小于 0.85，满载效率不低于 90%	提高电机的性能及能效要求可以提高整体水泵能效

3.5　空气处理机组

组合式空调机组是由各种空气处理功能段组装而成的不带冷、热源的一种空气处理设备，应用于风管压力不小于 100 Pa 的空调系统中。在轨道交通地下车站中，主要将主机产生的冷量输送到地下车站的周边环境中，满足地下车站的热舒适性要求。组合式空调机组的特点是以功能段为组合单元，用户可根据空气调节和空气处理的需要，任选所需各段进行自由排列组合，有极大的自由度和灵活性。市场上有各种功能和规格的空气处理机组产品供空调用户选择。组合式空调机组由各种功能的模块(或称功能块)组合而成，用户可以根据自己的需求选取不同的功能段进行组合。可按照水平方向进行组合成卧式空调机组，也可以叠成立式空调机组。空气处理机组作为输送冷量的主要部分，其对轨道交通制冷空调系统的节能亦非常重要，主要表现在尽可能地降低运行过程中功耗(主要是风机的功耗)，同时尽可能地提高所获得的冷量。以下内容主要为空气处理机组各功能段介绍、型号与规格、材质、技术要求、安装使用与维护以及在城市轨道交通中的选择与使用。

3.5.1　空气处理机组各功能段介绍

组合式空调机组组成如图 3-20 所示，其包括下述功能段。
(1)进风段。空气进口。
(2)混合段。如果有同时有回风和新风，在混合段进行混合，通过风阀调节混合比。
(3)初效/中效/高效过滤段。根据要求选择不同的空气过滤器，提供不同的过滤等级。
(4)冷却段。分为直冷式和水冷式，直冷式是直接利用制冷原理，即放置的为蒸发器；水冷式是利用冷水，即放置的为表冷器。
(5)加热段。分很多种，主要有电加热，热水加热，冷凝器加热等。电加热结构简单；热水加热也是利用盘管，与表冷器类似；冷凝器加热是直接利用制冷原理中的冷凝热。
(6)风机段。风机内置的话要设计此段，一般电控箱也会布置在此段。
(7)均流段。一般是风机在各换热器(蒸发器，冷凝器，表冷器，热水盘管)前时使用。

(8)消音段。降噪用,一般是用孔板式消音器。

(9)送风段。送风使用。

(10)除湿段。它包括转轮除湿等。

(11)回收段。一般新风机组使用,回收冷热量,它包括转轮热回收,板式热回收等。

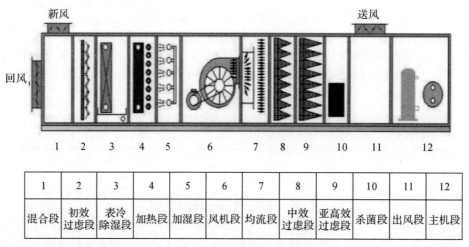

1	2	3	4	5	6	7	8	9	10	11	12
混合段	初效过滤段	表冷除湿段	加热段	加湿段	风机段	均流段	中效过滤段	亚高效过滤段	杀菌段	出风段	主机段

图 3-20 组合式空调机组示意图

3.5.2 空气处理机组的型号和规格

(1)组合式空调机组的形式和代号见表 3-6。

表 3-6 组合式空调机组的形式与代号

序 号	形 式		代 号
1	结构形式	立式	L
		卧式	W
		双重卧式	S
		吊柜式	D
2	箱体材料	金属	J
		玻璃钢	B
		复合	F
		其他	Q
3	用途特性	通风机组	F
		新风机组	X
		变风量机组	B
		净化机组	J
		其他	Q

(2)组合式空调机组的基本规格见表3-7。

表3-7 组合式空调机组的基本规格

规格代号	2	3	4	5	6	7	8	9	10	15	20
额定新风量 (m^3/h)	2 000	3 000	4 000	5 000	6 000	7 000	8 000	9 000	10 000	15 000	20 000
规格代号	25	30	40	50	60	80	100	120	140	160	
额定新风量 (m^3/h)	25 000	30 000	40 000	50 000	60 000	80 000	100 000	120 000	140 000	160 000	

(3)组合式空调机组的表示方法。

型号示例(见图3-21)如下:

1)ZKB10-WT:表示组合式玻璃钢的卧式空调机组,额定风量 10 000 $m^3 \cdot h^{-1}$。

2)ZKJ6-LX:表示组合式金属的立式新风机组,额定风量 6 000 $m^3 \cdot h^{-1}$。

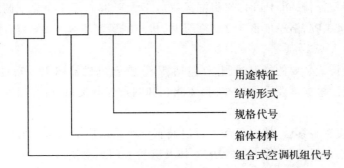

图3-21 组合式空调机组的表示方法

3.5.3 空气处理机组的材质

(1)金属。

1)金属类型:钢板或者镀锌、复合钢板、合金铝板和不锈钢板。

2)特点:①体积小,质量轻;②设计施工安装方便,容易保障装配质量和施工进度;③可工厂化批量生产,有利于提高制造质量和降低生产成本;④箱体、喷水室不易喷水漏水;⑤改造工程时可移动;⑥镀锌、复合板有利于防腐。

(2)玻璃钢。特点:①节省钢材;②质量轻,比钢强度高,耐腐蚀,点绝缘;③制造简单;④喷水室不易喷水漏水;⑤防火性能差。

(3)砖块或者钢筋混凝土。特点:①节省钢材,造价低廉;②体积大,质量重;③施工安装费时,且不容易保证质量;④改造工程时不能够移动;⑤喷水室容易漏水;⑥适用于大风量空调机组。

3.5.4 空气处理机组的技术要求

(1)组合式空调机组的额定风量、全压、供冷量及供热量等基本参数,在规定的试验工况下应符合下列规定。

1)机组风量实测值不小于额定值的 95%,全压实测值不低于额定值的 88%,机组供冷量和供热量不低于额定值的 93%,功率实测值不低于额定值的 90%。

2)机组额定供冷量的空气比焓降应不小于 17 kJ·kg^{-1};新风机组的空气比焓降不小于 34 kJ·kg^{-1}。

3)机组供热量的温升:蒸汽加热时温升不小于 20℃,热水加热时温升不小于 15℃。

(2)机组使用的冷热水应该经过软化防腐处理。

(3)新风机组在进气温度低于冰点运行时,应该有防止盘管冻裂措施。

(4)机组应该设置排水口,运行中排水应畅通,无溢出和渗漏。

(5)机组的风机出口应有柔性软管,风机应该设置隔振装置。

(6)为加强机组防腐性能,箱体材料应采用镀锌钢板或者玻璃钢,对于采用黑色金属制造的构件表面应做防腐处理,玻璃钢箱体应采用氧指数不小于 30 的阻燃树脂制作。

(7)机组内气流应均匀流过过滤器,换热器(或喷水室)和消声器,以充分发挥这些装置的作用。机组横断面的流速均匀速应大于 80%。

(8)在机组静压保持 700 Pa 时,机组漏风率应不大于 3%,用于净化空调系统的机组,机组内静压应保持 1 000 Pa,洁净度低于 1 000 级时,机组漏风率不大于 2%,洁净度高于 1 000 级时,机组漏风率不大于 1%。

(9)机组内宜设置必要的气温遥测点(包括新风、混合风机器露点等);过滤器应设置压差检测装置;各功能段根据需要设置检查门、监测孔和测量仪器接口;检查门应严密,内外均可灵活开启,并能锁紧。

(10)盆水段应有观察窗,挡水板和水过滤装置。当喷水段的喷水压力小于 245 kPa 时,其空气热交换效率不得低于 80%,喷水段的本体及其检查门不得漏水。

3.5.5 空气处理机组的安装使用与维护

1. 安装

(1)机组四周,尤其是检查门及进、出水管侧应留有足够空间用于设备维修使用。

(2)机组应放置平整,确保水平,有条件的情况下,应做专门的基础。

(3)余机组连接的风道和水管的质量不得由机组承担。

(4)机组的进出风口与风管间应采用软接头连接。

(5)机组应有可靠良好的接地。

(6)风机电机应接在有过载保护装置的电源上,电机功率大于 15 kW 应采用降压启动方式。

(7)风机接线请按照安装使用说明书,电源端应有短路保护和开关(如防漏电保护开关)。

(8)机组应接在有过载保护装置的电源上,电机和机组外壳应按标准可靠接零。

(9)各种进水管道在接入机组前应设置水过滤器,防止各种杂质堵塞换热器。

(10)机组外部的进出水管上应安装放气阀和泄水阀,通水时用放气阀排气,停机后用泄水阀换热器内部的积水。

(11)用冷热水介质的换热盘管,均为下进上出接管,用蒸汽介质的加热盘管为上进下出接管。

(12)为防止机组内负压影响冷凝水的排出,冷凝水管必须要有>0.02 的坡度,应在排水管设置出水弯。

2. 使用

(1)机组启用前应该清除管道内的一切杂质,检查控制设备的安全装置是否正常,水、电、气是否畅通。

(2)检查换热器,进出水管线是否存在泄漏。

(3)手动转动风机,仔细检查转动是否灵活,有无摩擦声。

(4)启动风机前应该稍微开启风阀,防止启动电流过大,或瞬时负压过大。

(5)表冷器和加热器允许最大承压 1.6 MPa,冷水和高温水都应该时经过处理的洁净软水,以减少结垢。

(6)加热用蒸汽表压力不低于 100 kPa,温度 120 ℃。

(7)设备停用季节,应该使表冷器内充满水,以减少管道腐蚀,冬季严寒地区应将水排出,防止冻裂铜管。

(8)冬季严寒地区开机制冷时,应先行预热盘管 10 min 左右,再启动送风机,防止大量冷空气使得盘管内形成冰塞。停机时,要求在停风机的同时停止热蒸汽供热,并放空加热器内的存水,防止机内过热烤坏电机等电器设备。

3. 维护

(1)新风机组运行一个月后,应检查皮带松紧程度及螺栓是否有松动迹象。

(2)初中效过滤器应该经常清洗,防止堵塞风道。

(3)设备运行两年后全面保养,用化学方法清除换热器水管内的污垢,用压缩空气或者水冲洗换热片。

(4)按使用说明书的要求对风机轴承加注润滑油。

4. 施工注意事项

特大型高架车站要求风管不能垂直穿越站台,组合式空调机组一般设置在高架上部或下部夹层内,中、小型侧式站的组合式空调机组一般设置在两端设备夹层。送风口位置、风口形式等会影响空间建筑的整体效果,送风方式大多采用喷口送风,特大型高架车站采用双侧喷口送风仍不能合理保证中央区域的环境参数时,可以采用与下站台楼梯有机结合设置送风喷口等方式解决,一般不单独设置风柱。中、小型侧式站大多采用两端送风、中间利用门斗上部设置小型机组喷口送风方式。

3.5.6 城市轨道交通中空气处理机组的选择与使用

地铁通风空调系统可以根据地铁内部环境的变化自动进行温度、湿度、风量等调节,为乘客创造一个良好的地铁环境。但不可否认的是,地铁通风空调系统的运行能耗非常大,节能环保净化是空调机组的重中之重。

(1)风机节能。风机是空气处理机组各功能段中唯一的耗能部分。与一般的风机相同,在选择风机时应该根据风量和压头的关系选择合适的风机类型,如前向多翼或后弯式叶片,以确保风机噪声及效率达标到最佳状态。随着计算机技术的发展和自动控制水平的提升,变风量系统越来越多地应用到了写字楼、洁净厂房、医院等场所,因而对空调机组中送、回风机的选型提供了更高的要求。首先，风机的特性曲线应具有平缓的特征，这样当风量减少时可以使系统避免增加不必要的静压；其次，选择风机时其工作区域应处于高效区内；最后，回、排风机应该与送风机的型号同为一型，并具有相同或类似的性能特征，这样才能保证运行时整个系统的有效匹配。建议组合式空调机组及需变频运行的柜式空调机组风机段优先采用永磁无刷直流电机（EC）驱动的风机，EC 风机组合数量原则上不超过 6 台；如 EC 风机组合数量超过 6 台，且每台风机风量达到 13 000 $m^3 \cdot h^{-1}$ 时仍无法满足设计风量，则可考虑采用 EC 风机或永磁同步电机驱动的离心风机。

（2）冷水大温差高出水温度盘管设计。对于常规空调温差（7～12℃）设计，由于出水温度低，因而对于空调箱中的冷却换热面积需求量小。而在地铁领域中，常规空调设计使得地铁温度过低。一方面能耗很大，另一方面也使得地铁车站过冷，舒适性反而不够。因而需要采用大温差（高出水温度 10～17℃）设计以提高系统能效。而该设计则不能采用原有常规空调设计方式，由于大温差的原因，常规的流速无法满足要求；由于高出水温度的原因，常规的换热面积亦无法满足要求。因此大温差高出水专用空气处理机组需要采取增加空气冷却器的排数、增加传热面积、改变管程数、改变肋片材质等措施来实现，该机组通过加大换热面积增大冷量，比增加排数的效果更好，缩小肋片片距来增大换热面积，可以不增大机组尺寸，但会增加造价，增大空气阻力，容易脏堵。

（3）箱体的结构升级，更低漏风率。组合式空调国际标准对于漏风率的定义为：机组静压保持在 700 Pa 时，机组漏风率不大于 3％。目前行业上漏风率基本能达到 1％以下，各个厂家也在积极地研发更节能的结构，所有设计都从节能、降低泄漏损失和方便维护安装的角度出发来降低组合式空调机组的能耗，在当今节能减排已经成为国家重要战略目标的情况下，这种巨大的能源消耗发人深省，这也是我们国家在发展地铁时必须要面对和解决的现实问题。

表 3-8 为某地铁集团对空气处理机组的技术要求。

表 3-8 某地铁集团对空气处理机组的技术要求

序 号	技术要求	问题说明
1	风机的效率不低于［通风机能效限定值及节能评价值］（GB 19761—2009）中的能效一级标准规定	无法满足 1 级标准的风机能效低
2	电动机应为全封闭鼠笼式耐湿热型的标准产品，绝缘等级为 F 级，电机应采用专用变频电机（若电机需冷却，应自带独立 380V 工业专业冷却风扇），且需满足风机 25～50 Hz 变频控制要求，电动机工频运行时效率不低于《中小型三相异步电动机能效限定值及能效等级》（GB 18613—2012）标准中 2 级能效的标准，并提供电机工频运行能效的第三方检测报告	提高电机的性能及能效要求，特别是专用变频电机，可以提高水泵能效
3	工频运行时，机组空调季机内总阻力损失不应大于 400 Pa，过渡季总阻力损失不应大于 300 Pa，并提供第三方检验报告	采用可变风路式，对阻力损失的要求较高，可以提高风机效率
4	部分空气处理机组用永磁无刷电机要求	行业发展趋势

3.6 多联机

在轨道交通地下车站中,对于部分小车站以及办公人员区域可以采用多联机来满足室内的热负荷需求。多联机空调系统简称"一拖多",是由一台室外机连接多台室内机组成的冷剂式空调系统。为了适时地满足各房间冷、热负荷的要求,多联机采用电子膨胀阀控制供给各个室内机盘管制冷剂流量和通过控制压缩机改变系统的制冷剂循环量。因此,多联机系统是变制冷剂流量系统。20世纪80年代初,日本创立和采用了一种系统,并将这种系统注册为VRV(Variable Refrigerant Volume)系统,它代表了单元式空调机组发展的新水平。

多联机系统以制冷剂作为热传送介质,其每千克传送的热量大约是水的10倍和空气的20倍,其同时结合变频技术或数码涡旋技术,根据室内负荷的变化,可瞬间改变制冷系统的制冷剂流量,使多联机系统能在高效率工况下运行,是一种节能型的冷剂式空调系统。多联机系统又常为模块式结构故可灵活组成各种系统。此外,多联机系统还可以解决集中式中央空调系统存在的诸如流体输送管道断面尺寸大、要求建筑物层高增加、占用大量的机房面积、维修费用高等难题。

3.6.1 多联机的主要构成及零部件

1. 主要构成

变频多联机空调系统的组成包括室外机、室内机、冷媒管、分歧管、冷凝水管、风管、风口、制冷剂及控制系统。

(1)室外机。从构造上看它主要是由室外侧换热器、压缩机、电子膨胀阀和其他附件组成的。当系统处于低负荷时,通过变频控制器控制压缩机转速,使系统内冷媒的循环量得以改变,从而对制冷量进行自动控制以符合使用要求。对容量较小的机组,通常只设一台变速压缩机;而对于容量较大的机组,则一般采用一台变速压缩机与一台或多台定速压缩机联合工作的方式实现能量的无级调节。

(2)室内机。它是一个带蒸发器和循环风机的设备,与目前我们常见到的分体空调的室内机原理是相同的。从形式上看,为了满足各种建筑的要求,它做成了多种形式,主要有落地机(落地柜机、明装落地机、暗装落地机)、壁挂机、风管机(由空调连接风管向室内送风,按静压来分有高中低静压三种形式)、嵌入机(常见的有四面出风嵌入式、双面出风嵌入式、单面出风嵌入式),这些室内机可根据实际需要自由组合。

(3)冷媒管。冷媒管一般采用紫铜管,它由气管和液管组成,通过灵活的布置使室外机与室内机相连接,冷媒管道需要保温。

(4)分歧管。它将管道中的制冷剂分流到各个室内机中,起到分流作用。安装前需要看一下铜管口径尺寸是否一致,如果安装现场的铜管尺寸和所需分歧管的口径尺寸不同,则用割刀将不同部分割掉。

(5)冷凝水管。制冷设备蒸发器在制冷过程中就会产生冷凝水。冷凝水管道一般采用PVC塑料管,冷凝水管道需要保温。

(6)风管。风管是用于空气输送和分布的管道系统,按截面形状可分为圆形风管、矩形风管、扁圆风管等多种;按材质,风管可分为金属风管、复合风管,高分子风管。

(7)风口。风口是空调系统中用于送风和回风的。送风口将制冷或者加热后的空气送到室内,回风口则将室内污浊的空气吸回去,两者形成一整个空气循环系统。

(8)制冷剂。空调工程中常用的制冷剂有R22,R410A等,R410A是一种新型环保制冷剂,不破坏臭氧层,工作压力为R22的1.6倍左右,制冷制热效率更高。R410A是目前为止公认的用来替代 R22 最合适的冷媒。

(9)控制系统。控制系统主要有无线遥控器、有线遥控器、集中控制器及网络管理系统等。

2.零部件

(1)四通换向阀。用于制冷制热的模式切换。

(2)油分离器(效率 99%)。与压缩机连接,分离压缩机中的冷冻油,使油回到压缩机,保障压缩机运转的可靠性。

(3)储液器(仅全变频有)。用于工况变动时调节和稳定制冷剂的循环量。

(4)气液分离器。连接压缩机回气管,分离回气中的液态制冷剂,有效防止压缩机液击。

(5)单向阀。当压缩机停止运行时,避免液体制冷剂回流,具有正向导通,逆向截止功能。

(6)电磁阀。用于开关、导通冷媒,其流向一般都是单向导通,与单向阀的区别是单向阀为机械式,不受电控控制,而电磁阀可由电控控制。

(7)电子膨胀阀。在系统中起节流降压用,与毛细管的区别是毛细管流量不可调,其节流方式为整段式节流,节流噪声较低,而电子膨胀阀流量可调,其节流方式为单点式节流,所以节流噪声偏大;为了降低节流噪声一般会把电子膨胀阀前后的连接管设计成回转式,起到缓冲降噪作用;电子膨胀阀焊接时一定要做降温处理,保证阀体温度小于 120℃。

(8)低压传感器。适时检测系统回气压力,判断冷媒是否充足,调节压缩机及电子膨胀阀。

(9)高压传感器。适时检测系统排气压力,控制风扇。

(10)高、低压开关。制冷剂高低压保护用。

(11)温度传感器。

1)室外环境温度传感器。适时检测室外温度,判断能力需求并进行修正,选择智能化霜模式及高低温保护。

2)室内环境温度传感器。适时检测回风温度,室内机能力修正,并控制室内机电子膨胀阀开度。

3)室外冷凝器出口温度。冷凝器高温保护及智能化霜模式判断。

4)压缩机排气温度。排气温度判断。

5)室内蒸发器中部及出口温度。制热防冷风判断及内机能力修正。

(12)变频压缩机(采用涡旋式压缩机)。

1)内部主要零件有定子、转子、动涡旋盘、定涡旋盘和轴承。

2)变频工作原理:通过改变定子的电磁频率来改变转子的机械运转频率,然而转子通过轴承与动盘连接,转子的机械运转频率发生改变后,动盘运转频率也相应发生改变,从而改变了压机的吸排气量及能力输出,实现变频调节。

3)自适应排油管可把压机油池内多余的润滑油,通过排油管排出压机,其排油原理为"虹吸原理"。

(13)油气分离器。把压缩机排气口带出的润滑油分离出来,然后通过底部回油毛细管送回压机吸气口,避免压机因缺油而干摩擦损坏。

(14)高压储液罐。在小负荷运行时用于存储系统中多余的冷媒,同时用来保证制冷、制热时节流前为液态冷媒,提高制冷、制热能效。

3.6.2 多联机的型号和规格

1.某品牌 TIMS 多联机

(1)模块式全变频系列室外机参数见表 3-9。室外机从 8HP 开始,最大可达 66HP,适用建筑面积更广。

(2)室内机参数见表 3-10。

第3章 高效制冷空调系统及其主要设备选型要求

表3-9 某品牌TIMS多联机室外机参数

型号	TIMS080AX	TIMS100AX	TIMS120AX	TIMS140AX	TIMS160AX	TIMS180AX	TIMS200AX	TIMS220AX
组合机型	—	—	—	—	—	—	—	—
型号	TIMS240AX	TIMS260AX	TIMS280AX	TIMS300AX	TIMS320AX	TIMS340AX	TIMS360AX	TIMS380AX
组合机型	TIMS100AX TIMS140AX	TIMS120AX TIMS140AX	TIMS140AX TIMS140AX	TIMS140AX TIMS160AX	TIMS160AX TIMS160AX	TIMS160AX TIMS180AX	TIMS160AX TIMS200AX	TIMS160AX TIMS220AX
型号	TIMS400AX	TIMS420AX	TIMS440AX	TIMS460AX	TIMS480AX	TIMS500AX	TIMS520AX	TIMS540AX
组合机型	TIMS200AX TIMS200AX	TIMS200AX TIMS220AX	TIMS220AX TIMS220AX	TIMS140AX TIMS160AX TIMS160AX	TIMS160AX TIMS160AX TIMS160AX	TIMS140AX TIMS160AX TIMS200AX	TIMS160AX TIMS160AX TIMS200AX	TIMS160AX TIMS160AX TIMS220AX
型号	TIMS560AX	TIMS580AX	TIMS600AX	TIMS620AX	TIMS640AX	TIMS660AX	—	—
组合机型	TIMS140AX TIMS200AX TIMS220AX	TIMS140AX TIMS220AX TIMS220AX	TIMS160AX TIMS220AX TIMS220AX	TIMS200AX TIMS200AX TIMS220AX	TIMS200AX TIMS220AX TIMS220AX	TIMS220AX TIMS220AX TIMS220AX		

表3-10 某品牌TIMS多联机室内机参数(环绕出风嵌入式)

型号TMCF		TMCF028AB	TMCF036AB	TMCF045AB	TMCF050AB	TMCF056AB	TMCF063AB	TMCF071AB
名义制冷量/kW		2.8	3.6	4.5	5.0	5.6	6.3	7.1
名义制热量/kW		3.2	4.0	5.0	5.6	6.3	7.1	8.0
电源		220 V,50 Hz						
名义输入功率/W		55	55	70	70	75	75	90
外形尺寸(宽×深×高)/mm		840×840×230						
面板外形尺寸(宽×深×高)/mm		950×950×50						
面板颜色		乳白色						
风量/(m³·h⁻¹)	高	750	810	900	900	960	960	1020
	中	660	690	720	720	780	780	900
	低	540	540	600	600	660	660	690
噪声(A)(高/中/低)/dB		32/30/25			36/33/31			39/36/33
质量/kg		22.5	22.5	24.5	24.5	24.5	24.5	24.5
接管尺寸/mm	液管	φ6.35(扩口连接)						φ9.52(扩口连接)
	气管	φ12.70(扩口连接)						φ15.88(扩口连接)
	凝结水管	φ25						

续表

型号TMCF		TMCF080AB	TMCF090AB	TMCF100AB	TMCF112AB	TMCF125AB	TMCF140AB	TMCF160AB
名义制冷量/kW		8.0	9.0	10.0	11.2	12.5	14.0	16.0
名义制热量/kW		9.0	10.0	11.2	12.5	14.0	16.0	18.0
电源		220 V,50 Hz						
名义输入功率/W		90	150	150	150	190	190	210
外形尺寸（宽×深×高）/mm		840×840×300						
面板外形尺寸（宽×深×高）/mm		950×950×50						
面板颜色		乳白色						
风量/(m³·h⁻¹)	高	1 200	1 500	1 620	1 700	1 800	1 800	2 100
	中	1 080	1 200	1 260	1 360	1 500	1 500	1 800
	低	870	900	1 020	1 080	1 200	1 200	1 500
噪声(A)(高/中/低)/dB		39/36/33		42/39/35		44/40/35		44/40/36
质量/kg		24.5	29.5	29.5	29.5	29.5	32	32
接管尺寸/mm	液管/mm	φ9.52（扩口连接）						
	气管/mm	φ15.88（扩口连接）						
	凝结水管/mm	φ25						

2. 某品牌 YESMulti/Free 系列变频多联机

(1)某品牌变频多联机室外机性能参数见表 3-11。

表 3-11　某品牌 YESMulti/Free 系列变频多联机室外机性能参数

型　号		2.5HP	3.0HP	3.5HP	4.0HP	4.5HP
冷媒		\multicolumn{5}{c}{R410A}				
室外机电源		\multicolumn{5}{c}{1 hp,220 V,50 Hz}				
额定制冷量/kW		7.2	8.0	10.0	11.2	12.0
额定制热量/kW		8.6	9.5	11.5	13.0	13.5
制冷输入功率/kW		1.95	2.20	2.90	3.30	4.00
制热输入功率/kW		2.2	2.5	2.7	3.3	3.8
APF/		3.85	3.90	4.05	3.80	3.55
外形尺寸/mm	高	800	800	800	800	800
	宽	950	950	950	950	950
	厚	320	320	320	320	320
压缩机类型		双转子				
净重/kg		70	70	80	80	80
风量/(m³·min⁻¹)		58	58	80	80	80
噪声(A)/dB		50	50	54	54	55
内机连接数量/台		2~3	2~3	2~4	2~4	2~4
运转范围	制冷	稳定运行:5~43℃;间歇运行:43~48℃				
	制热	稳定运行:-15~24℃				
流量控制范围		微电脑控制电子膨胀阀				
冷媒连管/mm	液管	φ6.35	φ6.35	φ6.35	φ6.35	φ6.35
	气管	φ12.7	φ12.7	φ12.7	φ12.7	φ12.7
配管连接方式		喇叭口链接				

注:hp 是指压缩机取制冷量单位,1 hp=0.735 W。

(2)某品牌室内机规格参数见表 3-12 和表 3-13。

表 3-12　某品牌 YESMulti/Free 系列变频多联机室内机规格参数(风管机)

	025	035	050	060	071
型　号	\multicolumn{5}{c}{YFDN＊＊H0NAAQ/YPDN＊＊H0NAAQ}				
	\multicolumn{5}{c}{YFDN＊＊H0PAAQ/YPDN＊＊H0PAAQ}				
室内机电源	\multicolumn{5}{c}{1 pH,220 V,50 Hz}				
额定制冷量/kW	2.5	3.5	5.0	6.0	7.1

续表

型 号		025	035	050	060	071
		YFDN＊＊＊H0NAAQ/YPDN＊＊＊H0NAAQ				
		YFDN＊＊＊H0PAAQ/YPDN＊＊＊H0PAAQ				
额定制热量/kW		2.8	4.0	5.6	7.1	8.0
噪声值(A)(出厂静压)/dB		33	36	36	39	39
外形尺寸/mm	长	700	700	1 180	1 180	1 180
	宽	450	450	450	450	450
	高	192	192	192	192	192
出风口尺寸/mm		540×130	540×130	1 020×130	1 020×130	1 020×130
回风口尺寸/mm		545×171	545×171	1 029×171	1 029×171	1 029×171
机外静压/Pa		10 (0)	10 (0)	10 (30)	10 (30)	10 (30)
风量(高/中/低)/(m³·min⁻¹)		7.5/6/4.5	9/6/5	14.5/12.5/8	16.5/14.5/10	16.5/14.5/10
冷媒连管/mm	液管	ϕ6.35	ϕ6.35	ϕ6.35	ϕ6.35	ϕ6.35
	气管	ϕ12.7	ϕ12.7	ϕ12.7	ϕ12.7	ϕ15.88
冷凝水管		VP25(外径 ϕ32)				
净重/kg		16	17	25	25	25
输入功率/W		50	80	105	115	115
包装体积/m³		0.14	0.14	0.22	0.22	0.22

表3-13 某品牌YESMulti/Free系列变频多联机室内机规格参数(壁挂机)

型 号	YFHW025H0NAAQ	YFHW035H0NAAQ	YFHW050H0NAAQ
	YPHW025H0NAAQ	YPHW035H0NAAQ	YPHW050H0NAAQ
室内机电源	1 hp,220 V,50 Hz		
额定制冷量/kW	2.5	3.5	5.0
额定制冷功率/kW	0.018	0.024	0.038
额定制热量/kW	2.8	4.0	5.6
额定制热功率/kW	0.018	0.024	0.038
风量/(m³·min⁻¹)	8.5	10.0	15.0
电机标称功率/W	30	30	40
制冷噪声(A)/dB	37	40	47
制热噪声(A)/dB	37	40	47

续表

型　号		YFHW025H0NAAQ	YFHW035H0NAAQ	YFHW050H0NAAQ
		YPHW025H0NAAQ	YPHW035H0NAAQ	YPHW050H0NAAQ
外形尺寸/mm	长	780	780	1 050
	宽	280	280	290
	高	225	225	220
净重/kg		8.0	8.5	12.5
毛重/kg		11.0	11.5	16.0
制冷剂		R410A		
内机连管/mm	液管	6.35	6.35	6.35
	气管	12.7	12.7	12.7
	冷凝水管	VP16		
包装体积/m³		0.12	0.12	0.16

3.6.3　多联机的技术要求

1. 一般规定

(1)下列地区不宜采用多联机空调系统。

1)当采用空气源多联机空调系统供热时,冬季运行性能系数低于1.8。

2)振动较大、油雾蒸汽较多等场所。

3)产生电磁波或高频波等场所。

注:冬季运行性能系数=冬季室外空调计算温度时的总供热热量(W)/总输入功率(W)。

(2)多联机空调系统的各设备性能指标应符合国家现行有关标准的规定。

(3)采用多联机空调系统的建筑宜设置机械通风系统;当设有机械排风系统时,宜设置热回收装置。

(4)采用多联机空调系统的居住建筑应设置分户计量装置,公共建筑宜分楼层或分用户设置计量装置。

2. 系统设计

(1)应根据建筑的负荷特点、所在的气候区等,通过技术、经济比较后,确定选用多联机空调系统的类型。

(2)多联机空调系统的划分,应符合下列规定。

1)应按使用房间的朝向、使用时间和频率、室内设计条件等,合理划分系统分区。

2)室外机组允许连接的室内机数量不应超过产品技术要求。

3)室内外机组之间以及室内机组之间的最大管长与最大高差,均不应超过产品技术要求。

4)通过产品技术资料核算,系统冷媒管等效长度应满足对应制冷工况下满负荷的性能系数不低于2.80,当产品技术资料无法满足核算要求时,系统冷媒管等效长度不宜超过70 m。

(3)负荷特性相差较大的房间或区域,宜分别设置多联机空调系统;需同时分别供冷与供热的房间或区域,宜设置热回收型多联机空调系统。

(4)多联机空调系统室外机容量的确定,可按下列步骤进行。

1)根据室内冷热负荷,初步确定满足要求的室内机形式和额定制冷(热)量。

2)根据同一系统室内机额定制冷(热)量总和,选择相应的室外机及其额定制冷(热)量;按照设计工况,对室外机的制冷(热)能力进行室内外温度、室内外机负荷比、冷媒管长和高差、融霜等进行修正。

3)利用室外机的修正结果,对室内机实际制冷(热)能力进行校核计算。

4)根据校核结果确认室外机容量。

(5)室外机布置宜美观、整齐,并应符合下列规定。

1)应设置在通风良好、安全可靠的地方,且应避免其噪声、气流等对周围环境的影响。

2)应远离高温或含腐蚀性、油雾等有害气体的排风。

3)侧排风的室外机排风不应与当地空调使用季节的主导风向相对,必要时可增加挡风板。

(6)室外机变频设备应与其他调频设备保持合理的距离,不得互相干扰。

(7)多联机空调系统室内机的布置、室内气流组织,应符合下列规定。

1)应根据室内温湿度参数、允许风速、噪声标准和空气质量等要求,结合房间特点、内部装修及设备散热等因素确定室内空气分布方式,并应防止送回风(排风)短路。

2)当室内机采用风管式时,空调房间的送风方式宜采用侧送下回或上送上回,送风气流宜贴附;当有吊项可利用时,可采用散流器上送;房间确定送风方式和送风口时,应注意冬夏季温度梯度的影响。

3)空调房间的换气次数不宜少于 5 次·h^{-1}。

4)送风口的出口风速应根据送风方式、送风口类型、安装高度、送风风量、送风射程、室内允许风速和噪声标准等因素确定。

5)回风口不应设在射流区或人员长时间停留的地点;当采用侧送风时,回风口宜设在送风口的同侧下方。

(9)多联机空调系统的新风系统,应符合下列规定。

1)系统的划分宜与多联机系统相对应,并应符合国家现行标准中对消防的有关规定。

2)当设置能量回收装置时,其新、回风入口处应设过滤器,且严寒或寒冷地区的新风入口、排风出口处应设密闭性好的风阀。

(10)多联机空调系统的冷媒管道,应符合下列规定。

1)应合理选用线式、集中式等冷媒管道布置方式,并应进行冷媒管道布置优化。

2)冷媒管道的最大长度及设备间的最大高差等,不应超过产品技术要求。

3)冷媒管道的管径、管材和管道配件等应按产品技术要求选用,且其主要配件应由生产厂配套供应。

3.绝热

(1)下列设备、管道及其附件等均应采取绝热措施。

1)可能导致冷热量损失的部位。

2)有防止外壁、外表面产生冷凝水要求的部位。

(2)设备和管道的绝热,应符合下列规定。

1)保冷层的外表面不得产生凝结水。

2)管道和支架之间,管道穿墙、穿楼板处均应采取防止"冷桥""热桥"的措施。

3)当采用非闭孔材料保冷时,外表面应设隔汽层和保护层;保温时,外表面应设保护层。

4)室外管道的保温层外应设硬质保护层。

(3)设备和管道绝热材料的主要技术性能应按现行国家标准《设备及管道绝热技术通则》(GB/T 4272—2008)和《设备及管道绝热设计导则》(GB/T 8175—2008)的要求确定,并应优先采用导热系数小、湿阻因子大、吸水率低、密度小、综合经济效益高的材料;绝热材料应采用不燃或难燃材料。

(4)设备和管道的保冷层、保温层厚度,应按现行国家标准《设备及管道绝热技术通则》(GB/T 4272—2008)和《设备及管道绝热设计导则》(GB/T 8175—2008)的要求确定,凝结水管应防止表面凝露。

(5)电加热器前后 0.8 m 范围内的绝热材料,应采用不燃材料。

4. 消声与隔振

(1)多联机空调系统产生的噪声、振动传播至使用房间、周围环境的噪声级和振动级,均应符合国家现行有关标准的规定。

(2)多联机空调系统室外机的安装位置不宜靠近对声环境、振动要求较高的房间。当其噪声及振动不能满足国家现行有关标准的规定时,应采取降噪及减振措施。

(3)多联机空调系统室内机及配件产生的噪声,当自然衰减不能达到允许噪声标准时,应设置消声设备或采取隔声隔振措施等。

(4)多联机空调系统其他设备的振动,当自然衰减不能达到国家现行有关标准的规定时,应设置隔振器或采取其他隔振措施。

(5)当多联机空调系统室内机为风管式空气处理末端时,其风管内的风速宜按表 3-14 选用。

表 3-14 风管的风速

室内允许噪声级(A)/dB	风管风速/(m·s^{-1})
低于 35	不高于 2
35~50	2~3
50~65	3~5

5. 监测和控制

(1)根据建筑所属类型,多联机空调系统的电气设计应符合国家现行有关标准的规定。

(2)多联机空调系统应设置自动控制与监测系统,并应根据产品制造商提供的产品说明书进行设计。

(3)当建筑物内设有消防控制室时,集中新、排风风道上的防火阀宜选用带有电信号输出装置的防火阀。

(4)集中新风与排风系统宜具有新风空气过滤器进出口静压差超限报警和新风机与排风机启停状态监控功能。

(5)多联机空调系统的电加热器应与送风机联锁,并应设置无风断电、超温断电保护装置;连接电加热器的金属风管应接地。

6. 材料要求

(1)多联机空调系统管道、管件的材质、规格、型号以及焊接材料的选用,必须根据设计文件确定;多联机空调系统的制冷剂管材还应符合下列规定。

1)管材内外表面应光滑、清洁,不得有分层、砂眼、粗划痕、绿锈等缺陷。

2)管材截面圆度和同心度应良好。

3)管材应经过脱油脂处理。

4)管材应保持干燥、密封。

(2)冷凝排水配管材料宜采用排水塑料管或热镀锌钢管,管道应采取防凝露措施。

(3)空调系统的风管材料应满足国家现行标准《建筑设计防火规范》(GB 50016—2014)和《通风管道技术规程》(JGJ 141—2017)的有关要求。

(4)所有保温材料应有制造厂的质量合格证书或国家认定资质的质检部门的检验报告,且其种类、规格、性能均应符合设计文件的规定。

(5)设备和管道的保冷、保温材料均应符合设计文件和现行国家标准《设备及管道绝热技术通则》(GB/T 4272—2008)的有关要求。

3.6.4 多联机的安装使用与维护

1. 一般规定

(1)多联机空调系统工程的安装应与建筑、结构、电气、给水排水及装饰等专业相互协调,合理布置。

(2)多联机空调系统中室内机、室外机、管道、管件的型号、规格、性能及技术参数等必须符合设计文件要求,设备外表面应无损伤、密封应良好,随机文件和配件应齐全。

(3)空调用设备的搬运和吊装,应符合产品技术文件的有关规定,并应做好设备的保护工作,不得因搬运或吊装而造成设备损伤。

2. 室内机安装

(1)安装机组时,应留有足够的检修保养空间,同时应满足整体美观要求。

(2)吊装的室内机吊环下侧应采用双螺母进行固定。

(3)现场安装的室内机应进行防尘保护。

(4)风管式室内机与管道之间宜采用软连接。

3. 室外机安装

(1)室外机安装时,应确保室外机的四周按照要求留有足够的进排风和维护空间,进排风应通畅,必要时室外机应安装风帽及气流导向格栅。

(2)室外机应安装在水平和经过设计有足够强度的基础和减振部件上,且必须与基础进行固定。

(3)室外机安装时,基础周围应做排水沟。

(4)当室外机安装在屋顶上时,应检查屋顶的强度并应采取防水措施。

4. 制冷剂管道的施工

(1)制冷剂配管的切割应符合下列规定。

1)铜管切割必须使用专用割刀。

2)切割后的铜管开口应使用毛边绞刀去除多余的毛边,应用锉刀磨平开口并把黏附在铜管内壁的切屑全部清除干净。

(2)铜管喇叭口的制作应符合下列规定。

1)应使用专用夹具,末端露出夹具表面的尺寸应符合夹具安装要求。

2)扩好的喇叭口连接前,内外侧表面均应涂抹与设备相同的冷冻机油。

3)对于喇叭口与设备的螺栓连接,应采用两把扳手进行螺母的紧固作业,其中一把扳手为力矩扳手,表3-15且力矩应符合的要求。

表3-15 喇叭口拧紧力矩

配管尺寸 D/mm	拧紧力矩/(kN·cm)
6.4	1.42~1.72
9.5	3.27~3.99
12.7	4.95~6.03
15.9	6.18~7.54
19.0	9.27~11.85

(3)铜管弯曲应使用扩管器。

(4)切割后的铜管开口应使用专用工具胀管。

(5)钎焊人员应持有焊工操作证。铜管束接的最小插入尺寸与铜管之间的距离应满足表3-16的要求,焊接应采用充氮焊接,焊接的部位应清洁、脱脂。

表3-16 铜管束接的最小插入尺寸和与铜管之间的距离

单位:mm

铜管外径 X	最小插入深度	间隙尺寸
5<X<8	6	0.05~0.21
8≤X<12	7	
12≤X<16	8	0.05~0.27
16≤X<25	10	
25≤X<35	12	0.05~0.35
35≤X<45	14	

(6)严禁在管道内有压力的情况下进行焊接。

(7)制冷剂配管的吊装应符合下列要求。

1)应对水平安装的制冷剂配管进行支吊,横管的支吊间距应符合表3-17的要求。

表3-17 横管的支吊间距要求

铜管外径/mm	6.4~9.5	12.7以上
支吊间距/m	1.2	不超过1.5

2)应对垂直安装的制冷剂配管进行卡固;当对立管进行卡固时,应把液管和气管分开进行

固定，卡固距离宜为 1～2 m。

3）当液管和气管共同吊装,应以液管的尺寸为准;铜管系统和水管系统应分开吊装。

(8)当管道穿越墙或楼板时,应使用套管,套管材料应符合国家现行相关标准的规定。

(9)多联机空调系统制冷剂管道的吹扫排污应符合下列规定。

1）应采用压力为 0.5～0.6 MPa（表压）的干燥压缩空气或氮气按系统顺序反复、多次吹扫,并应在排行口处设白色标识靶检查,直至无污物为止。

2）系统吹扫洁净后,应拆卸可能积存污物的管道部件,并应清洗干净后重新安装。

(10)多联机空调系统制冷剂管道的气密性试验应符合下列规定。

1）气密性试验应采用干燥压缩空气或氮气进行；当设计和设备技术文件无规定时,高压系统的试验压力应符合表 3-18 的要求。

表 3-18 高压系统试验压力

制冷剂种类	试验压力/MPa
R22	3.0
R407C	3.3
R410A	4.0

2）试验前应检查系统各控制阀门的开启状况,保证系统的手动阀和电磁阀全部开启,并应拆除或隔离系统中易被高压损坏的器件。

3）系统检漏时,应在规定的试验压力下,用肥皂水或其他发泡剂刷抹在焊缝、喇叭口扩口连接处等处检查,不得泄漏。

4）系统保压时,应充气至规定的试验压力,并记录压力表读数,经 24h 后再检查压力表读数,其压力降应按下式计算,且超过以上规定时,应查明原因消除泄漏,并应重新试验,直至合格。

$$\Delta P = P_1 - P_2(273+t_1)/(273+t_2)$$

式中 ΔP—— 压力降,单位:MPa;

P_1—— 开始时系统中的气体压力,绝对压力,单位:MPa;

P_2—— 结束时系统中的气体压力,绝对压力,单位:MPa;

t_1—— 开始时环境的温度,单位:℃;

t_2—— 结束时环境的温度,单位:℃。

(11)多联机空调系统的抽真空试验应符合设备技术文件的规定,同时还应符合下列规定：

1）抽真空前,应首先确认气、液管截止阀处在关闭状态。

2）应用充注导管把调节阀和真空泵连接到气阀和液阀的检测接头上。

3）抽真空应达到真空度 5.3 kPa 以上,并保持 24 h,系统绝对压力应无回升。

5. 制冷剂的充注与回收

(1)多联机空调系统应根据产品制造商的技术资料中提供的方法充注相应量的制冷剂。

(2)充注制冷剂,应符合下列规定。

1）制冷剂应符合设计要求。

2）应先将系统抽真空,其真空度应符合设备技术文件的规定,然后将装制冷剂的钢瓶与系统的注液阀接通；当制冷剂的含水率不能满足要求时，制冷剂系统的注液阀前应加干燥过滤器，使制冷剂注入系统。

3）当系统内的压力表压升至 0.1～0.2 MPa 时，应进行全面检查并应确认无泄漏、无异常情况后，再继续充注制冷剂。

4）当系统压力与钢瓶压力相同时，可开动压缩机，加快制冷剂的充注速度。

5）制冷剂充注的总量应符合设计或设备技术文件的规定。

6）制冷剂的充注宜在系统的低压侧进行。制冷剂 R22 可采用气态充注或者液态充注，制冷剂 R410A 和 R407C 必须采用液态充注。

(3)当多联机空调系统需要排空制冷剂进行维修时，应使用专用回收机对系统内剩余的制冷剂回收。

(4)当发现有泄漏需要补焊修复时，必须将修复段的氟利昂排空。

6. 空调水系统管道与设备的安装

(1)多联机空调系统工程水系统管道与设备的安装应包括冷热源侧的水系统、凝结水系统、管道及附件、冷却塔和水泵的安装。

(2)空调水系统管道与设备的安装应符合现行国家标准《通风与空调工程施工质量验收规范》(GB 50243—2016)和《建筑给水排水及采暖工程施工质量验收规范》(GB 50242—2016)的有关规定。

7. 风管的安装

(1)多联机空调系统工程风管安装应包括新排风系统的安装和风机连接风管的安装。

(2)风管系统的安装应符合国家现行标准《通风管道技术规程》(JGJ/T 141—2017)的有关规定。风管穿越防火墙处设防火阀，防火阀两侧 2 m 范围内的风管及保温材料应采用非燃烧材料，穿过处的空隙应采用非燃烧材料填塞。

8. 绝热

(1)应对多联机空调系统工程的制冷剂管道、水管道和风管道采取绝热措施。

(2)当保温管道穿过墙体或楼板时，应对穿越部分的管道采取绝热措施，并应设保护套。

(3)绝热作业应在管道验收合格后进行。

9. 电气系统安装

(1)空调电源配线应由具有电工操作证的人员按设计图施工安装。

(2)电气设备安装使用的专用设备必须符合现行国家相关标准的规定，用于电源测试的仪表应经过国家相关计量或校准部门检测合格。

(3)电气系统的安装应符合现行国家标准《建筑电气工程施工质量验收规程》(GB 50303—2015)的有关规定。

(4)各类电气附件的安装，应严格按照产品的安装说明书进行。

3.6.5 城市轨道交通中多联机的选择与确定

车站设备管理用房的通风空调系统主要功能为排除设备及管理用房的余热和余湿，以保证房间内空气环境质量满足人员舒适感的要求和各种设备正常运转的需要，并兼设备管理用房的事故排烟系统。车站设备管理用房属于地下车站的小系统，过渡季低峰时段，尤其是夜间列车停运后，该区域仍需要制冷，如果采用冷水机组，空调设备则处于频繁开停状态，极易损坏,因此多联机在该区域的应用则能大幅度提高系统的节能性,同时还能实现小系统兼顾冬季部分情况下供热需求,但需要兼顾考虑多联机的维护成本。

3.7 节能控制柜

节能控制柜是结合现代控制技术与变频技术,通过采集现场温度、压力、流量、风量等过程数据,利用节能工艺控制算法,实现对冷水机组、冷冻泵、冷却泵、冷却塔、空调风机、电动调节阀、电动风阀等各设备的综合调节,在满足使用工艺要求的前提下,降低轨道交通制冷空调系统能耗的控制系统的统称。

节能控制柜应采用封闭式户内成套设备(见图3-22),在空间允许的条件下,节能控制柜建议放置在环控电控室内,且保持通风良好,夏季环境温度不得高于40℃,冬季温度不得低于-5℃,相对湿度不得高于90%(25℃),当环境潮湿时,控制柜要增加防潮措施。节能控制柜放置在环控电控室等室内区域时,防护等级不低于IP42。当空间有限时,节能控制柜可以放置在制冷机房或通风机房现场,此时节能控制柜的防护等级不得低于IP54,且底部应设置槽钢或底座,使节能控制柜的底部高于地面至少100 mm,确保机房积水时不会引起安全事故。放置在户外的节能控制柜箱体推荐选用不锈钢材质,防护等级不得低于IP65,建议增加防雨棚或防雨罩。远程操作箱的要求参照节能控制柜。

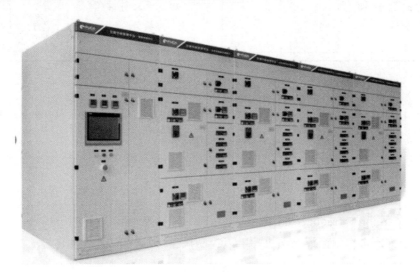

图3-22 节能控制柜外观

节能控制柜内部所用断路器、接触器、互感器、电表、继电器等主要低压元件须取得CCC证书,PLC、变频器等主要控制元件须取得CE证书,柜内用线缆、线槽应采用低烟无卤阻燃材质,阻燃等级B级以上。柜内用智能电表芯片测量误差不超过0.1%,准确度等级:有功电能不低于1.0级,无功电能不低于2.0级;电压、电流0.2级、有功功率、功率因数、频率0.5级,无功功率1.0级。节能控制柜需采取防雷措施。电气间隙、爬电距离、接地标准等安全要求均应满足相关国家标准和地铁设计规范。为减少干扰,节能控制柜设计应遵循强弱电分离的原则,分隔型式建议3a以上(见表3-19)。

表 3-19 节能控制柜分隔型式对照表

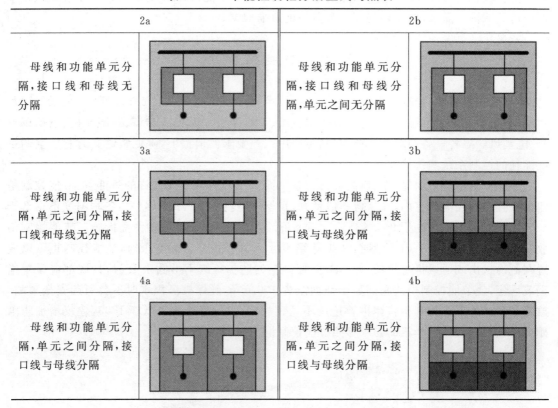

节能控制柜柜体应采用覆铝锌板或冷轧镀锌板，柜体门板板材厚度不小于 2 mm，侧板及后板厚度不小于 1.5 mm，柜体的全部金属结构件都需经过防腐处理，门板喷涂漆膜厚度不小于 30 μm，侧板喷涂漆膜厚度不小于 20 μm，使用寿命 15 年以上。

3.8 变 频 器

变频器（Variable-frequency Drive，VFD）是应用变频技术与微电子技术，通过改变电机工作电源频率方式来控制交流电动机的电力控制设备，如图 3-23 所示。

图 3-23 中央空调变频器

变频器主要由整流(交流变直流)、滤波、逆变(直流变交流)、制动单元、驱动单元、检测单元微处理单元等组成。变频器靠内部 IGBT 的开断来调整输出电源的电压和频率,根据电机的实际需要来提供其所需要的电源电压,进而达到节能、调速的目的,另外,变频器还有很多的保护功能,如过流、过压、过载保护等。

电机变频节能原理,在空调系统中风机和水泵设计均留有一定的余量,而且根据负荷的时变性,电机不会全年长时间在满负荷下运行,除达到动力驱动要求外,多余的力矩增加了有功功率的消耗,造成电能的浪费,当电机转速从 N_1 变到 N_2 时,其电机轴功率(P)的变化关系如下:$P_2/P_1 = (N_2/N_1)^3$,由此可见降低电机转速可得到立方级的节能效果。例如一台 22 kW 的水泵满负荷工作时,功率为 22 kW,当频率由 50 Hz 降低到 40 Hz 时,理论上流量变为原来的 80%,功率 $P_2 = (0.8^3) \times P_1 \approx 0.5 \times P_1$,节能率约 50%,所以在风机和水泵系统应用中,变频节能效果非常明显。

变频自带软启动节能:在电机全压启动时,由于电机的启动力矩需要,要从电网吸收约 7 倍的电机额定电流,而大的启动电流即浪费电力,对电网的电压波动损害也很大,增加了线损和变损。采用变频软启动后,启动电流可从 0~电机额定电流逐步提升,减少了启动电流对电网的冲击,节约了电费,也减少了启动惯性对电机的大惯量的转速冲击,延长了设备的使用寿命。

提高功率因数,电动机由定子绕组和转子绕组通过电磁作用而产生力矩。绕组由于其感抗作用。对电网而言,阻抗特性呈感性,电机在运行时吸收大量的无功功率,造成功率因数很低。采用变频调速器后,由于其性能已变为:AC-DC-AC,在整流滤波后,负载特性发生了变化。变频调速器对电网的阻抗特性呈阻性,功率因数很高,减少了无功损耗。

在城市轨道交通高效制冷空调系统中,通常以下设备加装变频器。

(1)冷水泵。冷水泵变频器用于冷水泵变流量控制。高效制冷空调系统通过安装在冷水总供水管道的温度传感器和压力传感器,采集冷水供回水温度和温差,调节冷水泵频率,使冷水供回水温差保持在一个设定的温差,若温差大,则降低冷水泵频率,若温差减小则升高冷水泵频率,系统实时监测各末端的供回水压差,如果末端最小供回水压差不够则优先升高冷水泵的频率。通过这种组合的控制方式使冷水系统尽可能运行在大温差、小流量的工作状态,从而降低水泵在部分负荷时运行能耗。

(2)冷却泵。冷却泵变频器用于冷却水泵变流量控制。高效制冷空调系统冷却水泵在冷水机组部分负荷和低负荷状态下,优先采用定温差控制,在冷水机组高负荷和满负荷状态运行时优先采用冷凝温度控制,既保证机组对冷却水的换热需求,又能保证冷却水流量不低于最小流量,尽可能地降低冷却水泵的转速和流量,增大冷却水供回水温差,从而实现节能运行。

(3)冷却塔风机。冷却塔变频器用于冷却塔风机变风量控制。高效制冷空调系统根据室外气象监测传感器计算室外湿球温度,再根据室外湿球温度和冷却塔出水温度动态调节冷却塔的开启数量和风机频率。

变频器在整流、逆变过程中不可避免产生电源谐波和电磁干扰,变频器的谐波干扰和电磁兼容性非常重要。为抑制谐波和电磁干扰,使之不影响周围其他设备,保证所有设备的正常运行,变频器前需加装抑制谐波的滤波器,使满载时谐波电流失真率在 THID10% 以内,重要场合在 THID5% 以内。当变频器与电机距离较远时,需加装输出电抗器,具体查看厂家说明书,一般不同品牌和系列产品不同。

3.9 智 能 电 表

智能电表是在传统意义上的电能表结合现代控制技术后的延伸,智能电表除了具备传统电能表基本用电量的计量功能以外,为了适应智能电网和新能源的使用它还具有双向多种费率计量功能、用户端控制功能、多种数据传输模式的双向数据通信功能等智能化的功能,智能电表代表着未来节能型智能电网最终用户智能化终端的发展方向。图 3-24 给出了智能电表的外观图。

图 3-24 智能电表

智能电表融合和有线传输、无线传输(GPRS、红外)等多种传输功能,在高效制冷空调系统中,主要是通过比如 MODBUS-RTU、PROFIBUS、TCP/IP 等工业通信协议,将电流、电压、功率、电能能各种数据上传至控制器和工业电脑进行数据分析。智能电表常见的精度等级有 0.5、1.0、2.0 三种,0.5 级智能电表允许误差在 ±0.5% 以内;1.0 级智能电表允许误差在 ±1% 以内;2.0 级智能电表允许误差在 ±2% 以内。

制冷空调系统中智能电测量仪表主要用于监测冷水机组、冷水泵、冷却水泵、冷却塔风机、空调风机的用电量和功率等参数,这些数据主要用于系统 COP 和负荷比的计算。

3.10 传 感 器

3.10.1 温度传感器

温度传感器(Temperature Transducer),是指能感受温度并转换成可用输出信号的传感器,如图 3-25 所示。按测量方式温度传感器可分为接触式和非接触式两大类,按空调常用温度传感器和温度变送器变换原理,温度传感器分为膨胀式、压力式、热电阻式和热电偶式等数种。

(1)膨胀式温度传感器。它是根据物体热胀冷缩原理制成的。根据膨胀物质的形态又分为固体膨胀式和液体膨胀式两大类。水银温度计是利用水银液体的热胀冷缩性质来测温的,属于液体膨胀式温度计；双金属温度计属于固体膨胀式温度计，双金属温度计的测温元件是用线膨胀系数相差较大的两种不同金属材料叠焊在一起制成的。由于两个金属片的线膨胀系数不一样，当温度升高时，双金属片将向膨胀系数小的一侧弯曲，温升越高，弯曲就越大。它是利用双金属片形变位移的大小与温度变化成正比的关系，通过杠杆放大机构带动指针，指小出温度值。同时通过杠杆带动记录指针（笔），在匀速前进的记录纸上自动记录出所测温度。双金属温度计结构简单，机械强度大，价格低廉，但其精度低，量程和使用范围有限。

(2)压力式温度传感器利用感温物质的压力随温度的变化而变化的性质来测量温度，利用的是压力式温度传感器的基本测温原理。

图3-25 水温传感器

(3)热电偶是温度测量中最常用的温度传感器。其主要好处是宽温度范围和适应各种大气环境。热电偶由在一端连接的两条不同金属线（金属A和金属B）构成，当热电偶一端受热时，热电偶电路中就有电势差，可通过测量的电势差来计算温度。常见热电偶有K型、J型等。

(4)热敏电阻是用半导体材料，大多为负温度系数，即阻值随温度增加而降低。温度变化会造成大的阻值改变，因此它是最灵敏的温度传感器。但热敏电阻的线性度差，并且与生产工艺有很大关系。热敏电阻体积非常小，对温度变化的响应也快。热敏电阻在两条线上测量的是绝对温度，有较好的精度，但它比热电偶贵，可测温度范围也小于热电偶。常见热电阻有Pt100、Pt1000、Ni1000等。

在制冷空调系统中，空调传感器的作用如下：

(1)内机环境温度传感器。它主要检测房间内的环境温度、控制空调的启停。

(2)内机盘管传感器。它主要检测内机管温、冬天的时候防冷风、给外机化霜（有的是外机管温化霜）。夏天的时候、内机防冻结保护。

制冷空调系统中，需要设置的水温传感器主要包括冷水机组冷凝器进出水管、冷水机组蒸发器进出水管、冷却塔进出水管、冷却水供回水总管、冷水供回水总管、空调末端供回水管。出于控制器接入的需要，现场设置的传感器通常是传感器和变送器一体式的，通过工作电源和驱动电路将温度信号变换成电压（通常0～10 V）或者电流（通常4～20 mA）给到控制器直接处理。

3.10.2 水压传感器

水压传感器是由一种检测水压的装置（见图3-26），能

图3-26 水压传感器

感受到被测量的信息,并能将检测感受到的信息,按一定规律变换成为电信号或其他所需形式的信息输出,以满足信息的传输、处理、存储、显示、记录和控制等要求。它是实现自动化检测和控制的首要环节。空调水系统压力传感器因为用于较低的水温管路,所以要注意采取防凝露措施,防止因为冷凝水侵入导致传感器损坏。

空调水系统中需要安装水压传感器的位置一般是分水器和集水器,或者空调末端最不利回路的供回水管。

3.10.3 流量计

根据工作原理不同,检测水系统流量的传感器最常见有电磁式和超声波式,如图3-27所示。

电磁流量计是应用导电体在磁场中运动产生感应电动势,而感应电动势又和流量大小成正比,通过测电动势来反映管道流量的原理而制成的。其测量精度和灵敏度都较高,可测最大管径达2 m,而且压损极小。但导电率低的介质,如气体、蒸汽等则不能应用。电磁流量计造价较高,且信号易受外磁场干扰。

超声波流量计是基于超声波在流动介质中传播的速度等于被测介质的平均流速和声波本身速度的几何和的原理设计而成的。它也是由测流速来反映流量大小的。但由于它可以制成非接触形式,对流体又不产生扰动和阻力,所以应用也很广。

图 3-27 流量计
(a)电磁流量计; (b)超声波流量计

根据安装方式的不同,空调水系统中流量计主要分为三种:管道式、插入式和夹持式。管道式精度相对较高,一般用于小管径和需要精确测量的场合,插入式适用于大管径水系统,夹持式适用于不方便安装的尤其是改造项目中。

制冷空调系统中,需要流量计的位置一般有以下几处。

(1)冷水机组蒸发器侧。测量机组冷水流量,用于间接测量机组冷量及用于系统保护。

(2)冷水机组冷凝器侧。测量机组冷却水流量及系统热负荷平衡。

(3)冷水总管。测量系统总流量和总冷量,如单台机组蒸发器均安装流量计,总管流量可以通过求和所得,此时可以不装。

(4)冷却水总管。测量系统总流量和总热量,如单台机组冷凝器均安装流量计,总管流量可以通过求和所得,此时可以不装。

(5)空调末端支管。测量支管流量和冷量,监测流量并计算末端负荷。

3.10.4 温、湿度传感器

温、湿度传感器是检测空气中温湿度的装置(见图3-38),它将测量到的温湿度信息转换成电信号或其他所需形式的信息输出。空气中温度和湿度是相互关联的参数,所以目前市场上常见的传感器监测对象以相对湿度为主。

图3-28 温、湿度传感器

制冷空调系统中用到的温、湿度传感器主要用于检测站厅/站台、设备房、办公区和风管的温(湿)度。

3.10.5 二氧化碳浓度传感器

二氧化碳浓度传感器(见图3-29)有半导体、红外、热导池、固体电解质等多种类型,它们都是通过检测技术将空气中二氧化碳浓度并转换为电信号,供计算机系统分析使用,空调系统中二氧化碳主要用于监测空气质量。城市轨道交通车站中二氧化碳传感器主要设置在站厅和站台,用以控制系统的新风换气次数。

图3-29 二氧化碳浓度传感器

3.10.6 其他传感器

除以上几大类传感器和仪表外,还有室外气象站(检测室外气象参数)、风量传感器(检测空调末端风量)、水压差传感器(检测水泵压差)、水流开关(检测蒸发器流量)、风压差开关(检测过滤器脏堵)和能量表(检测水系统冷/热量)等其他传感器和仪表。

3.11 电动阀门

3.11.1 电动压差旁通阀

压差旁通阀用于系统冷水最小流量保护。高效制冷空调系统采集总管冷水供回水压差,根据冷水压差调节冷水泵频率和压差旁通阀开度。当冷水压差低于设定值时,优先关闭压差旁通阀,然后升高冷水泵频率;当冷水压差高于设定值时,优先降低冷水泵频率,然后开大压差旁通阀。当冷水流量低于单台机组最小流量时,则自动开启压差旁通阀,以保证机组的最小流量。

3.11.2 电动开关蝶阀

电动蝶阀的工作原理是通过电动装置驱动阀杆,使蝶板产生 90°回转运动而达到阀门的启闭。电动执行器的原理:电力带动阀板的运转,从而达到启闭阀门流通或截止流体的作用。电动蝶阀的电动执行机构可以分为开关型和调节型,开关型电动蝶阀就是起到开关的作用,而调节型电动蝶阀就是起到调节流量的作用,可以精确地将流量调节到千分度。

阀门作为安装在管道里的一种装置,如果去实地检查其开关状态似乎不是很切合实际,于是便有了反馈信号。调节型阀门本身就带有反馈信号,而开关型可根据客户的具体需要来选择是否安装反馈信号。高效制冷空调系统中用到的电动蝶阀常见的是开关型,在并联水路中,通过阀门的开闭保证水泵和机组一一对应,而不导致分流,或者在设置在并联冷却塔回路中,确保冷却塔有足够的补水量而不分流。

3.11.3 空调末端电动调节阀

空调末端的水量调节装置通常采用球阀、座阀和动态压差平衡阀等,由于阀体的构造和动作原理不同,其流量特性也不同,常见有线性、等百分比、抛物线、双曲线、快开、平方根等类型,不同的流量特性,使得阀门的综合控制效果也存在很大差异。

(1)球阀。球阀(见图 3-30 和图 3-31)指启闭件(球体)由阀杆带动,并绕阀杆的轴线做旋转运动的阀门,主要用于截断或接通管路中的介质,亦可用于流体的调节与控制,其特点如下。

1)球阀价格相对座阀和动态压差平衡阀较低,综合性价比高。
2)球阀不受安装方向的限制,流体阻力小,无振动,噪声小。
3)球阀结构简单,相对体积小,质量轻,便于维修。
4)球阀紧密可靠,密封性能好,在较大的压力范围内,能实现完全密封。
5)常规球阀 0~15% 和 85%~100% 之间流量不可调节,调节曲线较差。

经过多年的设计改良,各大品牌球阀产品都会在结构设计上增加各类配流盘,从而使得阀体流量曲线能达到类似等百分比的控制效果,一般在对控制精度要求不高的场所会优先选用。

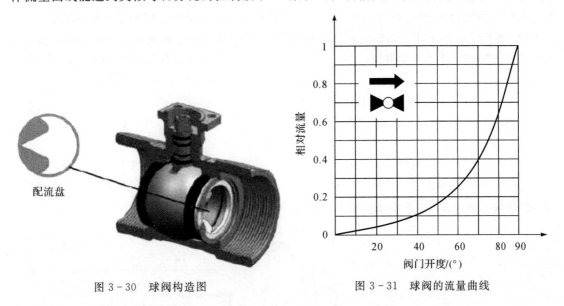

图 3-30 球阀构造图　　　　　　图 3-31 球阀的流量曲线

(2)座阀。座阀(见图 3-32 和图 3-33)是依靠阀杠压力,使阀瓣密封面与阀座密封面紧密贴合,阻止介质流通的阀门,其特点如下。

1)座阀调节性能优于球阀。
2)座阀只允许介质单向流动,安装时具有方向性。
3)座阀流体阻力大,长期运行时,密封可靠性不强。
4)座阀相对球阀价格较贵,质量较重,不易安装。
5)座阀关断力随口径增大而减小,大口径时不太适用。

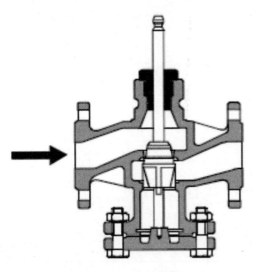

图 3-32 座阀构造

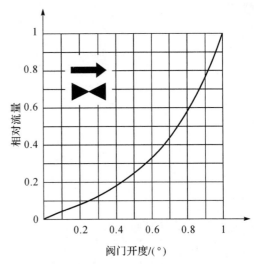

图 3-33 座阀流量曲线

座阀的流量特性曲线一般优于球阀,其流量曲线常规从 0%～30%左右为线性曲线,相对于球阀调节迅速,定位准;从 30%～75%左右为等百分比曲线,调节灵敏;从 75%～100%为最大流量优化曲线,阀门增益比球阀小,不易超调,所以一般应用于有一定精度要求的场所。

(3)动态压差平衡阀。动态压差平衡阀(见图 3-34)是用压差作用来调节阀门的开度,利用阀芯的压降变化来弥补管路阻力的变化,从而使得在工况变化时保持压差基本不变,即无论管路中压力怎样变化,只要电动阀开度不变,流量可以始终恒定的效果,其特点如下:

1)动态压差平衡阀相对球阀和座阀,价格较高。

2)动态压差平衡阀只允许介质单向流动,安装时具有方向性。

3)动态压差平衡阀控制精度高,稳定性好,更加节能。

4)动态压差平衡阀可解决动态水力平衡问题,减少阀门动作次数,增长了使用寿命。

经过技术发展和进步动态压差平衡阀成本较以前有较大降低,其良好的调节性和稳定性,尤其是节能效果明显,已经在越来越多的场所得到应用。

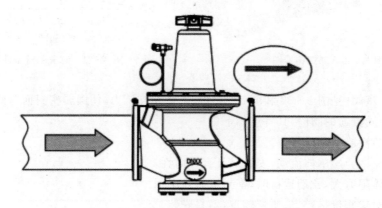

图 3-34 动态压差平衡阀

第4章 高效制冷空调系统的节能控制技术

地铁车站通风空调系统需要实现调温、除湿、送风、排烟等功能,是地铁环境的保障设施。然而,通风空调系统的能耗偏大,尤其是在广州等夏热冬暖地区,空调系统能耗更大。经分析,通风空调系统的设备容量一般是根据地铁运营的最大长期负荷需求确定的,并保留一定的设计冗余,但在实际运行中,空调往往达不到最大负荷,系统无法运行到最佳状态,从而浪费了许多能量。通过对通风空调系统采用有效的节能控制策略,可大幅度降低地铁站通风空调系统的运行能耗,实现地铁站空调系统的高效运行,本章将对相关问题进行阐述。

4.1 轨道交通机房控制系统现状

我国轨道交通制冷机房一般常用于南方城市轨道交通地下车站,而地上站和东北地区一般不设置专用的制冷机房。在制冷机房控制系统方面,经历了从手动控制、简单群控、节能控制到风水联动控制的历程。

(1)手动控制阶段。在20世纪90年代以前,因为可编程逻辑控制器(Power Line Communication,PLC)控制系统还没有大面积普及,所以制冷机房的控制一般都是人工手动操作,水泵、冷却塔由低压启动柜完成,冷水机组自带机载控制柜,人工完成阀门、水泵、冷却塔及机组的启停和控制。

(2)简单群控阶段。20世纪90年代开始,PLC在空调行业逐步得到推广和应用,利用PLC完成逻辑开关控制的"冷源机房群控系统"越来越多。即使制冷系统在满足总负荷需求的前提下,也尽可能提高全年平均能耗效率,采用制冷机房群控系统集中管理,并控制整个制冷机房内的所有设备,包括冷水机组、探测器及控制器等,依据整体耗电量最低的原则,进行整体优化并确定最佳的节能运行策略。

图4-1为群控系统示意图。控制系统分为两层构架,上位机为工业控制计算机,负责整个控制策略的实现和整个机房运行状态的监视;下位机为PLC,实现控制各相关设备的运行。控制计算机与PLC之间采用RS485方式实现控制器以及监控主机之间的通信。中央控制计算机以各个设备模型为基础,根据设备控制子站采集到的系统工况按照优化算法进行计算,找到能够满足此制冷负荷,且整个冷热水机房总能耗最低(即整体效率最高)的工作状态,并将计算结果传递给设备控制子站作为其执行的依据。

另外,中央控制站的软件界面承担了机房日常运行管理的工作。设备控制子站以工业级别的PLC控制器为基础,执行中央控制站发出的指令,对冷水机组、冷水泵、冷却水泵和冷却塔及相关执行机构实施控制。同时,控制子站通过相关传感器采集系统运行参数,通过工业以太网传送至中央控制站参与优化程序计算,使得整个制冷机房在效率最高的状态下运行。

通风空调属于"民用市场",在工业领域大面积应用的变频器是21世纪初才逐渐进入空调末端和制冷机房的节能控制中。随着成熟变频器技术的引入,在原"冷源机房群控系统"的基础上,变频节能也越来越多。

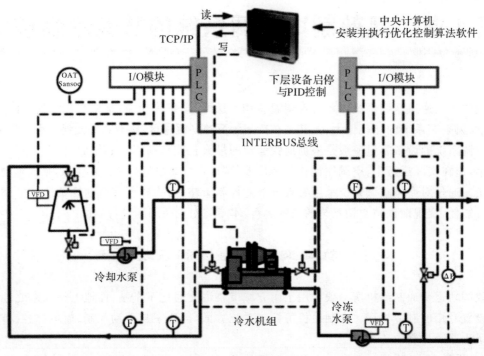

图 4-1 群控系统示意图

空调负荷总是随室外气象参数以及室内负荷的变化而变化,在系统供、回水温差一定的情况下,系统水流量是可变化的。由于空调负荷不断变化,如果水泵定流量运行,可能会造成大流量、小温差现象发生,导致能源浪费。因此,为现有水泵安装变频器,可实现在满足末端负荷的前提下水泵自动变频,起到节约电量的目的。同时为了设备安全稳定运行及降低运行成本,冷却塔风机进行变频软启动,避免启动电流对电网的冲击,实现自动控制达到节能效果。随着控制工艺和策略的不断完善,"冷源机房节能群控系统"应用得也越来越广。

(3)节能控制阶段。轨道交通通风空调系统的设备一般按照远期高峰小时运行情况进行配置。在运行初期,近期客流及行车对数远没有达到设计水平,因此设备选型有较大的富余量;同样在非高峰时段,也存在设备选型富裕的问题。目前在一般集成闭式通风空调系统中,公共区的风机采用变频控制,并由 BAS 系统按照固定的控制表来进行运转。如空调季与过渡季有 6 h 以最大风量运行,有 12 h 以 50%的风量运行,此时若不根据实际的车站负荷来调节风机的频率、空调水系统循环水泵也未采取变频,就只能通过调节冷水机组的负荷进行节能控制。如果将水泵改为变频控制以及优化风机运行模式可以进一步实现系统的节能运行。

(4)风水联动控制阶段。轨道交通的通风空调系统包含两个部分:风系统和水系统。风系统(大系统)的设备主要包括车站送/排风机、车站新风阀、排风阀、回风阀以及公共区送排风管上的电动调节阀;而水系统则包含冷水机组、冷水泵、冷却水泵、冷却塔、电动二通阀、电动蝶阀等设备。

风系统及水系统有一定的耦合关系,当车站公共区负荷变化时,通过调节风机频率及送风温度来节省风系统的能耗,同时还应改变冷水系统的流量及制冷机组运行状态以节省水系统的能耗。只有风、水系统的调节有机地结合在一起,节能才能达到最佳状态。

车站空调风、水系统全局协调控制功能实现原理如图4-2所示。通过全局的协调控制,一方面,保证了各末端空气处理机组送风温度的恒定,使送风机的变频控制的冷量需求预测算法容易很好的实现(可简化风机输出冷量和区域负荷计算方法),另一方面,有效地将风系统的变频控制与水系统的变频控制关联起来,使整个系统的各个环节能协调运行,并有效防止系统振荡。

风水联动智能控制系统是一套可以通过采集设于车站内各处的温湿度传感器、二氧化碳传感器及可吸入颗粒物传感器的数据,完成车站冷负荷最低化的运算以及通风空调系统运行能耗最低化的运行方案,并通过相应的设备控制策略,使车站公共区在达到设计环境温度目标值的前提下,实现车站通风空调系统的综合能耗值达到最低。因此,在地下车站中,引入风水联动智能控制系统对车站公共区通风空调设备的运行状态进行整体调节是实现系统节能运行的有效手段。

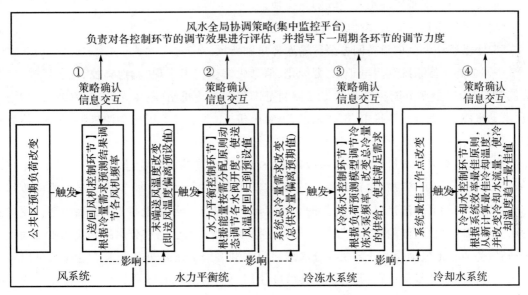

图4-2 车站空调风系统与水系统协调运行逻辑框图

受我国经济发展水平、区域环境以及传统习惯等各方面的限制,目前我国市轨道交通车站的制冷机房控制系统存在有自动化程度差异较大的四种形式,即手动控制、简单群控、节能控制、风水联动控制,但它也体现了四个发展阶段。随着社会对节能、低碳、环保的要求的不断提高,将向着手动控制越来越少,节能控制尤其是风水联动控制系统也将越来越多。由于风水联动控制系统在轨道交通工程中的应用才刚刚起步,相信在住建部关于"十三五"时期大力推动我国建筑节能和绿色建筑号召的指引下,必将向智能化节能控制方向发展。

4.2 高效节能的系统集成方案

为了实现中央空调系统的节能,首先应全面了解地下车站的实际空调需求,注重对节能预测软件的研发与应用,实现对地铁站能耗相关数据的有效监测与收集分析,并进行准确预测。

通过对客运服务信息与空调系统信息的有效集成,综合考虑客运服务管理系统中的车站运营时间,在营业时间开启中央空调,在非营业时间就可以关闭中央空调,科学控制中央空调运营时间,降低能耗,提升运营效率,并达到节能的目标。

4.2.1 系统节能的基本思路

高效节能系统的控制目标即是如何提高城市轨道交通制冷机房全年综合制冷能效比($SCOP_c$)以及整个空调系统全年平均综合制冷能效比($SCOP_s$)。轨道交通地下车站空调系统主要包括以下6大类设备。

(1)冷水机组。实现负荷侧(冷水)和供给侧(冷却水)的热交换。

(2)冷水泵。冷源(冷水)输送至末端。

(3)冷却水泵。热源(冷却水)输送至冷却塔。

(4)冷却塔。实现冷却水和空气的热交换。

(5)大系统空调。向公共区(站厅站台)输送冷量和新风。

(6)小系统空调。向设备间办公区输送冷量和新风。

空调节能控制系统利用电子化、智能化、信息化综合技术实现"就地集控、远程监控、综合节能"的目标。空调节能控制系统主要控制范围包括制冷机组、冷水泵、冷却水泵、冷却塔风机、电动水阀、大系统空调机组、回排风机、小新风机、小系统设备用房空调机组、风阀、传感器等。控制系统实现对整个通风空调系统的综合控制。

城市轨道交通冷源机房水系统一般采用一次泵变流量控制系统,如图4-3所示,用户侧一般采用ON/OFF控制的电磁阀或能连续调节流量的电动阀,故每个用户末端的调节作用都会影响用户侧的总流量。但机房侧的总水流量仍取决于冷水机组与水泵开启台数。用户侧总水流量和冷水机组侧的总水流量并不能总是保持一致,因此,需在分水缸和集水缸之间设置旁通管,旁通管上电动阀的开度根据分水缸和集水缸之间的压差进行调节。这样既可以实现冷水机组的冷水流量保持在额定流量,又可以使用户侧的冷水循环量和空调负荷相适应。冷水泵装设变频器,采用智能变流量控制系统实现水泵变频与冷水机组、冷却塔结合进行整体寻优控制。

空调节能控制系统采用制冷机房综合优化算法,跟踪冷水机组、冷水泵、冷却水泵和冷却塔的性能曲线,对每台设备采用主动式控制和整个机房设备的集成控制,实现整个制冷空调系统综合能耗最低的目标。节能控制系统是以制冷机房设备数学模型为基础、以整个制冷机房瞬时能效比(COP_c)最高为目标的多维、主动寻优节能控制系统。

制冷机房的主要耗能设备为冷水机组、冷水泵、冷却水泵、冷却塔,机房的综合能耗由每个单体设备的能耗累加而成,但是每个单体设备的能耗又受到多种因素的影响。在具体的控制策略中,首先根据制冷机房内各设备的特性建立各自的能耗数学模型,在此基础上建立整个制冷机房的能量平衡数学模型及能耗数学模型。

在系统运行时,智能控制主处理器以一定的时间步长测量制冷负荷的实时值及其他参数(如温度,压力,流量等),并据此进行各能耗数学模型的联合计算,从成百上千种运行组合方式中找出能够满足此制冷负荷且整个空调系统总能耗最低(即整体效率最高)的工作状态。

在此基础上,智能控制器确定各受控变量的目标值,并将之传送到对应设备的PLC(可编程控制器)中,再由PLC控制各台设备运行,使整个空调系统运行在效率最高的状态下。从而以强大的数据库背景和完善的数学模型来实现综合的、非单个设备的系统节能控制。

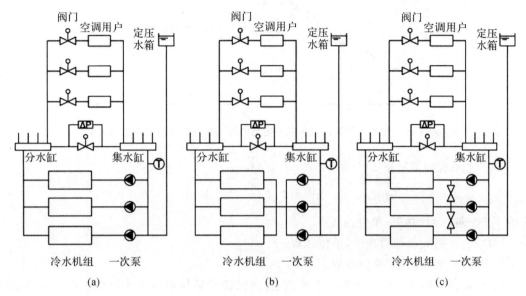

图4-3 一次泵变流量控制系统
(a)一机一泵; (b)多泵共用; (c)多泵备用

4.2.2 系统的节能途径

欲实现中央空调系统的节能,主要需从以下几方面入手开展工作。

(1)主机容量的冗余。在地铁冷站系统设计时,往往是以最大冷(热)负荷的1.1~1.5倍对冷水机组进行选型的,而最大冷(热)负荷一般是按照当地气象资料的极端气温条件、最大客流量来确定的,这种设计容量的富裕是合理的,但在实际使用时,如果不根据实际情况进行调节运行,势必造成巨大的浪费。

(2)水系统容量的冗余。地铁空调系统水系统的设计,是依照最大冷(热)负荷,管网的最长环路,最大阻力再乘以一定的安全系数,并按固定的循环水温差得出的,循环水泵按最大流量选定额定功率。水泵一旦启动运转,则不管实际需要流量的大小,始终在50 Hz工频上满载运行,导致绝大多数时间水系统在大流量、小温差的工况下运行。这不仅浪费电能,加快水泵的机械磨损,还因水泵耗能的一部分以热量形式耗散在水系统中,加重了主机的负荷。

(3)空调负荷的时变性。空调系统的实际负荷即末端装置对冷/热量的需求,与季节交替、气温变化、昼夜轮回、客流变动等诸多因素有关,多为随机变量。据估计,我国大多数空调系统,一年之中有70%以上的时间都在低于设计负荷量的50%状况下运行,而其中的大部分时间又在负荷量的20%~50%间运行。

因此,中央空调系统的节能空间是很大的,如图4-4所示。

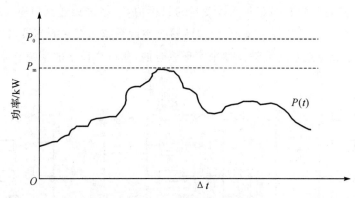

图4-4 地铁空调系统潜在的节能空间与工频运行时的温差之间关系

理论上系统的节能量 ΔW 为

$$\Delta W = \int [P_0 - P_m] dt \tag{4-1}$$

式中 P_0——设计功率,单位:kW;
P_m——最大负荷时功率,单位:kW;
P_t——实际功率,单位:kW。

因此,地铁空调水系统节能的基本原理是:在保持流量与温差之乘积即转移的冷/热量不变的前提下,用大温差、小流量代替工频时小温差、大流量工况,以大幅度地减少水系统运输耗能。

《民用建筑供暖通风与空气调节设计规范》(GB 50736—2012)6.4.1条(2)中的规定,空气调节冷水供回水温差:5~10℃,一般为5℃(其他国家的地区也常用较大设计温差,并在国内一些工程中使用。例如建筑物取6~9℃,区域供冷为8~10℃。考虑到我国目前制冷设备常用冷热量的名义工况,推荐为5℃);7.7.2条(3)中规定,却冷水进出口温差应按冷水机组的要求确定:电动压缩式冷水机组宜取5℃,溴化锂吸收式冷水机组宜为5~7℃。

在中央空调系统中,水泵流量 Q、压力 p、转速 n 和功率 N 满足如下关系:

流量 Q 与转速 n 成正比的关系为

$$\frac{Q_1}{Q_2} = \frac{n_1}{n_2} \tag{4-2}$$

压力 p 与转速 n^2 成正比的关系为

$$\frac{p_1}{p_2} = \left(\frac{n_1}{n_2}\right)^2 \tag{4-3}$$

功率 N 与转速 n^3 成正比的关系为

$$\frac{N_1}{N_2} = \left(\frac{n_1}{n_2}\right)^3 \tag{4-4}$$

因此

$$\frac{n_1}{n_2} = \frac{Q_1}{Q_2} = \sqrt{\frac{p_1}{p_2}} = \sqrt[3]{\frac{N_1}{N_2}} \tag{4-5}$$

频率与转速的关系为

$$n = 60f(1-S)/P_s \tag{4-6}$$

式中　　n——异步电动机即水泵转速,单位:$r \cdot min^{-1}$;
　　　　f——电源频率,单位:Hz;
　　　　S——转差率;
　　　　P_s——电机的极对数。

由式(4-6)可看出,当P_s、S一定时,水泵转速与输入电流的频率成正比。频率愈高,转速愈快,频率愈低,转速愈慢。由水泵特性可知,水泵流量与频率也成正比,调节频率即调节转速(见图4-5)。

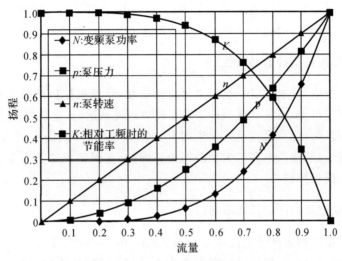

图4-5　水泵变频节能曲线

由此可见,如果降低电源频率即可降低水泵转速,减少水泵流量,从而按立方率关系大幅度降低水泵电机功率消耗,实现有效节能。空调节能集成系统方案架构如图4-6所示。

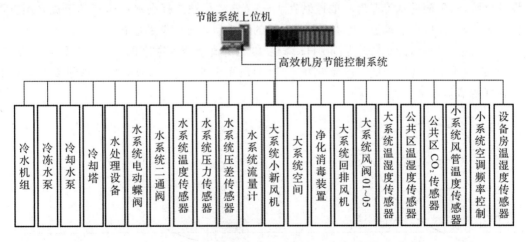

图4-6　空调节能集成系统方案架构

同时,动态调节冷水的流量和冷却塔风机的风量,从而保证中央空调主机在最佳状态下运行,减少了系统的附加冷负荷,达到降低中央空调能耗的目的。

4.3 冷水泵控制策略

中央空调系统的载冷剂是冷水,所以冷水循环系统主要作用是把冷量运送到空调的风机盘管系统中,通过热交换,冷水将吸收室内空气中的热量,并在冷水泵的驱动下流动至冷水机组,然后在蒸发器中把热量传递给制冷剂。在传统的定流量系统中,冷水流量是由阀门控制的,这样精确度、实效性都达不到要求,造成了冷水泵能量的大量浪费。

这种系统有很多不足,如总的水流量大、回水温度小、在部分负荷时的制冷效果不均衡、冷水机组的运行效率较低等,因此必须对定流量的冷水系统进行改进。

4.3.1 冷水变流量运行的必要性

在中央空调系统中,冷水主机一般都是可以变流量的,即根据负荷的变化调整运行功率。由于冷水机组的流量可变,而其低压侧冷冻泵系统以定流量运行,这就使得整个系统运行不协调,同时冷水泵满载运行使得水流量远大于需求冷量,导致存在"大流量、小温差"现象,使得冷水系统的运行效率极低,白白浪费了大量的电能。因此,在保证蒸发器正常工作的前提下,需要对冷水泵实施变流量控制。

4.3.2 冷水变流量运行的基本原理

一次泵变流量系统中选择可变流量运行的冷水机组,当机组运行时,蒸发器的供回水温差基本恒定,蒸发侧流量随负荷侧流量的变化而改变,从而达到"按需供应",并使得降低水泵在部分负荷时的供水量成为可能,最终降低系统运行能耗。末端冷量由冷水量调配,冷水机组生产的冷量由流经蒸发器的水流量和相对固定的温差决定。

机组允许的最小水流量和最大水流量之间的区域是机组允许的流量变化范围。根据此前的设计原则,蒸发侧的水流速度一般控制在 $1\sim 3\ m\cdot s^{-1}$,适当提高水流速有助于提高蒸发器的换热效果,然而减小水流速,也可减少蒸发器的震动和水与管壁的磨损。

就单台水泵而言,如果频率从 50 Hz 降到 40 Hz,流量变为原来的 80%,如图 4-7(a)所示,功率将减小至约为原来的 60%,如图 4-7(b)所示。所以,冷冻泵采用一次泵变流量控制具有良好的节能效果。

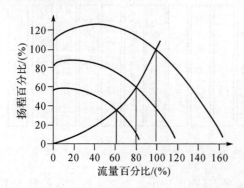 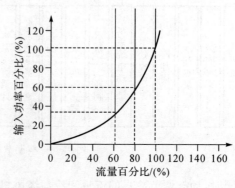

图 4-7 水泵特性曲线
(a)水泵流量-扬程曲线图; (b)水泵流量-功率曲线图

4.3.3 实现冷水变流量运行的方法

实现冷水变流量运行主要有电动调节阀门、冷水泵加装变频器或多泵并联启停运行两种方法。

(1)在管路上增加电动调节阀。在部分负荷时关小阀门,增大管网系统的阻力,从而减小水流量,这种方法虽然降低了管道内的水流速,但同时增加了水泵的扬程,水泵效率降低,其节能效果不够明显。

(2)冷水泵加装变频器。由冷水泵的工作原理可以看出,当水泵的转速 n 改变时,水泵的运行效率基本保持不变,但是其扬程 H、流量 G 和轴功率 N 都会发生相应的变化。即

$$\frac{G_2}{G_1} = \sqrt{\frac{H_2}{H_1}} = \sqrt[3]{\frac{N_2}{N_1}} = \frac{n_2}{n_1} \qquad (4-7)$$

由式(4-7)可知,通过调节冷水泵的转速,改变电机的轴功率,从而能够改变水泵的 H-G 特性曲线,水泵的工作点也会发生改变,而冷水系统的管路特性曲线 Ge-He 是保持不变的。

改变水泵的要改变水泵的转速我们一般使用变频器来实现,即利用变频器对水泵进行调速,使其转速由一固定值转变为在一个范围内的连续值,即为其频率可在该范围内随负荷变化。当部分负荷时,水泵就可以降低频率,运行在低转速下,从而实现了水泵的变流量节能。采用变频调速技术来调节冷水流量,仍然可以保证冷水泵高效率工作。

此外,当采用多台水泵并联时,在部分负荷下,可以停运一些水泵,使流量减小,也可实现良好的节能效果。

4.3.4 冷水变流量控制技术

在冷水变流量控制方法中最普遍的为压差和温差两种基于不同采集信号的变频控制方式。

(1)压差控制。压差控制是以采集到的压差信号作为被控量,由于水流惯性的特征时间常数值比较小,所以压力信号的变化往往要比温度信号敏感得多。在中央空调变流量冷水系统中,系统管道在调节水流量时一般用的是电动二通调节阀,这样会使供、回水间的压差发生变化。由此,在冷水管路系统的合适地方可以安装压力传感器,这样就可以把获得的压差信号传送给信号采集模块,将其与中央处理器(Central Processing Unit,CPU)中的压差的预设定值作对比,然后依据 CPU 的运算结果即偏差值的多少来对变频器的输出值进行调整,从而改变水泵的运行功率,降低冷水泵的功耗。

在冷水系统的压差变频控制技术中,空调负载在室内的分布以及其变化对自控系统节能功效影响非常大。当中央空调系统正常工作运行时,其负荷的种类形式非常之多,可能是不同负载有着同一种变化,也可能是同一负载的变化不尽一致。在这种状况下,空调管路系统压差的变化也会各不相同,所以,空调负荷分布及负荷状况会直接影响压差控制技术产生的节能功效。

(2)温差控制。温差控制是把温度传感器分别安装在冷水系统的供、回水管路上,从而获取供、回水管路上的温差,控制器在调整变频器频率时也主要依据供回水的温差,从而调节冷水泵的转速,实现变流量控制。

在中央空调系统中,载冷剂是冷水,它承担着运送冷量的重要任务。而该冷量就代表着中

央空调系统的负荷需求,其计算如下:
$$Q = c_p G_D (T_{D2} - T_{D1}) \quad (4-8)$$
式中　　Q——机组冷量,单位:kW;

c_p——水比热容,4.2×10^3 J·(kg·℃)$^{-1}$;

G_D——水泵水流量,单位:kg·s^{-1};

T_{D2}——出口水温,单位:℃;

T_{D1}——进口水温,单位:℃。

由式(4-8)可以看出,当机组的冷量一定时,温差越大水泵流量越小,水泵节能量越大,所以相较压差控制而言采用温差控制的节能空间更大一些,最好的方案是温差控制做主要节能策略,压差控制做辅助保护控制策略。

中央空调冷水循环系统中,有很多采用温差控制变频器频率,从而实现负荷需求与冷水流量的实时匹配,也具有一定的节能效果。但一方面,由于温度采集点并不是安装于风机盘管系统的末端,并且距离空调管路有很长的距离,因此,实际检测到冷水温度变化时,冷水已经过了一定时间(即水系统存在很大的延时),此时采集到的监测数据并不代表当前时刻的实时负荷,而是较前一段时间的负荷状况;另一方面,冷水与制冷剂进行热交换后其水的物性也发生了一定的变化,如热容量变大,密度增大,也会表现一定程度的热惯性。这就使得系统负载变化时,虽然冷量已经改变,但其回水温度不会立刻发生变化,从而使水泵变频无法及时的响应,这样就会导致系统控制的滞后性,这也是采用温差控制水泵流量方法存在的最大不足。

4.4　冷却水泵控制策略

在冷水机组的冷凝器中,其冷凝过程是通过气态制冷剂与冷却水的热交换实现的。从中央空调系统的整个制冷过程我们可以看出,冷水循环系统的作用是传递冷量,并把系统中产生的和室内环境中的废热通过冷水转移到冷水机组的蒸发器中,而冷却水循环系统则是把冷水机组中产生的废热转移至外界环境。由此可见,冷却水循环系统是整个系统的"清洁工",其控制的合理性直接影响着冷水系统与冷水主机的节能效果。

从能量守恒定律可知,中央空调系统的冷负荷在一定程度上也能从冷却水的流量上反映出来(冷凝器排放的热量是制冷量与压缩机功率之和)。从中央空调系统的节能角度考虑,冷却水系统在保证能够与冷水系统以及冷水机组协调运行的前提下,也可以使用最少的能耗实现动态跟踪中央空调系统的冷负荷,来达到系统的节能降耗。

4.4.1　冷却水变流量系统的工作原理

在冷水主机的整个制冷循环过程中,制冷剂依次经压缩机、冷凝器、电子膨胀阀、蒸发器,是通过气态与液态的转换完成制冷的。同样,该空调系统的排热量也是经冷却水与制冷剂在冷凝器中进行热交换后,再由冷却水运送到冷却塔排出。也就是说,冷却水作为冷却剂只在冷凝过程中发挥作用。

冷却水系统是一个循环水系统,其主要组成部分为冷凝器、管路系统、冷却水泵以及冷却塔。如冷却塔将冷却水冷却至32℃,经过管路系统送入冷凝器,经过冷凝器后,其出水温度变为37℃,再返回冷却塔制取32℃的冷却水。

第4章 高效制冷空调系统的节能控制技术

在冷却水循环系统中有两次相反的热传递过程:一次发生在冷水主机的冷凝器中,主要是吸收制冷剂中的热量;一次是发生在循环系统的冷却塔中,主要是将冷却水中的热量释放。释放热量之后,冷却水温度会降低到32℃,再经管路流入冷水主机的管路中,冷却水进入冷凝器带走气态制冷剂的热量,从而使其状态发生变化,即冷凝为液体。吸收了热量的冷却水从冷凝器中出来后温度变为37℃,由冷却水泵打入冷却塔,经与室外空气传热传质,被冷却为32℃。如此循环往复,源源不断地将冷水机组的排热量转移到室外环境中去。

4.4.2 冷却水循环系统变流量运行的必要性

在水冷式冷水机组中,冷却水的流量是根据最大负载设计的。为了充分散热,通常会略大于这个设计值。所以,冷却水循环系统定流量运行时,其流量就是满负载时的流量。但是,绝大部分时间冷水主机都只是运行在部分负荷率下,与此相对应的冷却水流量也应该变流量运行。

一般情况下,制冷剂冷凝时产生的热量,根据能量守恒定律,是主机所做机械功与制冷量两者之和,所以由冷却水带走的热量可用下式计算:

$$Q_c = c_p G_c (T_{c_1} - T_{c_2}) \tag{4-9}$$

式中　Q_c——冷凝器换热量,单位:kW;

　　　c_p——水比热容,4.2×10^3 J·(kg·℃)$^{-1}$;

　　　T_{c_1}——冷凝器进口水温,单位:℃;

　　　G_c——冷却水质量流量,单位:kg·s^{-1};

　　　T_{c_2}——冷凝器出口水温,单位:℃。

显而易见,空调系统的负荷改变时,冷水主机与冷水循环系统的流量都会改变,系统中产生的热量也随之改变,若这时冷却水循环系统还是定流量运行,就会使冷却水系统处在"大流量、小温差"的低效率工况之下。由此可见,当系统处于部分负荷下,冷却水泵定流量的工作模式也是不适合提高系统运行效率的。

此外,冷水主机冷凝器工况参数也会受到冷却水温度的影响。也就是说冷凝压力或冷凝温度都会发生变化。这两个参数主要体现了冷凝器的工作状态,而且冷凝压力或冷凝温度的大小也与冷水机组压缩机的工作效率密切相关。

综上所述,冷却水温度过高或过低都会影响冷水主机的高效率运行,更有甚者会有安全隐患,冷却水温度过高会引起制冷压缩机过热,还有可能使电机烧毁;温度过低则会使得压比过低,导致冷水主机不能正常工作。当冷却水循环系统处于定流量工况时,一旦冷水主机制冷量改变,冷却水温度也随之改变,这样就出现上面情况,冷机无法正常工作,使其工作效率受到严重的影响。不仅如此,系统部分负载情况下,冷却水循环系统的低效率工作状态也使能量白白损耗。所以,冷却水循环系统的变流量是非常必要的。

4.4.3 冷却水变流量控制技术

冷却水循环系统的变流量,必须在确保冷机正常工作的前提下实行,冷却水流量越小其冷却水系统的能耗就越少。但是相对的冷却水流量的减少会使在冷凝器中参与热交换的水量变少从而使冷凝温度升高,若要保证主机的制冷效率不降低,则必须选用合适的变流量控制技术。冷却水变流量常用定温差法与冷凝温度法。这两种方法各有其优缺点。

(1) 定冷却水温差控制。通过调节冷却水流量使其供、回水温差保持不变。该方法原理与冷水定温差法类似,其控制流程如图 4-8 所示。

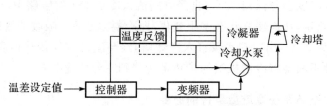

图 4-8 定冷却水温差控制流程

在主机冷凝器的进、出水总管上分别安装温度检测装置,将 CPU 采集到的两个温度信号相减,取绝对值与预设值(一般为 5℃)比较,以此来调节变频器频率从而实现变流量。当冷水机组处于部分负荷时,冷凝器进出口总管的温度差将减小,这时就会调节频率使频率减小,从而使冷却泵转速降低,最终冷却水流量减少,从而使冷却水进出口总管的温度差稳定在 5℃。此外,因要保证主机冷凝器的正常工作,需设定冷却水最小流量,即在控制器和变频器中设置频率下限值。

(2) 冷凝温度控制。由于冷却水循环系统与建筑物室内用户需求没有直接关系,因此其进出水温度能够在一个比较大的范围内调节。当冷水机组处于部分负荷率时,采用冷凝温度控制方法,可获得较大的节能效果。

因冷却水的出水温度略低于主机冷凝器的冷凝温度(其端差一般为 2～3℃为宜)。所以冷凝温度控制法,就是在主机冷凝器进出水口安装温度传感器,将检测到的冷却水的出水温度与冷凝器温度设定值进行比较,在确保冷却水的最小流量处于不影响冷凝器正常工作的安全范围内,最大限度地调整冷却水的流量和冷却水泵的转速。当主机部分负载时,使冷却水的流量减小,能够节省冷却水泵大部分用电量,达到节能的目的。其控制结构如图 4-9 所示。

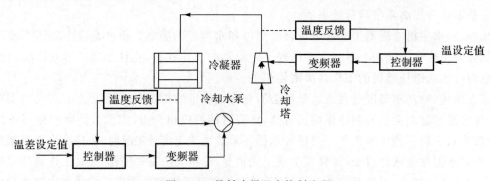

图 4-9 最低冷凝温度控制流程

在冷凝温度控制法中,为保证冷凝器进出水温差恒定,需在系统中加入冷却水进水温度的控制机制。具体操作为在主机冷凝器的进口总管安放温度检测装置,检测经冷却塔喷淋冷却后的冷却水温度,控制器将其与预设值比较,以调整冷却塔风机的转速。通过改变冷却水在冷却塔中的热交换情况来改变其温度,即使冷却水流量发生变化,冷却塔出水温度即冷凝器的进水温度也可保持不变,有利于冷凝器的有效运行。

定温差控制法与冷凝温度控制法因其改变流量的方式不同其节能效果也不尽相同。实际运行效果表明,冷凝温度控制法的冷却水流量的可调范围更大,因而更具节能潜力。在冷凝温度控制法中,其最小的冷却水流量下对应的冷凝温度一般不是冷水主机的最优工况点。因此,应该根据实际设备性能选择控制方法。

综上所述,中央空调水循环系统变流量运行是完全可行的,它既能满足建筑物室内舒适度的需求,又能保证主机安全经济运行。

4.4.4 冷却水变流量控制策略

冷却水泵采用变流量控制,在冷水机组部分负荷和低负荷状态下,优先采用定温差控制。该控制方式下冷却水变流量可以产生可观的节能效果,在冷水机组高负荷和满负荷状态运行时采用冷凝温度控制,既能保证机组对冷却水的换热需求,又能保证冷却水流量不低于最小流量,这样尽可能地降低了冷却水泵的转速和流量,增大了冷却水供回水温差,从而实现节能,如图 4-10 所示。

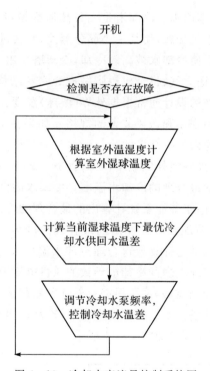

图 4-10 冷却水变流量控制系统图

另外,当室外湿球温度随着时间变化时,则需充分利用早晚和夜间湿球温度相对较低的特点,采用不同的冷却水供回水温差,有效降低冷却水泵能耗。冷却水泵采用温差调频,将冷却水进出水温差与温差设定值进行比较,调节冷却水泵的频率。冷却水泵调节的是冷水机组冷却水进出水温度差,冷却塔调节的是冷却塔出水总管水温。

当机组冷却水温度低于机组冷却水温度高温保护设定值时,按照冷水机组冷却水进出水温度差调节冷却水泵频率,冷水机组的冷却水进、出水温差设定值按机组的标准设计工况为宜。

当机组冷却水温度高于机组冷却水温度高温保护设定值时,系统每间隔固定时间将冷却水泵频率提高 1~3 Hz,直到机组冷却水温度低于机组冷却水温度高温保护设定值后转入温差控制频率。

对于螺杆式冷水机组而言,机组的回油主要是依靠吸、排气压差进行的,所以在过渡季节冷却水温不能过低。此时,冷却水泵的下限频率以保证机组的正常回油压差确定。当机组正常开启以后,再进入节能控制模式。

4.5 冷却塔控制策略

冷却塔在空调水系统中是相对简单的装置。对于空调用户而言,冷却塔的功耗在整个空调系统能耗中占有的比例较小,但由于其使用频率高,累计能耗是不可忽视的,因此对空调系统中冷却塔的节能降耗应给予高度重视。由于冷却塔用来排放整个空调系统的废热,对整个系统的节能运行具有重要意义,故从节约水泵、风机以及冷水机组的能耗出发,探明冷却塔节能的实现方法具有重要意义。

(1)冷却塔节能控制的基本原理。冷却塔是一种热质交换设备。它是使经过冷水机组冷凝器后的高温冷却水与室外空气接触,使其一小部分蒸发,并通过它的汽化潜热使另一部分冷却水的温度降低的装置。为了使冷却水被高效冷却,冷却塔采用了多种技术措施。如:设置送风机,强制性地向冷却塔内输送大气;将合成树脂做成蜂窝状结构的填充材料,使空气和水尽可能长时间地接触等。冷却塔的设计通常根据外界(湿球)温度、冷却水入口温度、冷却水出口温度、循环水量,确定冷却塔的规模和送风装置的规格。如果在运行过程中,上述基本要素发生变化时,采用适当的措施,能做到冷却塔的冷却能力与冷却负荷相匹配,从而实现节约能耗。

(2)控制策略。自控系统设置室外气象站,实时计算室外空气的湿球温度,根据室外的湿球温度计算冷却塔能够提供的最合理的冷却水温度。冷却水的供水管和回水管上均安装有水温传感器,若冷却水供水温度高于节能系统计算出的最合理的冷却水温度,则冷却塔运行频率升高;若冷却水供水温度低于节能系统计算出的最合理的冷却水温度,则冷却塔运行频率降低。这种基于室外湿球温度的动态计算获得合理冷却水温度设定值的策略,可以有效避免在室外湿球温度过高或过低的情况下多开冷却塔导致的风机电能浪费。

对于冷却塔风机频率的控制策略,系统根据室外气象监测传感器计算室外湿球温度,以室外湿球温度加逼近度作为冷却塔出水总管水温设定值,冷却塔出水温度作为反馈值,控制冷却塔的开启数量和风机频率,其原理图如图 4-11 所示。

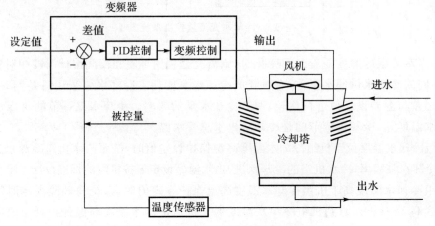

图 4-11 冷却塔风机变频控制原理

在冷却塔热交换过程中,理论上讲,冷却塔可以将冷却塔出水温度降到环境湿球温度,但在冷却塔实际运行过程中是很难达到环境湿球温度,所以冷却塔出水温度设定值＝环境湿球温度＋冷却塔逼近度。

下面对冷却塔控制的主动寻优算法进行简要描述：

系统通过主动寻优算法,自动调整冷却塔的逼近度设定点,达到冷却塔降温效果最佳的目的,故在不同的环境湿球温度下,冷却塔出水温度设定值是动态变化的。

1)通过室外温湿度传感器,计算焓值、露点温度和湿球温度,空气的焓值用于模式判断,湿球温度用于冷却塔频率调节控制。

2)当室外相对湿度≤95%时,系统会采用室外湿球温度加逼近度作为冷却塔出水总管水温设定值。

3)当室外相对湿度＞95%时,在夏季高湿工况一般都在雨天,而雨天的室外温度往往低于30℃,冷却塔还是存在较大的散热空间。此时系统可采用室外湿球温度作为冷却塔出水总管水温设定值。

在大部分空调使用时间内,由于湿球温度对冷却塔性能的影响,对冷却塔实施变频,虽然其本身获得了一定的节能效果,但却对冷水机组的能耗产生了不利的影响,就其整体效果而言,很可能是得不偿失的。冷却塔安装变频可能更适用于那些需要长时间在冬季湿球温度较低但需要开启冷水机组的场合,通过变频调节以保证冷却水温度不低于冷水机组所允许的最低冷却水温度。

4.6 冷水机组控制策略

在地铁车站制冷机房高效控制技术中,冷水机组的控制策略是至关重要的,可从以下若干层面进行考虑。

(1)运行过程中机组自动实现加、减负载。可以根据地铁运营的时间表来安排冷水机组、冷水泵、冷却水泵等的自动开启关闭,同时实现各个设备之间的开关机顺序以及连锁保护功能。

(2)根据负载量及水温自动实现投入、切除。动态显示设备的工作状态和报警信息,设备包括机组、水泵及相关设备等。同时会自动记录系统数据,在遇到故障时,泵会自动停止,此时,备用泵将马上工作运行。

(3)平衡单机总体运行时间。自动计算各个冷水机组、冷水泵、冷却水泵的工作时间,接着系统会开启工作时间最短的设备,从而使得每个设备的运行时间差不多相当,最终提高机组的使用年限。

通过对以上控制策略的分析,具体制定冷水机组的控制策略时,可以从以下几方面入手。

(1)冷水系统能量控制管理。制冷系统的制冷量的控制方式如下：选择自动监测计算系统负荷策略,然后经PLC控制系统来确定制冷机组的工作台数。经过传感器,系统的供、回水温度以及回水流量可以传送至现场的PLC控制器中,然后按照这些参数,系统会自动得出用户对于冷量的实际需求量,最后把计算得出的实际冷量值传送至能量管理系统中。

实际情况中,会依据冷负荷来实现冷水机组的台数调节,并且按照分、集水器上的供回水温差和回水流量得出系统的冷负荷：

$$Q = c_\rho \times L \times (T_2 - T_1) \tag{4-10}$$

式中　Q——计算冷负荷,单位:kW;

　　　L——流量(由设置在出水总管上的流量传感器测得),单位:℃;

　　　T_2——回水温度(由设置在回水总管上的温度传感器测得),单位:℃;

　　　T_1——供水温度(由设置在供水总管上的温度传感器测得),单位:℃;

　　　c_ρ——水比热容,4.184 kJ·(kg·℃)$^{-1}$。

此外,当负荷较低时,系统会自动且及时监控到冷水机组的冷水出水温度。在冷水机组的出水温度比系统的冷水温度设定值要低且维持一定时间以后,系统就会自动停止低负荷的冷水机组,同时冷水系统仍会持续工作,从而保证系统冷量低负荷的运行需求。而在冷水的温度比系统的冷水温度设定值要高且持续一定时间以后,系统会自动启动冷水机组,从而来配合冷水系统的负荷变化。

系统在启动或者工作在低负荷工况下的时候,首先打开一台冷水机组,在首台冷水机组的运行时间达到 60 min 之后,冷水机组的出水温度就会差不多达到稳定,系统才会再开启负荷的控制管理功能。每隔 30 min 系统会将测出的冷负荷与当下运行机组的额定冷量作对照,当实际负荷比当下机组的额定总负荷低的时候,就会自动停开数台运行机组。而当测出的负荷比当下机组的额定总负荷高的时候,就会自动启动运行数台机组。

(2)冷水机组台数控制及运行管理。根据图 4-12 可知,其中 Q_1 为 PLC 系统输入的冷量值,Q_2 为正在运行机组的总冷量值,Q_3 为单台机组的制冷量。

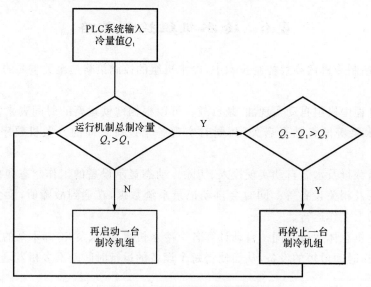

图 4-12　冷水机组控制流程

PLC 系统将录入得出的冷量值与所有处于工作状态下的制冷机组额定制冷量的累计总量来作对照,当所需要冷量比一台制冷机的额定制冷量要低时,PLC 系统就会传送出一个关闭操作的讯号,这个讯号会终止其中一台制冷机组的工作,而制冷机组在工作终止后会把动作指令传送至 PLC 系统中,在 PLC 系统监测到机组已终止工作后,会传送出讯号用来停止相对应的冷水循环泵和冷水进水管上的电动蝶阀;当工作实际消耗冷量一直低于运行机组额定制冷量时,将重复以上工作过程。而当现实工作中所需要的冷量高于一台制冷机的额定制冷量时,PLC 系统就会传送出一个开启讯号,打开一台冷水循环泵以及冷水管上的电动蝶阀,冷却水泵和电动蝶阀会把反馈动作讯号传送到 PLC 系统中,在得到 PLC 系统分析认定以后,PLC 系统会打开与冷水泵相对应的制冷机组;假如所消耗的冷量一直增长,就可以按照以上工作模式再次打开制冷机组,直至达到系统需求为止。

(3)一次泵变流量管理机加/减载管理(若有变频器控制,则如图 4-13 所示)。当系统负荷产生变动时,PLC 系统会按照控制的特性来调整系统的一次变频泵流量的供应量,而当对系统流量变动的调整不能够匹配系统负荷变动要求时,系统会由群控系统对冷水机组实行对应的增减从而匹配负荷的要求。

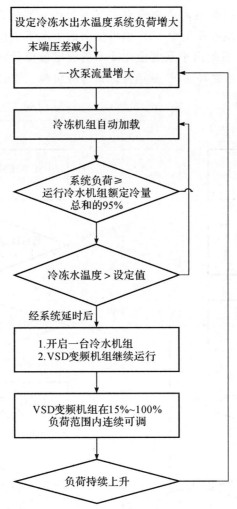

图 4-13 一次泵变流量及冷冻机组加载管理

当系统后端的负荷增大时,系统后端的电动阀门开度会自动加大,而系统的压差会有相应的降低,当系统感应到相应的压差变动时,会自动调整水泵的频率,从而加大一次变频泵的水量。

此外,因为机组可以确定出水温度为 7℃,当冷水量增加时,机组会监测到水量的变动,此时机组会按照自身负荷调整的范围来上载制冷负荷,从而匹配系统的负荷变动。而当系统负荷增加到单台机组额定输出冷量的95%时,控制系统会打开其他机组并加机延时5 min。在这工作延时期过后,假如系统的冷量负荷一直高于单台机组额定输出冷量的95%,并且冷水机组的出水温度高于冷水出水设定温度时,就表示单台机组的满载工作和水泵的满载工作已经不能够匹配系统的负荷值,并且冷水的出水温度不能维持在出水温度的设定值,第二台机组的电动阀门就会立即打开,并在过了一定的阀门打开时间之后,第二台机组将工作。具体控制流程如图4-13所示。

如果两台机组正在工作,系统的负荷变小的时候,末端的压差传感也会降低,此时,一次变频泵会减少所供应水量,机组会自动监测到相应的水量变动,即感应到机组的负荷也相对降低。当系统负荷只有或者比一台机组的负荷总量还要低时,机房控制系统会立即停止其中一台机组工作,从而让另一台机组在高负荷效率工况下工作且匹配系统负荷的需求。在VSD变频冷水机组工作的时候,能够在最少15%单机负荷的工况下工作,当系统的负荷连续降低且低于15%的时候,且冷水机组出水温度也比冷水的设定值要低时,控制系统会停止冷水机组工作,但是会继续维持冷水循环系统,从而匹配系统低负荷工作的需求。具体控制流程如图4-14所示。

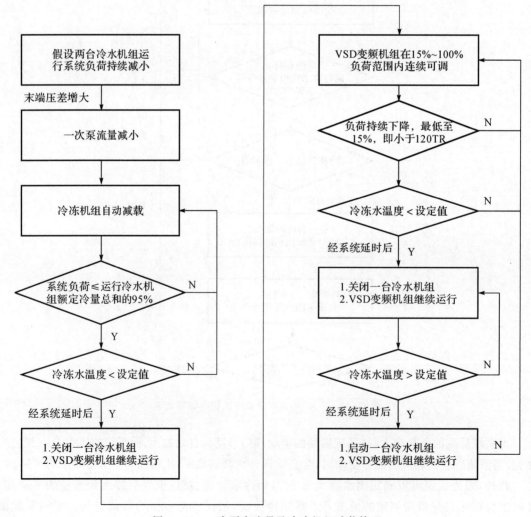

图4-14 一次泵变流量及冷冻机组减载管理

供回水压力可以由 PLC 系统检测得到,接着算出供回水压差。同时,将供回水压差与设定值 Δp 作对照比较,然后作 PID 计算,最后,把得到的 PID 计算结果传送到冷水泵中并实行控制。当空调系统在一定负荷下工作的时候,设定值 Δp 会提高。此时,通过对供、回压差进行 PID 控制可以使水泵的转速下降,这不仅满足了空调末端风柜的最低用水量,而且提升了机组使用效率,减少了旁通的耗能,也减少了冷水泵的工作耗能。按照工程实践表明,对冷水机组及一次变频冷水泵的台数进行控制一般能够减少耗能 20%~30%。

(4)冷水出水温度的设定。一般情况下,冷水机组仅有不超过 1% 的时间是在设计工况下工作的。而大多数时间都是在非设计工况下工作的,此时的室外温度较为温和且湿度比较低。非设计工况就表明冷负荷和冷凝器入口水温都低于设计工况的数据。所以,较好利用上述有利因素是减低耗能的方式之一。

冷水重设这个基础概念已经在近年来获得了业内的肯定。当负荷降低的时候,即便冷水温度设置得很高,冷却盘管也能够提供需求的冷量,原因是除湿的要求也降低了。冷水出水温度设定的前提条件如下:

1)环境温度因素。当室外温度降低时,建筑负荷将有所减小,此时可以提升冷水的出水温度设定值。

2)冷水的回水温度因素。当冷水回水温度较低时,表明建筑物负荷比较低,此时也可适当提高其出水温度。

4.7 大系统空调控制策略

大系统空调的控制模式分为小新风模式、全新风模式和通风模式等三种模式。

(1)小新风模式。空调系统可以适当利用室外新风,这种情况出现在夏季。

(2)全新风模式。空调系统完全利用室外新风,这种情况出现在空调季室外温度较低的情况。

(3)通风模式。空调系统完全利用室外新风,并且降低风机频率运行,这种情况出现在非空调季,室外温度较低的情况。

高效机房节能控制系统提供制冷机房设备的变频控制,包括大系统新风机、回排风机、送风机变频控制,并配合大系统表冷阀控制,小系统表冷阀控制实现系统的节能控制。

4.7.1 大系统空调运营时间控制

正常站点大系统空调风机在正常模式下是按照定时开关机的,早上定时开机,晚上定时关机。BAS 系统设置 BAS 定时和空调定时两种模式,BAS 定时模式下,定时时间在 BAS 人机界面上设定,空调定时模式下定时时间由空调系统发给 BAS。为了确保高效机房节能控制系统时钟与 BAS 一致,BAS 将 PLC 时钟发送给高效机房节能控制系统,高效机房节能控制系统每天凌晨 1:00 校对一次时钟。

在大系统运营时间内,三种工作模式的切换由节能系统根据室外新风温湿度采集的数据自动完成。模式的判断逻辑如下:

系统存储前一天每个小时的温度,并根据最高温度预判采用哪种模式,每个小时采集一次今天的温度,与昨天存储的温度作对比,如果偏差超过 1.5℃,就对今天的预测最高温度进行修正。

如果当天最高预测温度高于小新风模式判断温度或者前一日最高温度高于小新风模式判断温度,则进入小新风模式。

如果当天最高预测温度小于小新风模式判断温度但是高于通风模式判断温度,或者前一日最高温度小于小新风模式判断温度但是高于通风模式判断温度,则进入全新风模式。

如果当天最高预测温度低于通风模式判断温度或者前一日最高温度低于通风模式判断温度,则进入通风模式。

4.7.2 不同模式下风机启停策略

(1)通风模式下,开启大系统空调送风机,关闭回排风机和小新风机。

(2)全新风模式下,开启大系统空调送风机,关闭回排风机和小新风机。

(3)小新风模式下,开启大系统空调送风机、回排风机,小新风机根据需要开启。

大系统空调配有专门的新风风机,该新风风机采用变频驱动,地铁站厅配有二氧化碳浓度检测传感器,节能系统根据地铁站厅二氧化碳浓度检测传感器检测的数据,取平均值,当平均值超过二氧化碳浓度保护上限时对小新风风机的频率进行调节。

(4)新风空调模式下,小新风机运行。小新风机采用变频控制,若系统判断当前进入小新风空调模式就会先开启小新风阀,再开启小系统新风机并关闭全新风阀,然后根据站厅和站台的二氧化碳传感器控制小新风机频率。系统采集站厅层二氧化碳传感器和站台层二氧化碳传感器数值,控制小新风机的频率。

小新风机根据二氧化碳浓度调节,A端与B端不同频率,分别计算A端与B端二氧化碳平均浓度,二氧化碳浓度变化趋势也参与控制小新风机频率,在二氧化碳浓度上升时风机提前升频。小新风机只在小新风模式时开启并调节频率。

4.8 小系统空调控制策略

空调自控系统作为整个空调系统的策略和控制中心,对于整个系统的节能效果具有举足轻重的作用。

冷水机组的用电量在整个制冷机房中占比最高。如何保证机组所有状态下都工作在COP的高效点,尤其是解决冷水流量、温度,冷却水流量、温度对机组COP的影响,完全取决于自控系统的控制策略。所以自控集成系统的成熟度以及节能策略的先进性决定了超高效机房的能效结果。

现有的控制系统,主要功能是控制设备开启及故障报警,对设备进行简单的台数控制,对变频设备依据简单的控制逻辑进行变频控制。但是若不对系统耗电量及制冷量进行计量,缺少对整体系统性节能的考虑,则无法对系统运行的能效水平进行监测,无法实现从全局对系统运行参数进行调节。因此,对空调系统的制冷量进行监控并做到合理的反馈调节变得非常重要。

空调系统在地铁站厅长通道安装有温湿度传感器,用于长通道表冷阀开度控制。长通道电动二通水阀根据长通道温度(均值)反馈进行调节。控制策略采用PID算法。大系统空调在小新风和全新风模式时长通道电动二通水阀才可以打开,长通道电动二通水阀和大系统空调水阀一样,只在地铁运营时间段内工作。

小系统空调电动二通水阀根据当前的小系统模式决定是否开启,只有小系统在小新风和全新风模式时此阀才允许开启。

小系统空调二通阀根据小系统空调箱回风管温度传感器控制。控制策略一般采用 PID 算法。

风机能耗的高低取决于功率和运行时间。因此在开始时间,开启送风机或排风机的选择上也有优化条件。表 4-1 为某地铁车站的运行模式,以模式Ⅱ、Ⅱ′为例,主要区别为是否开启回排风机,前者为平衡通风,理论上通风能力较强,后者为只送不排,靠出入口等正压排风。因排风口对气流组织的影响较小,地铁出入口面积较大,利用室内正压从出入口排风所受阻力也相对较小,根据现场测试情况,完全可满足通风需要。因此,宜尽量不开排风机或减少回排风机的开启时间。以模式Ⅲ′为例,送风机一般为组合式空调器,同等风量下,组合式空调器的功率高出回排风机 1/3,采用"只排不送"比"只送不排"模式可有效降低单位运行能耗。另外,由于屏蔽门漏风量以及出入口布置特点导致的穿堂风效应,使带入车站的新风量远远大于公共区最小新风量的需求,应允许关闭机械送排风设备,利用自然通风满足某些时段的需要。

表 4-1 某地铁车站大系统主要运行模式

编号	季节	运行模式	转换条件	新风机	送风机	回排风机
1	空调季节	最小新风Ⅰ	$I_W \geq I_N$	开启	变频运行	变频运行
2	空调季节	全新风空Ⅱ	$I_W < I_N$	关闭	变频运行	变频运行
3	空调季节	全新风空Ⅱ′	$T_W < 22℃$	关闭	变频运行	关闭
4	通风季节	通风Ⅲ	$T_W < 16℃$	关闭	变频运行	变频运行
5	通风季节	通风Ⅲ′	$T_W < 10℃$	关闭	变频运行	关闭

注:I_W 表示室外空气的焓值,I_N 表示空调箱回风设计焓值,T_W 表示室外空气干球温度。

4.9 系统集成控制策略

制冷机房中冷水机组、冷水泵、冷却水泵、冷却塔之间的关系是耦合的、非线性的。调整其中一台设备的工作状态,其他设备的工作状态变化将无法通过简单地通过数学推导获得其关系表达式,在这种情况下,利用模糊控制算法和主动寻优控制策略可以跳过中间复杂的关系,依据历史数据库和自学习功能,在调节的过程中保持制冷机房整体的 COP 最佳。

在制冷机房控制系统中有以下几组相互耦合的关系。

(1)调节冷水机组冷水出水温度:一般来说提高冷水供水温度 1℃或降低冷却水供水温度 1℃,主机 COP 可提高 2%~3%。而冷水温度升高,空调表冷器换热效果下降,系统需要提供更大的冷水流量,冷水泵能耗可能会升高。

(2)调节冷却水供回水温差,可以有效降低冷却泵频率,而冷却水供回水温差拉大,机组冷凝器换热效果会下降,机组 COP 可能会下降。

(3)调节冷却水供水温度,可以有效降低冷却塔风机的运行数量和运转频率,而冷却水供水温度上升,机组冷凝器换热效果会下降,机组 COP 可能会下降。

所以整个系统是多系统、多变量的耦合系统，单独以某一变量为基准进行调解均不合理，应该采用主动寻优控制策略，以设备的输入功率占比为依据，进行动态调节，保证机房整体COP最高。那么在超高效制冷机房的设备部分按照超高效原则进行设计的前提下，空调自控系统作为整个空调系统的策略和控制中心，对于整个系统的节能效果具有举足轻重的作用。

冷水机组的用电量在整个制冷机房中占比最高，如何保证机组所有状态下都工作在COP的高效点，尤其是解决冷水流量、温度、冷却水流量、温度对机组COP的影响，完全取决于自控系统的控制策略，所以自控集成系统的成熟度以及节能策略的先进性决定了超高效机房的能效结果。

结合广州城市轨道交通过往某线路的空调系统控制实例，对系统集成控制策略进行阐述说明。

广州城市轨道交通过往某线路的空调系统控制主要由车站设备监控系统（BAS）负责，主要功能是控制设备开启及故障报警，对设备进行简单的台数控制，对变频设备依据简单的控制逻辑进行变频控制。其不对系统耗电量及制冷量进行计量，缺少对整体系统性节能的考虑，对系统运行的能效水平无法监测，无法实现从全局对系统运行参数进行调节。

本项目主要从以下4方面着手，对自控系统进行优化，从而实现系统性节能要求。

(1)将原有BAS、低压专业的涉及空调制冷系统的模块统一并入节能控制系统，由节能控制系统统一控制和管理，更加集成化、系统化。

(2)对空调系统所有用电设备进行分项计量，对空调制冷量进行计量，依据计量结果进行能耗的分析和统计。

(3)建立一套完善的控制算法对系统各设备进行运行参数控制，包括冷水机组节能控制策略、冷水变流量控制、冷却水变流量控制、冷却塔变风量控制、末端变风量节能控制。从控制系统上解决供给侧与需求侧的实时跟踪随动，杜绝大流量、小温差。特别是冷水机组节能控制，控制系统能根据负荷变化情况直接操控主机机头数量及单机头加减载比例，实现深度节能控制。

(4)利用模糊控制算法和主动寻优控制策略，依据历史数据库和自学习功能，对各单体设备的控制指令进行优化，在调节的过程中保持制冷机房整体的COP最佳。

4.9.1 节能控制系统网络拓扑图

整个系统采用集中管理、分散控制的集散式控制方式，既解决了数据集中分析管理的要求，又实现了控制层的独立控制，进而降低了系统故障率，提高了系统的稳定与可靠性。其网络拓扑图如图4-15所示。

4.9.2 冷水机组节能控制策略

(1)冷水机组加减载控制的数学模型。以某站为例，冷源为两台380RT大小机头双螺杆机组，1台255RT大小机头双螺杆机组，在全运行周期内，通过调整机组台数、压缩机台数，以及调节机组容量，可以保证单台机组或单台压缩机的负荷率保持在60%以上。具体见表4-2。

第4章 高效制冷空调系统的节能控制技术

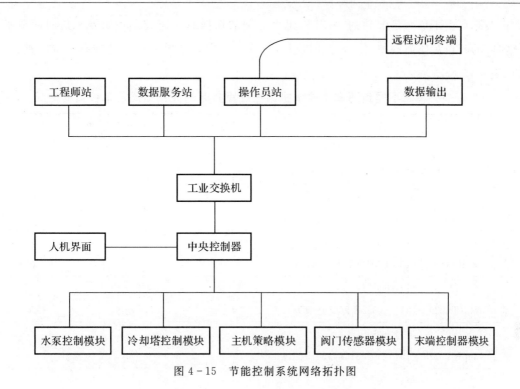

图 4-15 节能控制系统网络拓扑图

表 4-2 某站不同负荷率下冷水机组理想开机策略及其单机组负荷率

系统负荷率	开机情况						单机组/机头负荷率
	380RT 机组		380RT 机组		255RT 机组		
	229RT 机头	151RT 机头	229RT 机头	151RT 机头	154RT 机头	101RT 机头	
90%～100%	√	√	√	√	√	√	90%～100%
75%～90%	√	√	√	√	√	×	83%～100%
60%～75%	√	√	√	√	×	×	80%～100%
52%～62%	√	√	√	×	√	×	84%～100%
37%～52%	√	√	×	×	√	×	71%～100%
22%～37%	√	√	×	×	×	×	60%～100%
14%～24%	×	×	×	×	×	√	60%～100%
10%～14%	×	×	×	×	√	×	66%～100%
6.5%～10%	×	×	×	×	×	√	66%～100%

从表 4-2 可以看出,当系统负荷率为 52% 以上时,各机组单机组/单机头负荷率为 80% 以上;当系统负荷率在 37%～52% 时,各机组单机组/单机头负荷率为 70% 以上;当系统负荷率在 6.5%～37% 时,各机组单机组/单机头负荷率为 60% 以上。

但实际上由于负荷是波动的,各开机组合之间的切换有一定控制逻辑及响应时间要求。因此实际的开机策略需调整,使得各开机组合方式之间所负责的冷负荷范围有一定的重合区间,见表4-3。

表4-3 某站不同负荷率下冷水机组考虑重叠区的开机策略及单机负荷率

开机组合	系统负荷率/(%)	单机组/单机头负荷率/(%)
组合方式1: 380RT(229+151)+380RT(229+151)+255RT(154+101)	85～100	85～100
组合方式2: 380RT(229+151)+380RT(229+151)+255RT(154+0)	69.9～90	77.7～100
组合方式3: 380RT(229+151)+380RT(229+151)	57.5～74.9	76.8～100
组合方式4: 380RT(229+151)+255RT(154+101)	47.5～62.5	76～100
组合方式5: 380RT(229+151)+255RT(154+0)	42.5～52.5	80.8～100
组合方式6: 380RT(229+151)+255RT(0+101)	36～47.5	75.86～100
组合方式7: 380RT(229+151)	20.1～37.5	53.58～100
组合方式8: 255RT(154+101)	15～25.1	59.8～100
组合方式9: 255RT(154+0)	10～15.1	66.3～100

从表4-3可以看出,每个组合开机方式对应一定的总冷负荷率区间,相邻负荷率区间有5%的重叠区(除了组合方式5、6之间由于小机头负荷率需≥75%的要求,重叠区只有1.5%)。即在负荷波动时,有一定的响应时间根据其波动趋势加减载,防止加减载机过于频繁。当系统总冷负荷率为36%～100%时,单机组/单机头负荷率可达75%以上;在11.5%～36%区间,单机组/单机头负荷率也可达50%以上。

从组合方式2、组合方式5、组合方式6可以看到,255RT的小机组单机头独自运行,由于该机组为双机头串联逆流设计,当单机头独自运行时,机组比双机头同时运行时,在同样的负荷率工况下,COP下降8%左右。因此需要比较单机头在较高负荷率下运行与双机头同时在较低负荷率下运行时的COP。经过计算分析,优化后的开机策略见表4-4。该组合可使得系统在各负荷率下,机组效率最高。

表 4-4 某站不同负荷率下冷水机组优化后的开机策略及单机负荷率

开机组合方式	系统负荷率/(%)	单机组/单机头负荷率/(%)
组合方式 1： 380RT(229+151)+380RT(229+151)+255RT(154+101)	70～100	70～100
组合方式 2： 380RT(229+151)+380RT(229+151)	57.5～74.9	76.8～100
组合方式 3： 380RT(229+151)+255RT(154+101)	42.5～62.5	67.9～100
组合方式 4： 380RT(229+151)+255RT(0+101)	32.5～47.5	69.5～100
组合方式 5： 380RT(229+151)	20.1～37.5	53.6～100
组合方式 6： 255RT(154+101)	15～25.1	59.8～100
组合方式 7： 255RT(154+0)	10～15.1	66～100

根据室外新风温湿度来预判首次开机时采用的开机组合,在冷水机组完成开机动作并输出了相应的冷量后计算系统的负荷率和单机组/单机头负荷率,根据系统的负荷率和单机组/单机头负荷率选择合适的组合方式。

单机组/单机头负荷率百分比控制。由表 4-4 可知,单机组/单机头负荷率在一定范围内时,机组效率最高,根据此表可得出机组加减载动作的合适机会(见表 4-5)。用 $f(x)$ 表示单机组/单机头负荷率,用 $f(a)$ 表示系统负荷率百分比。

表 4-5 某站机组运行开机逻辑

开机组合方式	系统负荷率 $f(a)/(\%)$	单机组/单机头负荷率 $f(x)/(\%)$	采取的措施
组合方式 1： 380RT(229+151)+380RT(229+151)+ 255RT(154+101)	100～70	$f(x) \geqslant 70$	保持当前方式运行
		$f(x) < 70$	跳转到组合方式 2 运行
组合方式 2： 380RT(229+151)+380RT(229+151)	74.9～57.5	$f(x) \geqslant 99$	跳转到组合方式 1 运行
		$99 > f(x) \geqslant 76.8$	保持当前方式运行
		$f(x) < 76.8$	跳转到组合方式 3 运行
组合方式 3： 380RT(229+151)+255RT(154+101)	62.5～42.5	$f(x) \geqslant 99$	跳转到组合方式 2 运行
		$99 > f(x) \geqslant 67.9$	保持当前方式运行
		$f(x) < 67.9$	跳转到组合方式 4 运行

续 表

开机组合方式	系统负荷率 $f(a)$/(%)	单机组/单机头负荷率 $f(x)$/(%)	采取的措施
组合方式1： 380RT(229+151)+380RT(229+151)+255RT(154+101)	100～70	$f(x)\geqslant 70$	保持当前方式运行
		$f(x)<70$	跳转到组合方式2运行
组合方式4： 380RT(229+151)+255RT(0+101)	47.5～32.5	$f(x)\geqslant 99$	跳转到组合方式3运行
		$99>f(x)\geqslant 69.5$	保持当前方式运行
		$f(x)<69.5$	跳转到组合方式5运行
组合方式5： 380RT(229+151)	37.5～20.1	$f(x)\geqslant 99$	跳转到组合方式4运行
		$99>f(x)\geqslant 53.6$	保持当前方式运行
		$f(x)<53.6$	跳转到组合方式6运行
组合方式6： 255RT(154+101)	25.1～15	$f(x)\geqslant 99$	跳转到组合方式5运行
		$99>f(x)\geqslant 59.8$	保持当前方式运行
		$f(x)<59.8$	跳转到组合方式7运行
组合方式7： 255RT(154+0)	15.1～10	$f(x)\geqslant 99$	跳转到组合方式6运行
		$f(x)<99$	保持当前方式运行

(2)冷水机组加减载控制相关参数的计算。

1)系统负荷率 $f(a)$。一种方式是根据电功率核算，系统负荷率 $f(a)$=当前运行状态压缩机功率和/冷水机组额定总功率。另外一种计算方式是根据冷量核算，系统负荷率 $f(a)$=当前运行状态冷水机组冷量/冷水机组总的额定冷量。

2)单机组/单机头负荷率 $f(x)$。由于机组子母压缩机之间是4∶6的配比，所以单机组/单机头负荷率 $f(x)$ 也有两种计算方式。一种方式是根据电功率核算，单机组/单机头负荷率 $f(x)$=当前运行状态压缩机当前功率和/当前运行状态压缩机额定功率和。另一种计算方式是根据冷量核算，单机组/单机头负荷率 $f(x)$=当前运行状态冷水机组压缩机冷量和/当前运行状态冷水机组压缩机额定冷量和。不管采用哪一种方式计算，计算结果都可以代表当前状态下单机组/单机头负荷率 $f(x)$。

3)压缩机加载负荷率 $f(y)$。压缩机加载负荷率 $f(y)$ 主要用于控制压缩机的滑阀位置，在制冷机房节能控制系统计算后将此参数通过通讯方式传递给冷水机组控制器，由冷水机组控制器控制压缩机的滑阀到指定位置，从而间接实现制冷机房节能控制系统控制压缩机加载负荷率 $f(y)$ 的目的。压缩机加载负荷率 $f(y)$ 的计算需要使用以下参数：冷水机组冷水出水温度设定值 T_{sp}，冷水机组冷水出水温度实际值 T_{pv}。压缩机加载负荷率 $f(y)$ 根据这两个参数动态调节。

(3)冷水机组加减载控制策略(见图4-16)。开机时根据室外新风温湿度来预判首次开机时采用的开机组合，在冷水机组完成开机动作并输出了相应的冷量后，计算系统的负荷率和单机组/单机头负荷率，根据系统的负荷率和单机组/单机头负荷率选择合适的组合方式。

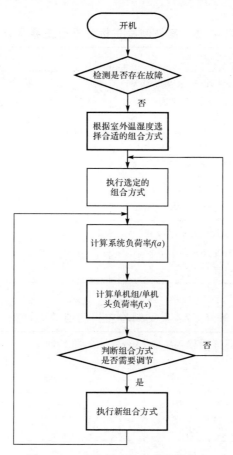

图 4-16 冷水机组加减载控制策略

(4)压缩机同步加减载控制策略。每台机组两个压缩机在从单台压缩机运行转入两台压缩机同步运行时,由制冷机房节能控制系统判断组合方式是否需要改变,此时的单机组/单机头负荷率 $f(x)$ 一定大于 50%,先开启另一台压缩机并将这一台压缩机的负荷率 $f(y)$ 增载到100%,然后,两台压缩机负荷率 $f(y)$ 都要按比例进行减载直至达到当前系统的负荷,之后,再同步加载到制冷机房节能控制系统计算出当前加载负荷率 $f(y)$。

(5)冷水机组冷水温度智能再设定控制策略。由于末端空调系统在不同的季节消耗的冷量差异较大,在同一天不同时段消耗的冷量也有不小的差异,通常情况客流高峰期,需求的冷量会比较大,夜间需求的冷量会降低,地铁停运的几个小时冷量需求会进一步降低,根据地铁空调系统的特点,制冷机房提供的冷水根据室外温湿度情况和地铁不同的工作时段提供不同温度的冷水,可以有效提高冷水机组的 COP。

制冷机房节能控制系统根据采集的室外温湿度计算出新风焓值、湿球温度和露点温度,根据以往地铁运营的经验数据和工作特点,建立一套数据库,在不同季节、不同时段从数据库中找出合适的冷水温度设定点,让冷水机组保持在这一高效点工作。

4.9.3 制冷机房主动寻优控制

(1)制冷机房设备分析。以某站原方案设计为例,某站制冷机房设备参数见表 4-6,制冷机房能效比计算见表4-7。

表4-6　某站制冷主机房设备主要参数

	主要性能参数	台　数	备　注
冷水机组	$Q=1225$ kW，$N=212.8$ kW/380 V；COP$=5.76$；冷水：$7/12℃$；冷却水：$32/37℃$	3	折合到国标名义工况COP为6.1，为一级能效。满足GB50189—2015能效要求(5.6)。
冷水泵	$L=200$ m$^3\cdot$h^{-1}，$H=35$ mH$_2$O；$N=30$ kW/380 V，效率80%	3	
冷却水泵	$L=350$ m$^3\cdot$h^{-1}，$H=28$ mH$_2$O；$N=30$ kW/380 V，效率82%	3	
冷却塔	$L=352$ m$^3\cdot$h^{-1}，$N=7.5$ kW/380 V；供回水温度：$32/37℃$；塔体扬程3.76 m	3	

表4-7　某站制冷主机房能效比计算

	单台制冷量 kW	单台输入功率 kW	台数 台	总制冷量 kW	总输入功率 kW	输入功率占比
冷水机组	1 225	212.8	3	3 675	638.4	76.06%
冷水泵	—	25.53	3	—	76.59	9.12%
冷却水泵	—	34.72	3	—	104.16	12.41%
冷却塔	—	6.75	3	—	20.25	2.41%
总计	—	—	—	3 675	839.4	
机房能效比			4.38			

由表4-7可知,制冷机房的耗电大户是冷水机组,其次是冷却泵、冷冻泵、冷却塔。根据这种设备组成,可以对主动寻优控制提供可靠的依据。

(2)制冷机房主动寻优控制策略。制冷机房中冷水机组、冷水泵、冷却水泵、冷却塔之间的关系是耦合非线性的。调整其中一台设备的工作状态,其他设备的工作状态变化无法通过简单的数学推导方式列出关系表达式,在这种情况下,利用模糊控制算法和主动寻优控制策略可以跳过中间复杂的关系,依据历史数据库和自学习功能,在调节的过程中保持制冷机房整体的COP最佳。

在制冷机房控制系统中有以下几个相互耦合的变量联系：

1)调节冷水机组冷水出水温度,一般来说提高冷水供水温度1℃或降低冷却水供水温度1℃,可提高主机COP 2%~3%左右。而冷水温度升高,空调表冷器换热效果下降,系统需要提供更大的冷水流量,冷水泵能耗可能会升高。

以某285RT冷水机组测试数据为例,冷水变流量对冷水机组的影响见表4-8。

表 4-8 冷水变流量对冷水机组的影响

运行工况	机组负荷	制冷量 kW	输入总功率/kW	1#压缩机输入功率 kW	1#压缩机负荷率	2#压缩机输入功率 kW	2#压缩机负荷率	COP
冷却水进水温度：30.5℃ 冷水进出水温度：17℃/10℃ 冷水流量90%,冷却水流量100%	90%	879	124.5	48.52	39%	76.0	61%	7.06
冷却水进水温度：30.5℃ 冷水进出水温度：17℃/10℃ 冷水流量75%,冷却水流量100%	60%	574	85.9	0	0%	85.9	100%	6.68
冷却水进水温度：30.5℃ 冷水进出水温度：17℃/10℃ 冷水流量40%,冷却水流量100%	40%	395	63.4	0	0%	63.4	100%	6.24

注：定冷却水进、出水温度、冷水温差。

对于机组冷水温度与冷水泵频率，可以采用主动寻优控制，以设备的输入功率占比为依据，动态调节二者，保证机房整体COP最高。

2)调节冷却水供回水温差，可以有效降低冷却泵频率，而冷却水供回水温差拉大，机组冷凝器换热效果会下降，机组COP可能会下降。

以某站285RT冷水机组为例，冷却水变流量对冷水机组的影响见表4-9。

表 4-9 冷却水变流量对冷水机组的影响

运行工况	机组负荷	制冷量 kW	输入总功率/kW	1#压缩机输入功率 kW	1#压缩机负荷率	2#压缩机输入功率 kW	2#压缩机负荷率	COP
冷却水进出水温度：35.5/30.5℃ 冷水出水温度：10℃ 冷水流量100%,冷却水流量100%	100%	968	138.0	48.38	35%	89.6	65%	7.01

续 表

运行工况	机组负荷	制冷量 kW	输入总功率/kW	1#压缩机输入功率/kW	1#压缩机负荷率	2#压缩机输入功率 kW	2#压缩机负荷率	COP
冷却水进出水温度：35.5/30.5℃ 冷水出水温度：10℃ 冷水流量100%，冷却水流量90%	90%	876	126.2	48.55	38%	77.6	62%	6.94
冷却水进出水温度：35.5/30.5℃ 冷水出水温度：10℃ 冷水流量100%，冷却水流量75%	75%	721	110.4	43.09	39%	67.3	61%	6.53
冷却水进出水温度：35.5/30.5℃ 冷水出水温度：10℃ 冷水流量100%，冷却水流量60%	60%	570	89.5	0	0%	89.5	100%	6.37
冷却水进出水温度：35.5/30.5℃ 冷水出水温度：10℃ 冷水流量100%，冷却水流量50%	50%	488	78.6	0	0%	78.6	100%	6.20

注：定冷却水进、出水温度、冷水温差。

对于冷却水供回水温差与机组，COP可以采用主动寻优控制，以设备的输入功率占比为依据，动态调节二者，保证机房整体COP最高。

3）调节冷却水供水温度，可以有效降低冷却塔风机的运行数量和运转频率，而冷却水供水温度上升，机组冷凝器换热效果会下降，机组COP可能会下降（见图4-17）。

对于冷却水供水温度与机组COP可以采用主动寻优控制，以设备的输入功率占比为依据，动态调节二者，保证机房整体COP最高。

4.9.4 空调末端节能控制

在满足系统风量和换气次数需求的前提下，先调节风机频率（风量）满足室内负荷需求，如频率达到风量下限仍不能满足要求，再调节两通阀流量。主要变频控制由小新风空调模式、全新风空调模式及通风模式的变频技能控制。

(1) 小新风空调模式的频率控制。小新风空调模式是在夏季、室外高温高湿情况下使用的运行工况,主要特点是减小室外新风进入,避免新风负荷过大。

小新风空调模式下,小新风机运行。小新风机不设变频器,不进行频率控制。

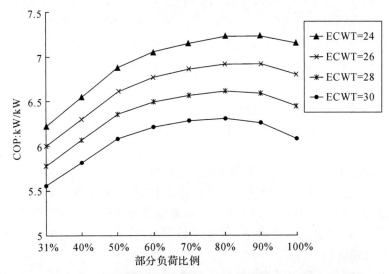

图 4-17　机组效率随负荷率的变化曲线(冷却水进水温度改变时)

节能控制系统按以下规则进行送回风机的频率控制(变频变风量)。

1)根据本端公共区站内温度与站内设定温度的差值进行组合式空调箱的风机频率调节。调节目标是本端公共区站内温度=设定温度。本端公共区站内温度>设定温度,风机频率提高;本端公共区站内温度<设定温度,风机频率降低。调节算法为 PID(比例 Proportional,积分 Integral,微分 Derivative)。

2)回排风机的频率 f_2 则根据组合式空调箱的风机频率计算得到。计算公式为

$$f_2 = \left[\left(\frac{Q_1}{50}\right)f_1 - Q_3\right] / \left(\frac{Q_2}{50}\right) \tag{4-11}$$

式中　f_2——回排风机频率;

f_1——组合式空调箱风机频率;

Q_1——组合式空调箱额定(工频)风量,单位:$m^3 \cdot h^{-1}$;

Q_2——回排风机额定(工频)风量,单位:$m^3 \cdot h^{-1}$;

Q_3——小新风机的额定(工频)风量,单位:$m^3 \cdot h^{-1}$。

具体风量以工点设计提供数据为准。

(2) 全新风空调模式的频率控制。全新风空调模式是在空调季,室外温度较低的情况下使用的运行工况,主要特点是充分利用室外低温新风,减小空调负荷。全新风工况送入的空气全部是新风,因此新风量可以保证,不必担心新风不够的问题。

节能控制系统按以下规则进行送回风机的频率控制(变频变风量):

1)根据末端公共区站内温度与站内设定温度的差值进行组合式空调箱的风机频率调节。调节目标是末端公共区站内温度=设定温度。末端公共区站内温度>设定温度,风机频率提

高;末端公共区站内温度<设定温度,风机频率降低。调节算法为 PID(此处控制方式与最小新风完全相同)。

2) 回排风机的频率 f_2 则根据组合式空调箱的风机频率计算得到。计算公式为

$$f_2 = (Q_1/Q_2)f_1 \tag{4-12}$$

各变量的定义同式(4-11)。

(3) 通风模式的频率控制。通风模式是在非空调季,室外温度较低的情况下使用的运行工况,主要特点是完全利用室外低温新风来冷却车站。通风模式送入的空气全部是新风,因此新风量可以保证。

节能控制系统按以下规则进行送回风机的频率控制(变频变风量):

1) 当室外温度≥12℃时:组合式空调箱和回排风机的控制方法与全新风空调模式完全相同,不再赘述。

2) 当室外温度低于12℃时:如果末端站内外温差低于13℃,则匀速降低频率,降频速度为 $1/60\ \mathrm{Hz \cdot s^{-1}}$,直到达到风机下限频率。如果温差高于13℃,则保持频率不变。

回排风机的频率 f_2 仍根据组合式空调箱的风机频率计算得到。计算公式为

$$f_2 = (Q_1/Q_2)f_1 \tag{4-13}$$

各变量的定义同式(4-11)。

(4) 上下限值保护和二氧化碳浓度保护。在频率实时控制时,均进行上下限值保护和二氧化碳浓度保护。

节能控制系统按以下规则进行上下限值保护和 CO_2 浓度保护。

1) 根据二氧化碳浓度的上限值,如果超限的持续时间超过 300 s,则停止正常的频率控制算法,此时逐渐提高风机运行频率,升频速度为 $1/60\ \mathrm{Hz \cdot s^{-1}}$,直到 CO_2 浓度低于限值。

2) CO_2 浓度回复到限值以下,持续时间超过 300 s,则系统恢复正常频率控制。

3) 如计算得到的风机频率高于上限值,则按上限值运行。如计算风机频率低于下限值,则按下限值运行。

(5) 参数自整定 PID 算法。通过自整定 PID 参数方法,快速平滑地进行温度和风量调节,减小冷热抵消和系统波动,降低能耗损失。

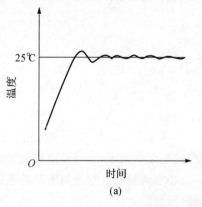 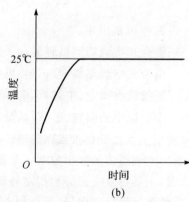

图 4-18 PID 控制示意图
(a) 自整定 PID 控制; (b) 经典 PID 控制

4.9.5 精细化调试与传感器认证

每台机组在每个工况下的特性都是变化的,所以要从整体考虑系统的节能效果,并不断修正系统运行参数,才能确保整个系统的运行策略可靠。现场需要对采集设备的运行数据进行分析,对所有设备进行精细化调试。

第 5 章 标准化安装设计及绿色施工建造

轨道交通地下车站的通风空调系统制冷机房的标准化是指将机房内的设备(包括冷水机组、冷却水泵、冷水泵以及集水器、分水器,以及管路阀件等配套设施)按照标准模块进行设计、加工,从而实现制冷机房空调水系统标准化设计,推荐固定建筑尺寸的制冷机房空调设备及管路布局,为实行制冷机房空调设备管线装配式施工奠定基础。本章将对此问题进行系统分析和阐述。

5.1 高效制冷空调系统设计的一般原则

轨道交通地下车站的通风空调系统是地铁站环控系统的主要组成部分,如图 5-1 所示,其设计应符合《地铁设计规范》(GB 50157—2013)、《公共建筑节能设计标准》(GB 50189—2015)及《冷水机组能效限定值及能效等级》(GB 19577—2015)等国家标准及规范。

5.1.1 车站内的设计参数

(1)当车站采用通风方式时,站内的空气计算温度不应高于室外空气计算温度 5℃,且不应超过 30℃。

(2)当车站采用自空调时,站厅的空气计算温度应比空调室外计算干球温度低 2~3℃,且不应超过 30℃;站台的空气计算温度比站厅的空气计算温度低 1~2℃,相对湿度应为 40%~65%。

(3)地下车站冬季站内最低空气温度不应低于 12℃。通风、空调与采暖系统的负荷应按预测的远期客流量和最大通过能力确定。通风、空调的设置和设备配置应充分考虑节能要求,并应充分利用自然冷源和热源。隧道和地下车站的进风应直接采自大气,排风应直接排出地面。

(4)当采用通风方式、系统为开式运行时,每个乘客每小时需供应的新鲜空气量不应少于 30 m^3;当系统为闭式运行时,每个乘客每小时需供应的新鲜空气量不应少于 12.6 m^3,且所供的新鲜空气量不少于总风量的 10%。

(5)当采用空调时,每个乘客需供应的新鲜空气量不应少于 12.6 $m^3 \cdot h^{-1}$,且所供应的新鲜空气量不应少于总送风量的 10%。

5.1.2 与消防有关的设计参数

(1)地下车站站厅、站台公共区和设备及管理用房应划分防烟分区,且防烟分区不能跨越防火分区。站厅、站台公共区每个防烟分区的建筑面积不应超过 2 000 m^2,设备及管理用房每个防烟分区的建筑面积不应超过 750 m^2。

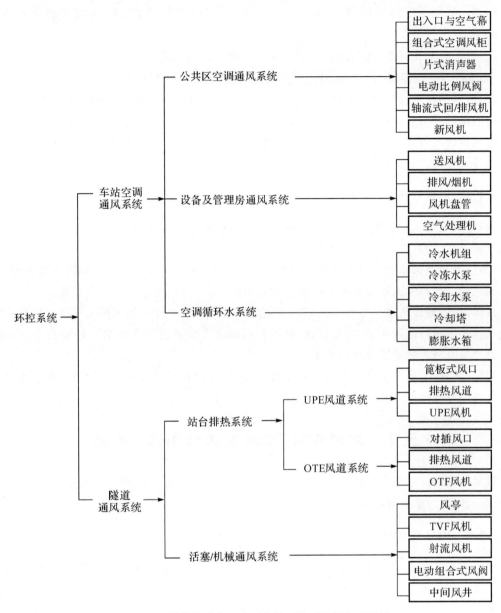

图 5-1 城市轨道交通地下车站环控系统设备配置图

(2)地下车站公共区火灾时的排烟量应根据一个防烟分区的建筑面积按 1 $m^3 \cdot (m^2 \cdot min)^{-1}$ 计算;当排烟设备负担两个或两个以上防烟分区时,其设备能力应按同时排除其中两个最大的防烟分区的烟量配置;当车站发生火灾时,应保证站厅到站台的楼梯和扶梯口处具有能够有效阻止烟气向站厅蔓延的向下气流,且气流速度不应小于 1.5 $m \cdot s^{-1}$。

(3)当地下车站设备及管理用房、内走道、地下长通道和出入口通道需设置机械排烟时,其排烟量应根据一个防烟分区的建筑面积按照 1 $m^3 \cdot (m^2 \cdot min)^{-1}$ 计算,排烟区域的补风量不应小于排烟量的 50%。当排烟设备负担两个或两个以上防烟分区时,其设备能力应根据最大防烟分区的建筑面积按照 2 $m^3 \cdot (m^2 \cdot min)^{-1}$ 计算的排烟量配置。

(4)隧道火灾排烟时的气流速度应高于计算的临界风速,最低气流速度不应小于 2 m·s^{-1},且不应高于 11 m·s^{-1}。

(5)列车阻塞在隧道时的送风量,应保证隧道断面的气流速度不小于 2 m·s^{-1},且不应高于 11 m·s^{-1},并应控制列车顶部最不利点的隧道空气温度不超过 45℃。

(6)隧道的排烟设备应保证在 250℃时能连续有效工作 1 h;地下车站公共区和设备及管理用房的排烟设备应保证在 250℃时能连续有效工作 1 h;地面和高架车站公共区和设备及管理用房的排烟设备应保证在 280℃时能连续有效工作 0.5 h。烟气流经的辅助设备应与风机耐高温等级相同。

5.1.3 空调系统的运行管理

(1)空调及通风系统的运行,应确保隧道和车站内的环境温度、湿度和新鲜风量,并应控制二氧化碳、粉尘等有害物质的浓度不得超标。

(2)空调及通风系统运行管理部门应制定正常运营、列车阻塞、火灾和紧急情况下的各类通风模式,并应与环境、设备监控系统统一协调,用时应及时启动相应的监控模式。

总体而言,城市轨道交通地下车站的高效制冷空调系统设计应依照相关规范和标准,结合当地气候参数进行规范化、标准化设计,并满足城市轨道交通地下车站对于环境温度、湿度以及新鲜空气及有害物浓度等环境要求。

对城市轨道交通地下车站通风空调系统而言,其标准化设计主要是大系统、小系统、水系统以及通风系统的设计,同时还包含机房的标准化设计。

5.2 高效制冷空调系统的 BIM 优化

通风空调系统制冷机房的标准化设计离不开建筑信息模型(Building Information Modeling,BIM),建筑信息模型这个重要工具。

5.2.1 BIM 及其特点

BIM 是以三维数字技术为基础,集成了建筑工程项目各种相关信息的工程数据模型,可以为设计和施工提供相互协调的、内部高度一致的,并可以进行运算的数据信息。BIM 是一种技术、一种方法、一种过程,BIM 把建筑行业业务流程和表达建筑物本身的信息更好地集成起来,从而提高整个建筑设计行业的效率。

(1)BIM 的发展历程。BIM 技术大体经历了萌芽、产生和发展等三个阶段。1975 年美国估治亚理工大学的 Chunk Eastman 教授于首次提出"a computer - based description of a building"的概念。经过 20 年的发展,G. A. Van Nederveen 和 F. P. Tolman 两位教授进一步总结出"BIM"一词,提出了建筑与信息技术相结合的思想。2002 年,Autodesk 公司正式发布《BIM 白皮书》后,"BIM 教父"——Jerry Laiserin 教授对 BIM 的内涵和外延进行了界定,并推广应用。2004 年,随着 Autodesk 公司在中国发布 Autodesk Rcvit 5.1(Autodesk Revit Architecture 的前身),BIM 的概念进入中国,并迅速引起工程建设领域的高度重视。

(2)BIM 技术的特点。BIM 技术的特点包括可视化、协调性、模拟性、优化性及可出图性。

1)可视化是指 BIM 单位模型的立体实物图形是可视的,工程项目的设计、建造、运行等过程都是可视的,这种可视化是指各单位、各部门可以更好地进行沟通、讨论与决策。

2)协调性是指 BIM 可以有效地进行各专业间的分工、协调和综合,减少各专业项目信息的冲突,减少不合理方案的出现。

3)模拟性是指 BIM 可以进行 3D 画面的模拟、能效模拟、日照模拟、传热模拟、4D 模拟(时间维)、5D 模拟(造价控制)、逃生及疏散等日常、紧急情况处理方式的模拟。

4)优化性是指 BIM 可利用模型提供的集合、物理、规则、建筑物变化以后的各种信息对项目进行尽可能的优化处理,以及给复杂程度较高的建筑进行优化。

5)可出图性是指 BIM 可以输出工程建设施工所需要的施工图纸,并指导施工图的实施和运行管理等。

(3)BIM 技术的优势。与传统 CAD 设计相比,BIM 技术具有如下显著优势:

1)改变传统设计画图思维模式。传统的设计画图是在 CAD 二维空间绘图,主要通过线的平面界定管线、设备、阀门附件的轮廓、尺寸大小和位置,并辅助文字描述,完整地表现设计师的设计意图。

BIM 定义为建筑信息模型。在设计过程中凸显了"信息"这一重要因素,BIM 平台下暖通空调设计中的主要元素是包含了大量管线、设备、阀门附件等暖通构件信息的族。族是一个包含通用属性(称为参数)集和相关图形表示的图元组。BIM 平台下暖通空调系统绘图设计是使用各设备、构件等的族来"安装"到相应部位的过程。

2)智能化设计,三维可视模式工作。借助 Revit、MagiCAD 等软件,对采暖、通风、空调系统进行真实管线建模,可以实现智能、直观的设计流程。不仅可以随时处理本专业各管线、设备间的相对关系,还可以从整座建筑物的角度来处理信息,将相关专业的模型关联起来,优化暖通空调设备及管道系统的设计,更好地进行建筑性能分析,充分发挥 BIM 的竞争优势。设计过程中所有组件都是通过族来实现的,可以获得同步的建筑信息模型的设计反馈,轻松掌握设计内容的进度和工程量统计、造价分析。

3)提高各专业的设计一致性,准确反映设计思路。BIM 技术设计过程各专业的协作是通过建筑信息模型共享链接进行的,通过实时的可视化功能,能够最大限度地减少设备专业之间、设备专业与土建专业之间的协作。任何一个专业模型发生变更,相关专业的设计文档需同步更新相关内容。使用 BIM 技术避免了常规二维设计过程中因上游专业的变更不能及时反馈到下游专业,而产生各专业间图纸不能相对应的问题。BIM 技术成果是通过三维建筑信息模型来表现的,各专业的设计成果可视化的表现,能改善设计师与业主的沟通并帮助及时做出决策。

4)提升图纸质量,缩短施工周期。随着工程项目变得越来越复杂,确保机电、设备专业与土建专业在设计和设计变更过程中的清晰、顺畅的沟通至关重要。同时设计师可以通过所创建的逼真建筑信息模型与业主及时沟通,尽早发现错误,避免让错误进入现场,造成代价高昂的现场设计返工,同时还可大幅度缩短建筑设备及管道系统的施工周期。在 BIM 平台下,暖通空调系统设计通过 3D 可视化环境分区,分部位确定各种管路管线的标高和走向,成功解决碰撞问题,最后可直接利用 BIM 导出施工图,提高了图纸质量。BIM 模型与实际施工安装效果对比如图 5-2 所示,图 5-2(a)为 BIM 模型效果,图 5-2(b)为实际安装效果。

图 5-2 BIM 模型与实际施工安装效果对比
(a)模型效果； (b)实际安装效果

BIM 的出现,给设计方法以及工程优化带来了变革:从二维设计转向三维或多维设计;从线条绘图转向构件布置;从单纯的几何表现转向全信息模型集成;从各工种单独完成项目转向各工种协同完成项目;从离散的分步设计转向基于同一模型的全过程整体设计;从单一设计交付转向全生命周期支持。

BIM 是对工程项目设施实体与功能特性的数字化表达。一个完善的信息模型,是对工程对象的完整描述,能够连接建筑项目生命周期的不同阶段的数据、过程和资源,可被建设项目各参与方普遍使用。BIM 具有单一工程数据源,可解决分布式、异构工程数据支架的一致性和全局共享问题,支持建设项目生命期中动态的工程信息创建、管理和共享。建筑信息模型同时优势一种应用于设计、建造、管理的数字化方法,这种方法支持建筑工程的集成管理环境,可以使建筑工程在整个进程中显著提高效率和大幅降低风险。

实际应用层面,从不同的角度,对 BIM 又有着不同的解读,具体如下。

(1)应用到一个项目中,BIM 代表着信息管理,信息被所有项目参与方提供和共享,确保争取的人在正确的时间得到正确的信息。对于建筑工业企业,BIM 可以模拟实际施工,便于在早期发现后期施工阶段可能出现的各种问题,以便提前处理,指导后期实际施工,节省施工时间;也可作为可行性指导,优化施工组织设计和方案,合理配置项目生产要素,从而最大限度的实现资源的合理利用,对建造阶段的全过程管理发挥巨大价值。

(2)对于项目参与方,BIM 代表着一种项目交付的协同过程,定义各个团队如何工作、多少团队需要一起工作,如何共同去设计、建造和营运项目。

(3)对于设计方,BIM 代表着集成设计、鼓励创新,优化技术方案,提供更多的反馈,提高团队工作水平。

(4)工具层面,若 CAD 如同 Word 软件,BIM 则如同 Excel 软件。

(5)方法层面,CAD 是"我根据我想的给你做衣服",BIM 是"我根据你的身体做衣服"。

5.2.2 制冷空调系统的 BIM 优化

(1)BIM 优化的必要性。近年来,随着经济、建筑材料的迅速发展,大规模的高级写字楼、图书馆、商业楼、综合体、地下铁道工程等建筑工程如雨后春笋般涌现。这些工程往往设计、装修标准高,均设置中央空调系统、防排烟系统、自动喷淋系统、消火栓系统、给排水系统、中水热水系统等。这些系统的设计包含了大量的暖通空调设备和相关管线。而暖通空调设备和管线在机电系统中所占的空间尺寸往往比其他专业都大。这一现象在大型地下商场、车库、地铁地下车站中表现更为明显。这些大规模的建筑都建在城市繁华地段,这些区域寸土寸金,暖通空调设备、管线的布置不合理将会导致系统复杂的建筑规模增加。

某地铁站环控机房管线图如图5-3所示。若要用二维图形将这些复杂的管线表现清楚,则需要大量的剖面图与轴测图,这样不但加重了暖通设计师的工作量,后期施工也需要专业的技术人员才能读懂图纸并进行指导施工。管线较多的局部空间、制冷机房、换热站机房、地铁车站中的环控机房暖通空调本专业的管线就很多,这些地方所布置的设备往往要纳入建筑的自动控制系统,这样这些部位的管线、设备就愈显密集。要把这些设备管线很直观、清楚地呈现给相关专业人员或施工人员,二维图形就表现得力不从心了。因此,结合现阶段暖通空调工程的特点,在暖通空调工程设计中采用BIM技术是非常有必要的。

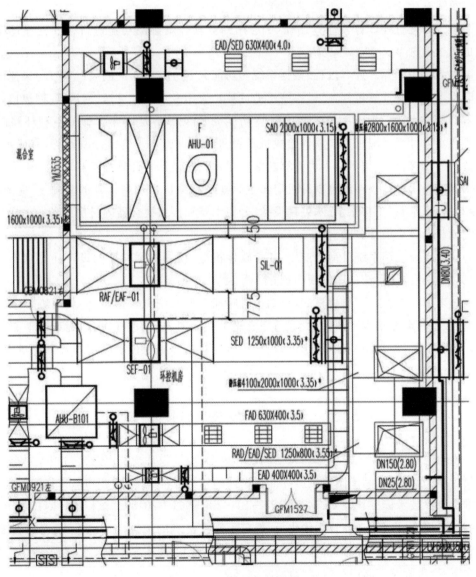

图5-3 环控机房管线图

(2)BIM优化设计的基本步骤。

1)建立建筑模型。应用 BIM 软件中的建筑模块,根据已有的 CAD 图纸,建立相关模型。

2)通风空调方案的确定。计算过程:①系统形式;②空气处理:利用湿空气的焓湿图确定空调机的送、回风及新风状态,并计算各空间需要的送风量和冷量,完成空气处理机组、风机盘管和新风机组的选择;③气流组织计算,完成布置送回风口位置,计算风口大小,并校核气流分布是否满足要求等;④风、水系统的水力计算:选择最不利环路,画出草图,设计管径,计算最不利环路压力损失并选择相应的设备;⑤制冷机房设计计算:根据系统设计方案和负荷计算,完成系统冷热源设计和相关设备选型。

3)负荷计算。计算过程:①将模型添加房间和空间等体量信息后,导出生成 GBXML 格式文件;②应用相关软件的负荷计算功能进行负荷;③汇总系统的冷负荷、湿负荷以及新风量和新风负荷。

4)空气处理过程计算。计算过程:①应用专业软件焓湿图功能进行空气处理过程计算;②完成机组的选型。

5)气流组织计算。计算过程:根据系统和功能区划分完成相应的风口布置与风速设计。

6)水力计算。计算过程:①风系统水力计算。应用专业软件绘送、回风管、回风口,完成风管路和风口的连接,再应用风管水力计算功能完成风管路设计并计算最不利环路的阻力。②水系统水力计算。应用专业软件绘风机盘管和冷水供回水干管及冷凝水管,完成水管路和风机盘管的连接,再应用水管水力计算功能完成水管路设计并计算最不利环路的阻力。

7)制冷机房设计。在满足制冷机房布置原则和制冷机房选型计算的基础上,完成冷水机组、冷却塔、冷水泵、冷却水泵、水处理设备、分集水器和板式换热器等机房设备的选择与布置,进而完成制冷机房设计。

8)建立暖通空调系统模型。应用 BIM 软件机电模块,根据前期的设计计算结果、绘制的草图,完成暖通空调系统的三维模型创建。

9)施工图绘制。在三维建模后,自动生成暖通空调系统施工图纸,完成图纸目录、设计施工说明、设备材料明细表和图例的编制;完成建筑平面图、建筑透视图、空调系统平面图、风水系统图、制冷机房流程图、制冷机房设备平面布置图、制冷机房设备基础图及制冷机房透视图的生成与整理。

5.3 制冷机房构配件标准化

广州地铁集团有限公司根据通风空调设计规范、地铁设计规范以及公司相关要求,结合多年的设计施工经验,编制了制冷机房标准化设计的技术标准——《广州市城市轨道交通制冷机房标准化设计技术标准》(Q/GZMTR-JS-SJ-TF-001—2018)。该标准针对广州市轨道交通制冷机房规模、设备布置、管线优化等,规定了制冷机房的建筑尺寸、空调设备布置、装修标准等要求,其中的主要空调设备包括冷水机组、冷却水泵、冷水泵、分水器、集水器以及机房内冷却水管、冷水管及其阀门和附属管件。

5.3.1 标准化制冷机房布置原则

1. 标准化设备选取

(1)采用的成熟的原材料、预制品、设备等,应符合国家现行的有关技术标准规定,产品应有合格证和出厂说明书,设备应有铭牌。

(2)冷水机组应选取电动压缩式水冷机组,冷水泵、冷却水泵宜选取卧式离心水泵,车站冷水机组台数为2台时,冷水泵、冷却水泵应各设置一台备用水泵。

2. 标准化设备布置原则

(1)设备布置应符合简洁整齐、经济合理、便于安装维护等原则。

(2)冷水机组与墙之间的净距离不应小于1.0 m,与配电柜的距离不应小于1.5 m。

(3)冷水机组之间及与其他设备之间的净距,不应小于1.2 m。

(4)冷水机组与其上方管道、风管、电缆桥架等的净距,不应小于1.0 m。

(5)机房内应留出蒸发器、冷凝器的清洗、维修距离,不应小于3.0 m。

(6)水泵宜采用卧式安装,水泵之间间距不小于0.8 m,水泵与墙体之间间距不应小于0.8 m。

3. 制冷机房管线设计原则

(1)管径计算选取方法。采用定流速计算方法。利用管路计算冷负荷、设计供回水温差、管径流速计算出管径大小,再按标准尺寸校核选取相应管径,计算公式如下:

$$D=\sqrt{\frac{4Q}{c_p \Delta t \pi v}} \tag{5-1}$$

式中 D——管路直径,单位:m;

Q——管路计算冷负荷,单位:kW;

c_p——水比定压热容,$c_p = 4.187 \text{ J} \cdot (\text{kg} \cdot \text{K})^{-1}$;

Δt——管路供回水温差,单位:℃;

v——管路流速,单位:$\text{m} \cdot \text{s}^{-1}$。

(2)标准化制冷机房的主管管径。标准化制冷机房主管管径与车站冷量对照表见表5-1。

(3)管线走向要求。水管设计要求,以优化管路布局、降低机房内水阻为前提,尽可能地减少不合理的、复杂的管路设计;管路布置尽量顺、平、直,尽量减少直角弯头、变径等管件设置,当必须设置弯头时,尽量设置顺水弯头或顺水三通,以达到最优的管线布局降低设备的长期能耗,从而实现管线与设备的模块化、标准化设计。

表5-1 标准化制冷机房主管管径与车站冷量对照表   单位:mm

车站总冷量/kW	推荐水管选型管径			
	冷却侧		冷冻侧	
	冷却水总管尺寸及流速/(m·s⁻¹)	接水泵/冷机尺寸及流速/(m·s⁻¹)	冷水总管尺寸及流速/(m·s⁻¹)	接水泵/冷机尺寸及流速/(m·s⁻¹)
2 500~3 000	DN350 (1.9)	DN250 (1.26)	DN300 (2.0)	DN200 (1.5)

续表

车站总冷量/kW	推荐水管选型管径			
	冷却侧		冷冻侧	
	冷却水总管尺寸及流速/(m·s^{-1})	接水泵/冷机尺寸及流速/(m·s^{-1})	冷水总管尺寸及流速/(m·s^{-1})	接水泵/冷机尺寸及流速/(m·s^{-1})
2 000~2 500	DN300~DN350 (1.75~2.1)	DN200~DN250 (1.56~1.63)	DN250~DN300 (1.64~1.69)	DN200~DN250 (1.30~1.35)
1 500~2 000	DN250~DN300 (1.60~1.75)	DN200~DN250 (1.47~1.50)	DN250~DN300 (1.45~1.50)	DN200~DN250 (1.48~1.50)
1 500 及以下	DN250 (1.40)	DN200 (1.47)	DN250 (1.60)	DN250 (1.14)

4. 对阀件的要求

(1)水泵入口处,应安装过滤器。

(2)空调水系统应设置压力表和温度计等附件。

(3)多台冷水机组和冷却水泵之间通过共用集管连接时,每台冷水机组出水管道上应设置与对应的冷水机组和水泵连锁开关的电动蝶阀。

(4)水冷管壳式冷凝器的冷水机组,宜设置自动在线清洗装置。

(5)蝶阀应采用涡轮软密封蝶阀,密封材质为丁腈橡胶,阀体材质为球墨铸铁或304不锈钢,阀板采用304不锈钢或黄铜,密封试验压力大于1.1 MPa,此外,水泵进水口、冷水机组进出水和集分水器上的主支路干管的蝶阀采用双偏心密封蝶阀。

(6)常用空调水系统的辅助部件的设置可参考表5-2设置。

表5-2 常用空调水系统的附件表

阀件部位	软接	过滤器	止回阀	蝶阀	电动蝶阀	电动二通阀	温度计	压力表	流量计
冷水机组进水管	√			√			√	√	√
进水机组出水管	√			√			√	√	
水泵出水管	√		√	√				√	
水泵进水管	√	√		√					
分、集水器的进、出水干管				√			√	√	冷冻送水主管段√
空气处理设备进水管	√	√		√			√	√	组合空调器进水管√
空气处理设备出水管	√			√		√	√	√	

5.3.2 制冷机房的设置要求

(1)车站制冷机房的位置选取应设置在靠近空调负荷中心的位置,应避免设置在变电所的正上方。

(2)机房内装修标准:地面为防滑陶瓷砖,天面刷乳胶漆,墙面刷乳胶漆,设备基础采用混凝土基础,其中多台水泵应采用一体式混凝土基础。

(3)制冷机房通风换气要求为 6 次·h^{-1},机房噪声不大于 90dB(A),机房照度为 100 Lx。

(4)冷水机组、水泵基础周围应设置排水沟,以重力流排水方式接入车站排水系统,排水沟深度不宜小于 100 mm,宽度不宜小于 100 mm。

(5)制冷机房需预留冷水机组设备吊装孔,有冷水机组端的吊装孔尺寸应不小于 4 000 mm×3 500 mm,吊装孔上方应预留承重不小于 10 t 的吊钩,吊装孔可采用钢板进行封堵,冷水机组运输路径宜平直,不宜过多转弯,运输路径中走道宽度不应小于 2 500 mm,可拆墙体不应小于 2 500 mm×3 000 mm。

(6)冷水机组进出水管上、水泵回水管上、分集水器应设置泄水管与阀门,泄水管需就近引入排水沟。

(7)制冷机房水管系统最高点应设置自动排气阀,管道设置时应避免形成"倒 U"型走向,当无法避免时应在顶部顺水流前端设置自动排气阀。

(8)膨胀水箱应高于系统最高点 1~1.5 m 以上,膨胀水管接入冷水泵吸入侧,一般接入集水管上,膨胀水管不应该设置阀门,且不应有局部高点。

(9)标准化制冷机房宜独立设置,且制冷机房形状应规则,避免设置异形机房,制冷机房面积见表 5-3。

表 5-3 标准化制冷机房参考建筑面积表

标准化制冷机房方案		制冷机房面积/m^2	机房尺寸(长度)/m	机房尺寸(宽度)/m	机房水系统高度(设备/水管净空)/m
两台冷水机组布置	方案一(长方形)	不小于 125	不小于 16.7	不小于 7.5	宜不小于 3.5
	方案二(正方形)	不小于 132	不小于 11.5	不小于 11.5	
三台冷水机组布置	方案一(长方形)	不小于 182	不小于 17.1	不小于 10.6	宜不小于 3.5
	方案二(正方形)	不小于 180	不小于 11.5	不小于 15.6	
四台冷水机组布置	方案一(长方形)	不小于 250	不小于 17.1	不小于 14.4	宜大于 3.5
	方案二(正方形)	不小于 230	不小于 11.5	不小于 20.0	

5.3.3 水阻力要求

(1)冷水机组冷凝器及蒸发器水压降应不大于 5 mH_2O,冷却塔喷嘴喷雾压力应不大于 5 mH_2O;两台冷水机组布置形式的制冷机房内总冷水压降宜不大于 10 mH_2O,冷却水水侧总水压降宜不大于 22 mH_2O。

(2)各种阀件选型,应选用低阻力、流量系数大的阀门,减少局部阻力。

5.3.4 节能设计

(1)车站水系统冷却水泵、冷水泵宜变频,并与冷水机组建立连锁保护关系。

(2)冷水机组应采用名义工况不低于一级能效、设计工况不低于二级能效产品。

(3)冷水机组制冷名义制冷工况和规定条件下的性能系数(COP)、综合部分负荷综合系数(ILPV)、水系统循环水泵耗电输冷比 EC(H)R-a 应满足《公共建筑节能设计规范》。

(4)水管保温层按现行国家标准《设备及管道绝热设计导则》计算确定,并能满足节能标准要求,冷水管管径 DN25 mm 以下水管保温采用密度为 80 $kg·m^{-3}$ 的玻璃棉管壳,水管管径 DN25 mm 以上(含 DN25 mm)水管保温宜采用泡沫玻璃。冷水管上 Y 型过滤器、法兰、阀门采用可拆卸式玻璃棉保温结构,外包 0.3 mm 的铝合金板,其余水管附件采用离心玻璃棉保温,外包铝箔。

5.4 现场机械化装配

5.4.1 传统的地铁站通风空调系统安装

1.地铁站通风空调系统安装范围

轨道交通地下车站通风空调系统的安装主要包括车站站厅和站台公共区通风空调兼排烟系统(简称"大系统")、车站设备管理用房通风空调兼排烟系统(简称"小系统"),车站空调冷冻、冷却水系统(简称"水系统")及车站两端区间隧道活塞通风系统和机械通风系统兼排烟系统(简称"TVF 系统")、车站站台门外轨道排热系统兼排烟系统(简称"TEF 系统")等,施工工艺图如图 5-4 所示。

一般通风与空调安装工程从预留预埋施工开始与建筑、装饰工程同步,有一定的计划总工期。通风与空调安装工程的主要特点是工期紧、工程量大、分布面宽、施工操作面高、材料及设备种类多、吊装设备安装就位难度大、资金投入大、劳动力投入量大,与其他专业的交叉作业施工配合时间长。必须具备较高素质的组织协调、施工管理、技术能力及充足的施工机械和施工物资储备能力,才能确保顺利地完成通风与空调工程的施工。

各工程的施工范围如下。

(1)大系统工程。风管与配件制作安装,部件制作安装,风管系统安装,空气处理设备安装,调节阀、防烟防火阀、排烟防火阀安装,消声设备安装,风管与设备防腐,风机安装,风管与设备绝热,系统调试。

(2)小系统工程。风管与配件制作安装,部件制作安装,风管系统安装,空气处理设备安装,调节阀、防烟防火阀、排烟防火阀安装,消声设备安装,风管与设备防腐,风机安装,风管与设备绝热,系统调试。

(3)水系统工程。设备机组安装,管道冷水、冷却水系统安装,阀门及部件安装,冷却塔安装,水附属设备安装,管道与设备的防腐与绝热,系统调试。

(4)TVF 系统工程。隧道风机、电动组合式风阀、调节阀、防烟防火阀、排烟防火阀安装,风管与配件安装,部件安装,消声设备安装,风管与设备防腐,系统调试。

(5)TEF 系统工程。排热风机、电动组合式风阀、调节阀、防烟防火阀、排烟防火阀安装,风管与配件安装,部件安装,消声设备安装,风管与设备防腐,系统调试。

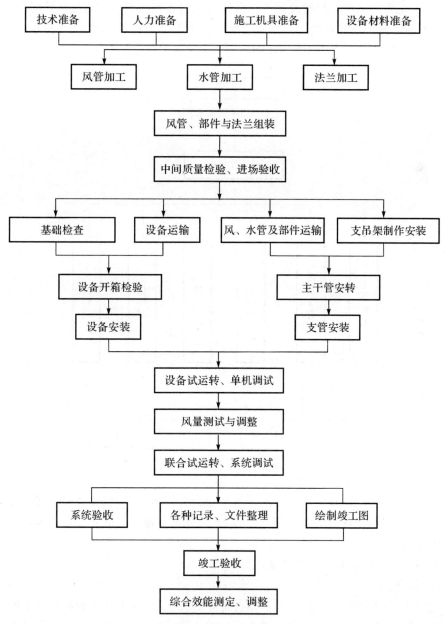

图 5-4 轨道交通地下车站通风空调系统施工工艺框图

2.地铁站通风空调系统安装组织

在其组织管理上一般成立以项目经理领导的安装技术部、通风与空调专业安装队。安装技术部以暖通专业工程师为主,负责工程通风与空调施工的全面技术工作;安装队以队长为主,负责工程通风与空调施工的现场安装工作。

在项目经理的领导下,成立以安装技术部为首、暖通专业主管工程师为主要负责的技术管理体系,以安装技术部为首、安装队长为主要负责的施工管理体系,以安全员为主要负责的安全管理体系,以质检员为主要负责的质检管理体系,以材料员为主要负责的材料、设备管理体系,以资料员为主要负责的资料管理体系。各体系之间相互监督、相互促进,及时预测、及时发现、密切配合,将各种问题解决在工序施工之前。其施工管理体系如图5-5所示。

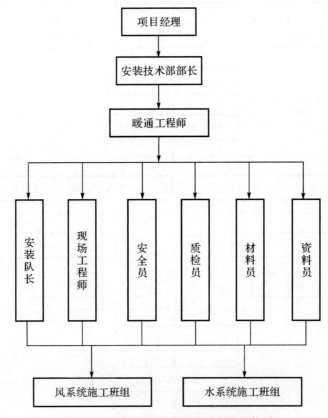

图5-5 通风空调系统安装施工管理体系

通风空调系统的安装,在装饰施工阶段紧密配合装饰施工,组织有经验的施工骨干按照图纸进行定位放线、预留预埋、加工制作与安装。做到有装饰施工的地方就有通风空调专业施工人员进行配合施工。

3.地铁站通风空调系统安装施工组织计划

(1)总体原则。

1)在项目经理的指挥下,协调好与其他各专业的关系,确保工程质量和合同工期。

2)紧跟装饰进度,进行流水作业。装饰每完成一部分空调与通风紧随其后完成。确保工程质量及进度。

3)现场设置材料仓库及加工场地,所有工程材料一律分批进到现场,风管及其部件制作、各种支吊架制作一律在加工场地进行加工,以确保工程施工顺利进行。

4)在工程总工期的控制下,通风与空调安装工程要与其他专业工程总体协调配合,将存在的问题解决在施工之前。

(2)施工顺序。

1)按设计施工图纸检查好风管、水管穿墙套管、洞口及相关本专业预埋件的预留、预埋情况。

2)配合好装饰进行各系统的施工,主要包含如下内容。

a.大系统。测量放线→支吊架制作安装→风管与配件制作→部件制作→风管系统安装→调节阀、防烟防火阀、排烟防火阀安装→消声设备安装→空气处理设备安装→风管与设备防腐→风机安装→风管与设备绝热→系统调试。

b.小系统。测量放线→支吊架制作安装→风管与配件制作→部件制作→风管系统安装→调节阀、防烟防火阀、排烟防火阀安装→消声设备安装→空气处理设备安装→风管与设备防腐→风机安装→风管与设备绝热→系统调试。

c.水系统。测量放线→支吊架制作安装→冷水、冷却水、冷凝水管道系统安装→阀门及部件安装→冷却塔安装→水附属设备安装→管道试压→管道水冲洗→管道与设备的防腐与绝热→系统调试。

d.TVF系统。测量放线→支吊架制作安装→风管与配件制作→部件制作→消声设备安装→风管与设备防腐→隧道风机安装→电动组合式风阀安装→系统调试。

e.TEF系统。测量放线→支吊架制作安装→风管与配件制作→部件制作→消声设备安装→风管与设备防腐→隧道风机安装→电动组合式风阀安装→系统调试。

3)进行各类测试、调试、单机试运转,系统调试,系统试运行,组织报请甲方、监理及有关部门进行工程验收与移交。

4.施工准备

施工准备包括组织准备、技术准备、劳动力准备及器具材料准备等。

(1)在组织准备方面。

1)建立以安装技术部为主的施工管理系统,以技术主管工程师为主的技术管理系统,建立完整的分部分项工程组织管理机构。

2)合理安排施工力量,保证人员的充沛,满足工程的需要。

3)积极协调我方与其他施工单位的工作关系,以及与其他专业交叉施工的配合关系,以便更好地开展工作。

(2)在技术准备方面。

1)认真审查施工图纸,明确设计要求,查阅规范、标准及操作工艺手册,其他专业的图纸有关部分也应熟悉,将问题、建议汇总,争取尽早进行图纸会审,将存在的问题解决在施工之前。

2)进行详细可行的施工方案的编制和分部分项工程施工的书面技术交底。

3)根据工程总体施工方案再进一步细化,使其更完善、更详细。

4)技术交底程序,主要指专业工程师与技术工长和班长之间交底,针对技术工长与班长和工人的不同层次,技术交底应分级进行,分级管理。

5)技术交底的主要内容包括施工中采用的技术、工艺、设备、新材料的性能和操作使用方法,隐蔽部件注意事项等;技术交底应做好记录。

6)施工前的技术交底,主要指技术工长与班长和工人之间的技术交底,技术交底的目的有两方面:一是为了明确所承担施工任务的特点、技术质量要求、施工工艺、施工要点和注意事项等,做到心中有数,以利于有计划、有组织地多快好省地完成任务,技术工长与班长可以进一步帮助工人理解、消化图纸。二是对工程技术的具体要求、安全措施、施工程序、配制的机具作详细说明,使责任明确,各负其责。

7)在施工前重视和做好技术交底工作,以避免施工失误,并有利于加快工程进度和确保工程质量。

8)安全技术交底严格执行入场三级安全教育,按程序对各工种的工人进行书面的安全技术交底,并与每位工人订立安全责任书。

9)贯彻相关管理认证体系文件的要求,建立质量、环境保证体系。

(3)在劳动力准备方面。

1)劳动力资源是工程中的动力,是决定整个工程进度的推进及质量、工期保证的重要环节,主要由暖通专业主管工程师与安装队长进行统筹,根据工程需要进行合理的劳动力计划。

2)根据劳动力计划要求,由项目部统一协调、组织安排和储备足够的生产劳动力,确保生产劳动力充分满足工程施工中的需要。

某地铁站通风与空调安装工程各工种生产劳动力配置见表5-4。

表5-4 通风与空调安装工程劳动力计划表

序 号	工 种	单 位	数 量	工作范围
1	钣金工	人	12	通风管道制作安装
2	空调工	人	8	制冷、通风设备安装
3	电焊工	人	6	加工焊接作业
4	电工	人	2	施工用电管理
5	管道工	人	10	空调水系统安装
6	油漆工	人	4	刷油漆
7	保温工	人	6	风管、水管保温
8	普工	人	12	配合技术工作业

(4)器具材料准备。施工机械、机具是决定整个工程的质量及保证工期的重要因素。施工机具的充分与否对于工程能否按时顺利开工及整个工程是否能按计划有条不紊地施工、能否按时竣工是至关重要的,因此需要配备足够的施工机具,积极为工程开工创造条件,将确保工程质量目标和总施工进度计划的实现。

同时由暖通专业主管工程师按照施工图纸,并根据工程需要做出准确的材料、设备计划、列出材料、设备及部件明细表,同时应按照施工进度计划要求,按材料、设备名称、规格、使用时间、材料储备定额和消耗定额进行汇总,编制材料的需用量计划,填写采购申请表,报材料及物资订购部门。

材料及物资订购部门应根据各种物资的需要量计划,分别落实货源,安排运输和储备,使其满足连续施工的要求。在设备及材料采购时,材料及设备必须符合设计要求和国家有关标准、规范规定,满足业主招标文件中的相关要求,并提供产品质量合格证明文件,材料设备进场前先报验、报审,经监理批准后进场,并在材料设备到货前 24 h 通知业主、监理,材料、设备到货时施工方与业主在监理工程师的见证下进行联合验收。

对须送检的材料、仪器仪表应即时送检,以免影响正常使用。

5. 通风空调施工顺序安排

(1)风管及其部件制作。风管制作应按照设计图纸确定风管的规格、型号以及数量,制作时以机械加工为主,手工制作为辅,采取场内预制;预制过程中应严格控制预制风管规格尺寸和设计风管规格尺寸一致,风管预制作业分为法兰和风管两条制作线,进行平行流水作业,风管法兰预制均在钢板平台上定位组焊,风管制作过程中应保证每道工序都精益求精,以确保其准确的规格尺寸和风管的接缝质量;制作顺序按施工计划和施工现场实际情况需要进行,先安装的先预制、后安装的后预制,预制后先预装编号,再开风口。通风管道施工工艺流程图如图 5-6 所示,制作工艺流程如图 5-7 所示。

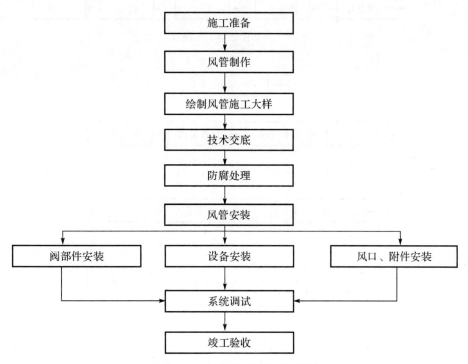

图 5-6 通风管道施工工艺流程图

(2)风管及其部件安装。风管安装应按施工作业计划分站、分库、分层、分区、分段进行,其安装工艺流程如图 5-8 所示,风管按 8～12 m 长度设段,进行分段组装和安装,防火阀、排烟阀等可与风管段一同组装,随风管段安装,消声器应先安装到位再进行风管安装,各站、库、层、区、机房的风管在设备安装就位后再安装;软连接风管应在风管及设备均安装好后再进行安装;风管应组织抢工安装,确保与装修及其他专业施工相衔接,风管保温应在区、段风管安装完成并通过隐蔽验收后进行,风口及散流器安装应在风管安装后进行,无吊顶的可按设计标高先安装,有吊顶的应与装饰吊顶施工密切配合,安装在墙上的百叶风口应配合装修进行,风管与设备连接的软接头应在风管和设备均安装好后再进行安装。风管安装完成后应做好成品保护,以避免造成二次污染及损坏。制作好的管件安装前应根据加工草图的尺寸组配,并检查规格、数量和质量,按通风空调系统进行编号,防止在运输过程中拉乱,减少安装时的忙乱现象。

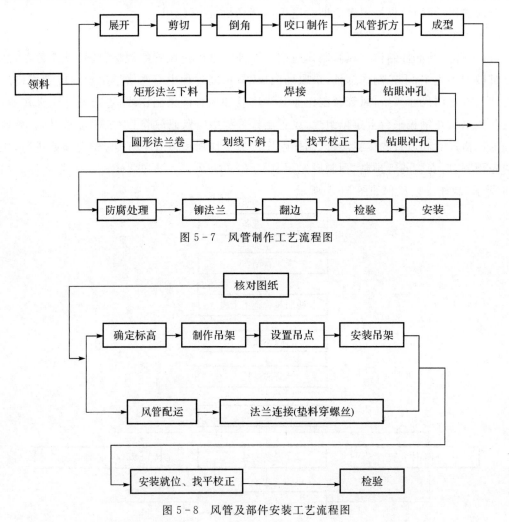

图 5-7 风管制作工艺流程图

图 5-8 风管及部件安装工艺流程图

在风管安装过程中,支吊架安装是风管安装的第一道工序。矩形风管的安装标高通常是从管底算起,安装时注意保温风管的支吊托架应设在保温层外部,不得损坏保温层;支吊架不能设置在风口、风阀、测定孔等部件处。风管转弯处两端加支架,穿楼板处,固定风管支架只起导向作用,所以穿楼板应加固定支架。风管始端与通风机、空调器及其他振动设备连接的风管与设备的接头处须加支架。干管上有较长的支管时,则支管上必须设置支、吊、托架,以免干管承受支管的重量而造成破坏现象。

同时通风空调的送、回风管道还需要保温操作,风管及部件保温工艺流程为:隐检→领料→保温板材下料→涂刷黏合剂→安装保温钉→铺覆保温材料→铝箔胶带粘缝→室外保温层外加铝→检验。

(3)冷水、冷却水、冷凝水管安装。通风空调水系统管道制作安装流程如图 5-9 所示。冷水、冷却水、冷凝水管安装应按施工作业计划分站、分层、分区进行,先安装主干管再安装支管,干管上预留连接支管的三通口位置应按设计图纸要求和现场实际情况进行预留;机房内管道要在设备安装就位后进行,施工前应做好设备的保护措施;阀门可与管道同时进行安装,管道安装完成后立即进行压力试验和管道水冲洗;管道压力试验合格和水冲洗完成后立即进行刷漆,管道刷漆完成并通过隐蔽验收后进行管道保温,保温管壳材质、厚度必须符合设计要求,管壳的大小应与管径匹配。管道安装完成后应做好成品保护,以避免造成二次污染及损坏。

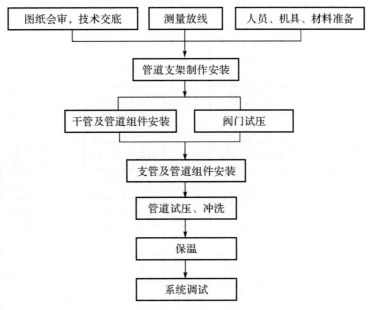

图 5-9 通风空调水系统管道制作安装流程图

冷冻、冷却、冷凝水管道及设备安装工艺流程为:安装准备、预制加工、支、吊架制作→支、吊架安装→主干管安装→立管安装→支管安装→阀门安装→冷水机组、冷却塔、冷冻、冷却水泵安装→试压→洗冲→通水试验→防腐→保温。

(4)通风空调设备安装。通风空调设备安装流程如图 5-10 所示。设备安装应遵循"先大后小、先里后外、先下后上"的安装原则。设备安装要根据设计图纸确定其坐标、标高。空气处理机组、新风机、送风机、排风机、排烟风机安装可根据风管安装的进度进行;轴流风机应根据土建装修情况进行安装;冷却塔可与中央冷水机组、水泵同时进行安装,以确保管道安装的最后接口能同时完成。安装每一台设备都必须对其进行找平校正,并确认已固定牢靠。设备安装完成后应做好相应的保护措施,以避免造成二次污染及人为损坏。

冷水机组价格昂贵,施工时要高度重视,做到万无一失,针对该工程的具体特点在吊运前编制专题吊装方案,送有关部门审批后再行吊运;其余设备如柜机、风机盘管、水泵等,同样要统一安排、指挥。吊装就位后,注意成品的保护,不得损坏其零件、部件,确保人员、设备的安全。图 5-11 和图 5-12 分别给出了小风机和 TVF 风机的安装示意图。

(5)测试、调试、单机试运转、系统调试。通风空调系统调试工艺流程如图 5-13 所示。在风管安装完成后须对其进行漏光、漏风量测试；设备单机调试前须对其电动机绝缘电阻、接地电阻进行摇测；设备单机调试、试运转过程中须对其电动机电流、转速、温升、噪声进行测试，单机试运转时间应按规范执行；送排风、防排烟以及空调风部分系统调试时应对其风压、风速进行测试，并对其电动阀门的开启与关闭，执行机构动作灵敏度进行检查；空调水系统调试前应对其管道上的阀门转动灵活性、仪表是否完好进行检查，空调水系统调试时应对其系统上的各种仪表稳定性、变化性进行分析，看其是否符合相关规范规定要求；各种测试、调试、单机试运转完成后应立即进行系统联动调试，做各种测试、单机试运转、调试时应及时做好记录，以确保运行情况记录及各种测试数据的完整性。

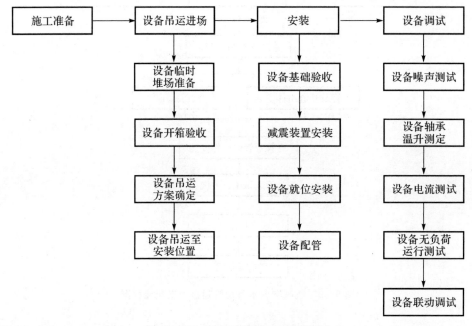

图 5-10 通风空调设备安装流程图

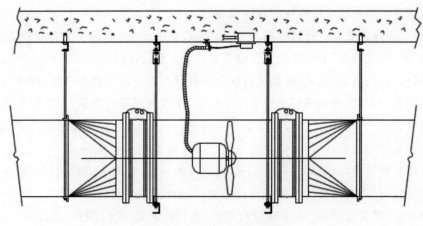

图 5-11 小风机安装示意图

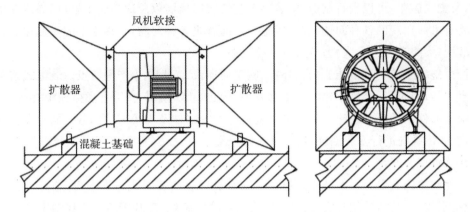

图 5-12 TVF 风机安装示意图

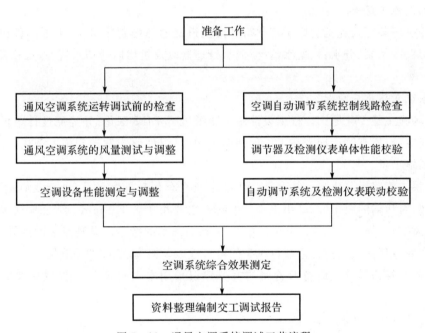

图 5-13 通风空调系统调试工艺流程

综上所述,轨道交通地下车站的通风空调系统传统安装方式较为耗时,需要的劳动力也较多,同时轨道交通地下车站空间有限,在安装过程中需要安装各种设备及系统,包括低压配电及照明系统、环控及通风系统、给排水及消防系统、电梯系统、屏蔽门系统、火灾自动报警系统 FAS 以及设备监控系统 BAS 等,可能存在工期重叠等情况,并且多数情况下需要同步进行与实时协调,总工期较长,也很容易出现安装过程中如设备吊装、安装、转运等致使空间不够的问题。

5.4.2 现场机械化绿色装配

鉴于轨道交通地下车站通风空调系统传统安装中存在的诸多缺陷,借助 BIM 的突出优势,采取装配式施工,可以进行制造、安装等工艺的实况预演以及虚拟施工,可以提前知道施工过程中将有可能出现的各种问题,在真实施工之前解决各种问题,实现施工的快速化、绿色化、机械化装配,大大节省人力、物力以及资金等资源。

装配式施工工艺具有节能、节材、环保、施工周期快、工业化生产等特点。装配式施工根据施工地点实际环境进行全尺寸建模与信息采集,构建BIM模型,在进行虚拟施工之后,对系统进行相关零部件的拆分并在施工场所之外进行全部零部件及连接件的制备。同时安装人员还可以借助BIM系统进行安装演练,这样进行标准化制作之后,施工现场的系统安装就是安装流程的熟练再现。

广州地铁集团有限公司在城市轨道交通制冷机房空调装配式施工方面,进行了有效的尝试,并取得了较大的突破,能够实现72 h完成全系统的装配,并基于相关工程制定了相应的技术标准——《广州市城轨道交通制冷机房空调装配式施工技术标准》。

1. 装配式施工范围

本制冷机房装配式施工适用于广州市城市轨道交通车站制冷机房,主要设备包括冷水机组、冷却水泵、冷水泵、分水器、集水器、旁流水处理器以及机房内冷却水管、冷水管及其他附属管件等。

2. 水系统管路拆分原则

(1)现场施工最少化原则。根据设计施工图纸进行BIM深化,并经原设计单位复核后进行管路系统拆分;所有管道均需在工厂预制加工,并以组件形式发送到施工现场组装,最大程度减少现场施工量。

(2)水系统管路拆分原则。结合《汽车、挂车及汽车列车外廓尺寸、轴荷及质量限值》(GB 1589—2016)对运输的要求(总高小于4 000 mm、总宽小于3 000 mm),结合地铁车站设备材料吊装孔(风亭)常规尺寸(5 000 mm×4 000 mm)、叉车的搬运以及现场装配的效率,考虑车厢装载货物的合理性、设备/管道通行风亭的可行性以及搬运、装配的便利性。

(3)设备及管路拆分。设备及管路的拆分建议采用本书附录D所提供所述的推荐拆分方式。

3. 管道预制加工要求

(1)管道的拆分大样图可参考本书的附录E进行,要求施工单位出具构件工程图并经原设计单位复核,并严格按照构件工程图进行工厂预制加工。

(2)管道的切割、焊接、喷涂均在工厂完成,禁止在施工现场进行上述作业;冷却管道与冷冻管道均采用国标Q235无缝钢管;旁流水处理器管道可采用镀锌钢管。

(3)焊接要求:焊接牢固、无虚焊,不得有裂纹、焊瘤、烧穿、弧坑,不得有表面气孔、夹渣等缺陷,外形均匀,表面打磨光滑。

(4)喷涂要求:采用环氧底漆喷涂2~3道,干膜厚度60~80 μm;采用环氧云铁喷涂中间漆,喷涂2~3道,干膜厚度60~80 μm;面漆采用氟碳面漆喷涂,干膜厚度20~30 μm,需符合国家标准《铝合金建筑型材第4部分:粉末喷涂型材》(GB/T 5237.4—2008)规定。喷漆前管道表面除锈等级需达到St3级,并进行清洁干燥处理,将层面上的污染物、油垢、灰尘、脱皮和流痕等清除干净。

(5)颜色要求:冷却水管宜采用绿色,冷水管宜采用蓝色。

(6)标识要求:各段支管和主管均喷涂白色水流流向箭头、管道名称和管道代码参照相应的标识规则;管道代码标识规则及标识示例如图 5-14 所示。

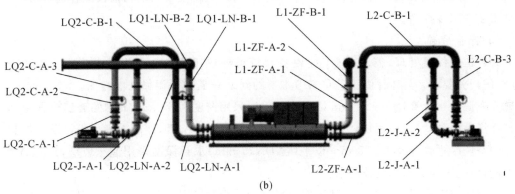

图 5-14 管道代码标识规则和示例
(a)管道代码标识规则; (b)管道代码标识示例

4.现场施工要求

(1)基础施工。

1)需一次性完成所有设备基础的混凝土浇注;混凝土的浇注以及强度需达到相关的建筑要求。

2)在基础完全达到承重状态前,禁止在制冷机房放置重物或进行相关作业。

3)冷却水泵和冷水泵的基础,应考虑排水坡度。

4)水泵基础之间的间距应大于 800 mm;多台水泵采用一体式混凝土基础,且需保证水泵泵体之间的净间距大于 800 mm。

(2)设备就位。

1)冷水机组、冷却水泵、冷水泵、分/集水器等设备在基础完全达到承重要求后就位安装。

2)在管道安装完毕前,应保持设备薄膜包装的完好。

(3)管道堆放及保护。

1)管道严禁直接堆放在地面上,必须放置在木条或其他软材料上;堆叠的管道,层与层之间需使用木条或其他软材料隔离。

2)管道正式安装前,严禁拆除薄膜包装。

3)管道的堆放应整齐,并不应有明显的压弯或致使其变形的力存在。

4)管道安装开始前,管道堆放区需设置警戒线和明显的标识信息牌,并采用厚膜对堆放的管道进行整体覆盖。

(4)管道安装。

1)设备进水段弯头处采用地面支撑。

2)管道的组装顺序可参考本书的附录F《制冷机房(两台冷水机组)水系统推荐施工工序》进行,施工现场有条件的情况下建议在地面完成尽可能多的管段装配,再以组件的形式运输到制冷机房进行组装。

3)管道吊架的位置及其安装,需满足相关施工标准要求、受力要求及避免与上层风管或其他结构的干涉。

4)为提高装配安装精度,建议采用红外线水平仪、全站仪及三维扫描仪配合进行吊架及组配件安装的精度控制。

(5)管道保温。

1)管道的保温处理,需满足《工业设备及管道绝热工程施工及验收规范》(GB 50126—2008)的相关要求。具体保温工艺可参考本书的附录G管道保温做法参考图。

2)空调冷水管管径DN25 mm以下水管保温采用密度为80 kg·m^{-3}的玻璃棉管壳,应为带护面层贴面玻璃棉,贴面复合玻璃棉整体燃烧性能达到A级,性能需满足相关设计要求。

3)空调冷水管管径DN25 mm以上(含DN25 mm)水管保温采用泡沫玻璃,具有A级防火性能,性能需满足相关设计要求。

4)泡沫玻璃采用配套专用的防火密封黏结剂进行黏结安装,以及整体外保护层制作,在泡沫玻璃块黏结安装完毕后,采用防火密封黏结剂均匀涂刷,形成第一道保护层,再紧密均匀缠绕一层10目玻璃纤维网格布作第二道保护层,最后再次采用防火密封黏结剂均匀涂刷,形成管道保温的最外保护层,每道防火密封黏结剂防火保护层都必须保证厚度均匀。

(6)阀件保温。

冷水管上Y型过滤器、法兰、阀门采用可拆卸式玻璃棉保温结构,外包0.3 mm铝合金板,其余水管附件采用离心玻璃棉保温,外包铝箔。具体保温工艺可参考本书的附录H阀件保温做法参考图。

5.成品保护及车辆运输要求

(1)设备。装箱运输或覆盖保护薄膜运输,周边设有防撞条和底部做减震处理;保持设备表面清洁,禁止刮花表面和防止颗粒物跌落到设备表面或设备内部结构;采用钢缆或其他措施对设备进行紧固运输。

(2)管道及管道配件。推荐按照拆分图对制冷机房设备和管道进行拆分,以组件的方式进行打包运输;采用薄膜全覆盖和其他措施进行包装,保证管内无粉尘、颗粒物和管道表面没有损伤;每层管道采用木条或其他软材料进行分割,禁止管道的堆叠对管道产生较大弯曲力;其他小配件装箱运输。

(3)车辆运输。车辆运输应符合国家标准《汽车、挂车及汽车列车外廓尺寸、轴荷及质量限值》(GB 1589—2016)及其他道路交通法规的要求。

第6章 高效制冷空调系统调试、检测及评价

当轨道交通高效制冷空调系统设计完成后,系统的调试则显得至关重要。如何将该系统的各项性能以最佳的状态展现出来是系统调试的最终目的,因而采用准确可靠的仪表对其进行检测和分析是必不可少的。同时对各个仪器仪表以及各项指标进行准确的检测也对系统准确性至关重要;在各项数据均准确的情况下,采用合理的评价手段来确定目前系统所处的水平,从而对系统优化设计也是必不可少的。整个调试、检测及评价过程是对轨道交通高效制冷空调系统优化设计结果的直观展现过程。

6.1 高效制冷空调系统的调试

6.1.1 高效制冷空调控制系统的组成

高效制冷空调控制系统由高效机房节能控制系统管理平台、大系统节能控制子系统、小系统节能控制子系统、水系统节能控制子系统组成。

(1)高效机房节能控制系统管理平台。通过中央数据库软件、节能计算软件、组态监控软件进行数据采集和分析,在控制中心对整个系统的能耗数据、设备状态、数据报表、故障报警进行分析,并在屏幕上对设备状态和节能效果进行集中展示。

(2)大系统节能控制子系统。主要通过专业的控制算法对车站通风空调大系统中的组合式空调机组、回排风机、小新风机及组合式空调机组电动调节阀等设备进行优化控制,降低通风空调大系统的能源消耗,以提高空调系统能用利用效率的自动化控制系统。

(3)小系统节能控制子系统。主要通过专业的控制算法对车站通风空调小系统中设备用房的空调机组、回排风机及空调机组电动调节阀等设备进行优化控制,降低通风空调设备用房小系统的能源消耗,以提高空调系统能用利用效率的自动化控制系统。

(4)水系统节能控制子系统。应用现代计算机技术、自动控制技术、变频调速技术及系统集成技术等,通过空调水系统控制策略,对水系统设备的开关、频率、开度、系统参数进行优化控制,降低通风空调水系统的能源消耗,以提高空调系统能用利用效率的自动化控制系统。

6.1.2 系统功能

高效制冷空调系统集中管理平台中央空调制冷机房系统设备综合管理、节能控制、能效评测、系统自校验等运行管理控制平台,高效节能系统实现对中央空调机房内的所有设备、动态运行参数等进行评测、控制和优化运行策略。采用主动寻优控制策略,实现管理空调设备运行状态、运行参数设置、动态运行效率评测、优化运行参数,最终达到设备管理、系统高效运行控制、设备效率评测等功能。

通过高效制冷空调系统集中管理平台工作站监视节能系统控制范围内各个设备的运行状态和参数,并具有模式控制、单个设备点控的功能;环控节能控制系统集中管理平台与BAS系统间通过通信接口进行通信,使用通信协议进行数据信息的传输,由BAS系统将节能控制进行集成统一管理,BAS通过接口能对节能系统控制范围内各个设备的运行状态和参数进行监视,并具有系统启停功能。

控制系统具备监控及节能运行的功能,针对不同被控对象(制冷机组、冷水泵、冷却水泵、冷却塔风机、电动水阀)特点提供相应的监控及节能运行方案,通过对各种环境参数进行检测、对各个能耗设备进行能耗计量、对能耗统计分析,控制各个能耗设备优化运行。

6.1.3 监控对象

1. 冷水机组

冷水机组需要监控的参数如下。

(1)主机运行状态:运行、停止、故障、运行模式。
(2)各台冷水机组负荷、能耗。
(3)冷水机组冷水侧的进出口温度。
(4)冷水机组冷却水侧的进出口温度。
(5)冷水机组冷水侧的出口流量。
(6)冷水机组冷却水侧的出口流量。

2. 冷水系统

(1)运行状态监测。它主要监测水泵及变频器的运行、停止、故障;高效节能系统的远程/就地控制模式。

(2)运行参量监测。它主要监测供回水压差、供回水温度、总流量、冷水泵电机运行频率、运行电流、累计运行时间、累计耗电量、累计供冷量、分时耗电量、分时供冷量、电动阀阀位等。

3. 冷却水系统

(1)运行状态监测。它主要监测水泵及变频器的运行、停止、故障;高效节能系统的远程/就地控制模式。

(2)运行参量监测。它主要监测供回水温度、室外温湿度、冷却水泵电机运行频率、运行电流、累计运行时间、累计耗电量、累计供冷量、分时耗电量、分时供冷量、电动阀阀位等。

4. 冷却塔

(1)运行状态监测。它主要监测风机的运行、停止、故障;高效节能系统的远程/就地控制模式。

(2)运行参量监测。它主要监测冷却塔风机电机运行台数、运行电流、累计运行时间、累计耗电量、分时耗电量等。

5. 空调末端

(1)运行状态监测。它主要监测风机的运行、停止、故障;高效节能系统的远程/就地控制模式。

(2)运行参量监测。它主要监测表冷器供回水温度、送回风温度、送风机电机运行频率、运行电流、累计运行时间、累计耗电量、分时耗电量和电动阀阀位等。

6.1.4 控制功能

1. 点控与群控

基于实时负荷需求的自动控制系统,实现对冷水机组、冷却塔、冷水泵、冷却水泵、电动阀门、末端空调等的设备启/停机控制及状态、信号的监视,各设备之间的联动、连锁保护,实现对冷源系统的"一键启停"功能。实时根据车站实际负荷需求在保证同类设备累计运行时间相对平衡的前提下对即将开启运行的设备进行合理的组合及调整,并实现无人值守机房,控制系统自动根据预设条件,自动启/停,调节机组台数、水量、温度等,同时能实现点对点对单台设备进行启停操作以及运行参数的设定。

2. 节能运行

采集冷水供水温度、回水温度、流量以及冷水供回水压差传感器实时参数,冷却水供水温度、回水温度、流量传感器实时参数,按时间预设和程序预设(根据外部传感器采集数据,在保证同类设备累计运行时间相对平衡的前提下通过各设备的性能曲线进行系统性的功耗分析对比,进行设备及设备运行负荷的合理组合,并保证所启动设备组运行功耗最低,满足节能需求)。控制冷源系统设备的启动、停止、加减载运行,使系统安全可靠运行并保持运行费用最低。

3. 控制模式

高效制冷空调控制系统软件功能-程序控制功能调试记录表见表 6-1。

(1)远程控制。在远程控制模式下,具有供远程自动控制、远程手动控制的第三方控制等控制功能。

1)远程自动控制。高效节能系统运用现代控制技术构建的控制模型,对空调水系统进行节能控制,实现中央空调系统的高效节能运行。控制模型根据地铁空调负荷变化特性实现对空调系统负荷的动态跟踪和实时在线控制,使空调风量、冷水、冷却水跟随车站负荷的变化而进行动态调节,通过对变负荷工况下被控动态过程特征的识别,自适应地调整空调系统的运行参数,以获得最佳的控制效果,从而使能量供给与能量需求相匹配,并最大限度地降低车站空调系统的总能耗。

远程自动控制同时包括以下两种模式。

a. 自动控制-时序控制。高效节能系统提供一种基于预设时间表来对设备进行启停控制和优化运行的模式。在此模式下,高效节能系统自动按照预设置的设备运行时间表对设备进行启停操作和优化运行控制。

b. 半自动控制-主机负荷优化。高效节能系统提供一种既满足当前空调负荷需求又使主机维持高效运行的控制方式,实现自动调整机组负荷、水量、温度,使主机尽可能在高效状态下运行。

高效节能系统通过通讯读取主机相关信息,并对主机特性进行分析,主动跟踪并记录主机 COP,为达到整个系统的高效节能效果,高效节能系统与高效冷水机组进行无缝连接,实时通讯,参与主机压缩机的增卸载控制,保证冷水机组部分负荷下 COP 最高。

2)远程手动控制。由操作人员按照自己的运行经验或管理要求在系统工作站上对高效制冷机房进行控制,包括启停控制和运行控制(运行参数调节),以实现特殊需求或管理节能。

3)第三方控制。高效节能系统提供符合国际标准通信协议的软件接口,以便实现与综合监控系统之间的通信。在综合监控的BAS工作站能对高效节能系统实现一键启停操作。

(2)就地控制。当高效节能系统的管理工作站或远程通信发生故障时,系统自动转入"分布式控制"运行模式,由各个智能控制终端中的智能控制单元应用内置控制算法独立控制设备运行。

表6-1 高效制冷空调控制系统软件功能-程序控制功能调试记录表

设备编号:中央智能控制柜				安装位置:		
序号	测试项目	测试结果	测试数据	调试结果		备注
				合格	不合格	
1	制冷机房设备处于就地状态时可以通过就地按钮独立开启冷却塔水阀、冷冻泵、冷却泵、冷却塔、冷水机组,可以手动设定变频器频率		/	√		
2	制冷机房设备处于远程状态时可以通过PLC监控,节能系统处于手动模式时可以独立开启冷却塔水阀、冷冻泵、冷却泵、冷却塔、冷水机组,可以通过电脑手动设定变频器频率		/	√		
3	PLC能正确采集电磁流量计数据、水温传感器数据、水压传感器数据、温湿度传感器数据、CO_2浓度传感器数据、二通调节阀阀位反馈数据、压差旁通阀阀位反馈数据等		/	√		
4	末端空调设备处于远程状态时,手动模式下可以独立开启大系统送风机、回排风机,小新风机(需要将相关连锁风阀开到位信号送过来),可以通过电脑手动设定变频器频率		/	√		
5	末端空调设备运行状态下可以将二通阀调到手动模式,手动设定二通阀开度		/	√		
6	与风机的连锁风阀开到位硬接线信号来了之后风阀才可以通过PLC开启		/	√		
7	半自动模式下,制冷机房设备处在远程状态时,冷水机组可以处于本地状态,冷水机组在本地点开机后,冷水泵、冷却水泵会自动开启,冷却塔会根据冷却塔出水温度自动开启		/	√		
	冷水机组处在远程状态时,通过上位机手动开启冷水机组,冷水泵、冷却水泵会自动开启,冷却塔会根据冷却塔出水温度自动开启					
8	系统根据室外温湿度传感器自动判断大系统季节模式		/	√		

续 表

设备编号:中央智能控制柜				安装位置:		
序号	测试项目	测试结果	测试数据	调试结果 合格	调试结果 不合格	备注
9	BAS模式下,BAS发送节能系统开机信号后,节能系统根据时间定时开启大系统送风机、回排风机、小新风机。其中回排风机和小新风机还根据大系统季节模式决定是否开启		/	√		
10	节能系统将需要开启的模式下要开启的风阀发给BAS,BAS将风阀开启后,节能系统再开启相对应的风机		/	√		
11	自动和BAS模式下制冷机房开机顺序为先开冷却塔蝶阀,再开冷冻泵、冷却泵,根据冷却塔总出水温度开启冷却塔数量,最后开启冷水机组		/	√		
12	冷却塔根据冷却塔出水总管温度调节冷却塔开启数量和频率,加载时优先升高频率,频率升到一定值时,再开下一台冷却塔,减载时优先降低频率,频率降低到一定数值再关闭一台冷却塔		/	√		
13	冷水机组运行数量根据冷水总管供水温度及系统负荷率调节		/	√		
签字栏	施工单位: 供应商: 监理单位: 设备监造商: 日期:　　　年　　月　　日					

4. 数据处理功能

高效制冷空调控制系统软件功能—历史数据存储、查询调试记录表见表6-2。

(1)能耗记录。高效节能系统对包括各受控设备(如冷水泵、冷却水泵、冷却塔风机等)和冷水机组在内的能耗进行记录。

(2)操作记录。高效节能系统对操作人员、操作内容、操作行为发生日期和时间等进行记录。

(3)故障记录。高效节能系统对故障发生日期和时间、故障设备及故障类型等进行记录。

(4)基本参数记录。高效节能系统对冷水机组进出口温度及能耗、冷水流量等进行记录。

(5)数据的存储、输出与删除。

1)数据的存贮。高效节能系统对所记录的数据进行存贮,存贮时间不得少于1年。

2)数据的输出。高效节能系统对所记录的数据应能灵活生成必要的数据报表、曲线,提供数据下载、查询。

3)数据的删除。高效节能系统所存贮历史数据的删除,可采用定数删除、定时删除或人工删除。

表6-2 高效制冷空调控制系统软件功能—历史数据存储、查询调试记录表

设备编号:中央智能控制柜			安装位置:			
序号	操作步骤	预期结果	测试数据	调试结果		备注
				合格	不合格	
1	通过历史数据查询画面显示历史曲线、操数据报表,作记录等并通过条件过滤	能够在条件下正确查询各历史数据,历史数据可以导出到硬盘	/	√		
签字栏	施工单位: 供应商: 监理单位: 设备监造商: 日期:　　年　月　日					

5. 安全保护功能

(1)冷水低流量保护。当制冷机组冷水流量低于设定的下限值时,高效节能系统自动采取措施以保障制冷机组蒸发器的安全运行。

(2)冷水低温保护。当制冷机组蒸发器的出水(即冷水的供水)温度低于设定的下限值时,高效节能系统自动采取措施以保障制冷机组蒸发器的安全运行。

(3)冷水低压差保护。当冷水供回水压差 Δp 小于设定的下限值时,高效节能系统自动采取措施以保障末端空调设备所需的水流量。

(4)冷水高压差保护。当冷水供回水压差 Δp 大于设定的上限值时,高效节能系统自动采取措施以保障空调系统的安全运行。

(5)冷却水出水高温保护。当制冷机组冷凝器的冷却水出水温度高于其设定的上限值时,高效节能系统自动采取措施以保障制冷机组的安全运行。

(6)冷却水进水低温保护。当冷水机组冷凝器的冷却水进水温度低于其设定的下限值时,高效节能系统自动采取措施以保障冷水机组的正常运行。

6. 故障报警功能

高效制冷空调控制系统软件功能—报警管理与查询调试记录表见表6-3。

(1)故障报警方式。

1)声光提示报警。高效节能系统设置报警电铃,以发出声音报警。高效节能系统设置相应的故障指示灯,以灯光提示报警。

2)显示器画面报警。在声光报警的同时,高效节能系统管理工作站的显示器弹出报警窗口,显示相应的报警信息。

(2)故障报警的处置。所有报警直至引发报警的条件消失(如运行参数恢复正常)或经操作人员检视并处理后,方可消除报警。

高效节能系统对所有故障报警信息进行记录并存贮,以供分析原因及排查故障。

表 6-3 高效制冷空调控制系统软件功能—报警管理与查询调试记录表

设备编号:中央智能控制柜				安装位置:		
序号	操作步骤	预期结果	测试数据	调试结果		备注
				合格	不合格	
1	通过报警一览画面查询实时报警	实时报警显示与实际情况一致	/	√		
2	观察实时报警进行排序	报警一览中的实时报警以"未确认"/"未恢复"/"产生时间"的顺序(优先级从高到低)进行默认排序	/	√		
3	通过报警一览画面查询历史报警	被确认的报警状态为已确认	/	√		
4	观察历史报警进行排序	报警一览中的实时报警以"未确认"/"未恢复"/"产生时间"的顺序(优先级从高到低)进行默认排序	/	√		
5	点击报警复位,复位已经离去的报警	已经离去的报警消失	/	√		
签字栏	施工单位: 供应商: 监理单位: 设备监造商: 日期:　　年　月　日					

6.2 高效制冷空调系统的检测

6.2.1 一般要求

制冷空调监测系统应对制冷空调系统内各种主要设备分类进行用电计量,对制冷空调系统的供冷量和能效等进行监测,并应满足下列要求。

(1)制冷机房系统能效比测量结果的计算不确定度宜在±5%以内。

(2)在系统运行时间内,应有不小于80%的时间,制冷机房系统测量能量平衡系数宜在±5%以内。

(3)仪器仪表需通过第三方校准,并提供计量证书。

6.2.2 传感器仪表及其数量

为保证测量效果和控制系统的准确性,城市轨道交通高效制冷机房系统中重要传感器和仪表应进行计量标定,在单个制冷机房内需要计量标定的传感器、仪表的类型和数量参见表6-4。

表6-4 传感器仪表计量统计表

序号	名称	测量内容	数量/个
1	水温传感器	冷水进水总管水温	1
2	水温传感器	冷水出水总管水温	1
3	水温传感器	冷却水进水总管水温	1
4	水温传感器	冷却水出水总管水温	1
5	流量计	冷水回水或供水总管流量	1
6	流量计	冷却水回水或供水总管流量	1
7	电能测量表	冷水主机/冷冻泵/冷却泵/冷却塔等用电量	同设备数量
8	温湿度传感器	检测室外温湿度	1

(1)传感器仪表的用途。

1)冷水进/出水总管水温传感器、冷水总管流量传感器。用于测量和计算制冷系统冷水总供冷量。

2)冷却水进/出水总管水温传感器、冷却水总管流量传感器。用于测量和计算冷却水总散热量。

3)电能测量表。用于测量如电制冷机组、冷水泵、冷却水泵、冷却塔等各设备的电压、电流及用电量,电能测量表应各设备分别独立设置。

高效制冷机房系统中传感器和仪表在安装使用前均须通过第三方权威机构计量和校准取得计量证书,表6-4中所列传感器和仪表安装完成后现场须再次进行计量和校准。系统的所有传感器和仪表都要在计量的有效期内。现场计量误差超出标准规定范围的,必须予以更换且再次计量合格后方可予以使用,计量标定周期一般为1年。

(2)传感器仪表的现场校准方法。

1)水温传感器安装时应在20 cm距离内预留校正孔,采用校准仪器进行校准和计量标定。

2)水流量传感器须预留校准计量位置,校准计量位置须满足校准仪器对直管段长度的要求。

3)电能测量仪表如现场不具备计量条件,可经过标准仪器比对,比对数据偏差值符合标准《蒸气压缩循环冷水(热泵)机组性能试验方法》(GB/T 10870—2014)的相关规定。

4)温湿度传感器需安装在空气流通良好的位置,校准仪器的位置应尽量靠近被测传感器,直线距离不宜超过50 cm。

6.2.3 测量内容

(1)每台冷水机组、冷冻水泵、冷却水泵、冷却塔的用电量。

(2)控制系统总用电量。

(3)冷冻水供/回水总管温度,冷冻水总流量。

(4)冷却水供/回水总管温度,冷却水总流量。

(5)系统供冷量、系统能效的瞬时值和累计值。

(6)室外干球温度、湿球温度。

6.3.4 仪器仪表要求

(1)水温传感器。采用热电偶或热电阻传感元件,宜采用电流或数字输出信号,最大允许测量误差±0.1℃,防护等级 IP67 及以上。

(2)水流量传感器。推荐选用超声波或电磁式流量计,宜采用电流或数字输出信号,最大允许测量误差±2%,防护等级 IP67 及以上。

(3)温、湿度传感器。空气温度最大允许测量误差±0.2℃,空气湿度最大允许测量误差±3%,室内型防护等级 IP42 及以上,室外型防护等级 IP56 及以上。

(4)电能测量表。应能测量电压、电流并根据测量值计算有功功率、有功电能等值,最大允许测量误差±1%,当采用电压或电流互感元件时,其测量误差不得大于±1%,电能测量表应取得国家计量器具许可证书,推荐选用数字式仪表。

6.2.5 检测周期

制冷系统能效检测周期可以月、年为时间单位,推荐的检测周期为一个完整制冷季,即一年。在一个检测周期内,进行不少于 3 次采样抽查。对检测周期开始和结束时间必须进行采样抽查,采样时间以天为单位按照采样周期内满足制冷系统开启条件的时间均匀分布。

6.2.6 数据存储

高效制冷空调系统需有专业的数据存储和监测软件,利用计算机和软件对制冷系统运行数据进行记录和管理。计算机内存应满足至少存储 10 年数据,软件应自带数据库,数据库需具备不可逆修改功能。监测软件数据库应具备数据导出功能,导出数据须具有时间日志。

6.2.7 制冷量与能效比计算方法

现场测量仪器设备在有效期内的校准或检定报告并经过比对的设备给予认可。对于现场无法校准的测量仪器,经过标准仪器比对,比对数据偏差值符合标准《蒸气压缩循环冷水(热泵)机组性能试验方法》(GB/T 10870—2014)的规定。

对于现场截取监控软件界面,通过软件中显示的测量数据使用标准《蒸气压缩循环冷水(热泵)机组性能试验方法》(GB/T 10870—2014)中的制冷量计算,计算出的制冷量与截屏中显示的制冷量做比较,在偏差小于等于 2%情况下,符合标准《蒸气压缩循环冷水(热泵)机组性能试验方法》(GB/T 10870—2014)的规定。

(1)制冷机房的制冷量。制冷机房的制冷量按下列公式计算:

$$Q_1 = c_p M \Delta T = CL\rho(T_1 - T_2) \tag{6-1}$$

式中 Q_1——1#冷水机组输出冷量,单位:kW;

c_p—— 水比热容,单位:$4.2 \times 10^3 \, J \cdot (kg \cdot ℃)^{-1}$;

M——1#冷水机组冷水质量流量,单位:kg·h^{-1};

ΔT——1#冷水机组冷水进出水温差,单位:℃;

L——1#冷水机组冷水流量,单位:m^3·h^{-3};

ρ——水密度,1×10^3 kg·m^{-3};

T_1——1#冷水机组冷水进水温度,单位:℃;

T_2——1#冷水机组冷水出水温度,单位:℃。

(2)制冷机房瞬时能效比 COP$_c$。在计算出制冷量以后,通过下式计算出制冷机房 COP$_c$:

$$\text{COP}_c = Q_{机房}/P_{机房} = Q_{机房}/(P_{冷水机组} + P_{冷水泵} + P_{冷却水泵} + P_{冷却塔}) \quad (6-2)$$

式中　$P_{冷水机组}$——冷水机组功率和,单位:kW;

$P_{冷水泵}$——冷水泵功率和,单位:kW;

$P_{冷却水泵}$——冷却水泵功率和,单位:kW;

$P_{冷却塔}$——冷却塔功率和,单位:kW。

和监控软件中的制冷机房 COP$_c$ 做比较,偏差不大于2%认为符合要求可以使用。

6.3　高效制冷空调系统的评价

6.3.1　制冷空调系统能效评价指标

评价制冷空调系统能效的高低,需要从它的能效指标入手。现今人们研究出的制冷系统的能效指标有很多种,首先是整体的评价指标;其次是关于各个主要系统构成(冷机、却水系统、冷却塔、冷水系统、末端空调)的能效指标;最后是分化得更细的有关各设备以及构件的能效指标。有些学者与研究人员把以上的能效指标分别称之为一级能效指标、二级能效指标与三级能效指标。

制冷空调系统整体性能效评价指标从分析对象可分为制冷机房全年平均综合制冷能效比 SCOP$_c$ 和空调系统全年平均综合制冷能效比 SCOP$_s$:

$$\text{SCOP}_c = \frac{冷水机组在制冷季节制取的总冷量}{制冷机房在制冷季节消耗的总电量}(\text{kWh}/\text{kWh}) \quad (6-3)$$

$$\text{SCOP}_s = \frac{冷水机组在制冷季节制取的总冷量}{制冷系统在制冷季节消耗的总电量}(\text{kWh}/\text{kWh}) \quad (6-4)$$

制冷机房全年能效比 SCOP$_c$ 指制冷机房全年平均综合制冷能效比,它的大小揭示了某个制冷系统在一整年对于终端能源的利用效率;从某种角度来看,还反映了该制冷系统全年运行当中对于建筑运营者的能源负担。空调全年能效比 SCOPs 指空调系统全年平均综合制冷能效比,包含了对供冷侧制冷机房和使用侧空调末端的全系统评价。

6.3.2　制冷系统整体性能效评价指标的确定

制冷机房系统全年平均综合制冷能效比分别为一级、二级、三级。在设计和运行阶段,制冷机房系统全年平均运行能效比不应低于表6-5的三级要求标准,即《集中空调制冷机房系统能效监测及评价标准》(DBJ/T 15-129—2017)。

上述标准为广东省标准,本书定义的轨道交通高效制冷空调系统是指制冷机房全年综合制冷能效比（$SCOP_c$）不低于5.0，且空调系统全年平均综合制冷能效比（$SCOP_s$）不低于3.5的制冷空调系统。

表6-5 制冷机房系统能效最低要求

系统额定制冷量/kW	系统能效等级	系统能效 $SCOP_c$ 最低要求
低于1 758	三级	3.2
	二级	3.8
	一级	4.6
不低于1 758	三级	3.5
	二级	4.1
	一级	5.0

6.3.3 制冷系统能效性的主要影响因素

制冷系统能效性的影响因素可分为外部影响因素与内部影响因素。

1. 外部影响因素

制冷机组属于"建筑空调用冷源"中的人工冷源，是整个制冷系统的核心，起到承接冷却系统和冷水系统的作用。然而它并不是冷负荷的初始来源。冷负荷的初始来源是外界空气，它被风机吸入冷却塔内，与来自冷却水系统的水通过填料进行风-水热交换，从而将冷量传递给冷却水系统；冷却水系统通过冷却水循环泵的作用与制冷剂在冷凝器处发生热交换，从而将冷量传递给冷水机组；冷水机组通过冷水系统的循环泵以及末端空调泵的作用，最终将冷量传递给末端空调设备。

因此，由于外界空气中冷量的应用将影响整个制冷系统，本书把外界空气带来的影响因素称为制冷系统的外部影响因素。这样的外部因素主要包含两点：

（1）外界空气的温、湿度。冷却塔内的风-水换热实际上是将外界空气的显冷量与潜冷量一同传递到冷却系统当中，其温、湿度的高低直接影响了冷却塔换热效果。较直观的反映是湿球温度（温、湿度综合作用）降低时，其冷却水回水（回冷机）温度同样降低，从而使得与冷却水回水换热后的冷凝器温度降低。关于冷机的能效系数还有下面两个关系式：

$$COP = ICOP \times DCOP \quad (6-5)$$

$$ICOP = T_e/(T_c - T_e) \quad (6-6)$$

式中 COP——制冷机组制冷效率；
　　ICOP——卡诺循环效率，即理想COP；
　　DCOP——制冷机组的热力完善度；
　　T_e——蒸发器温度，单位：K；
　　T_c——冷凝器温度，单位：K。

由式（6-11）及式（6-12）可知，在DCOP不变的前提下，冷凝器温度的降低将提高制冷机的COP值，而制冷机的COP的提高对于整个制冷系统的能效性有着巨大的提升作用。

综上可知，外界空气温、湿度的大小影响着冷却水回水温度的高低，进而影响着冷凝器温度的变化,从而间接影响着制冷机组的制冷效率,并最终影响着整个制冷系统的能效性。而影响外界空气温、湿度的因素除了冷却塔所处地区空气条件外,还与冷却塔布置位置是否邻近热源、废气和油烟气排放口有关。

(2)冷却塔风冷侧气流状态。在冷却塔风冷侧影响风-水换热的因素除了室外空气温、湿度外,还有进入冷却塔的风速、风量以及风量分布。本书将后三种影响因素统称为"冷却塔风冷侧气流状态"。而影响它的决定性因素为冷却塔的布置。

冷却塔的布置原则与"冷却塔风冷侧气流状态"有关的有以下三点:

1)冷却塔应设置在空气流通、进出口无障碍物的场所。有时为了建筑外观而需设围挡时,必须保持有足够的进风面积(开口进风速应小于 $2\ m\cdot s^{-1}$)。

2)布置冷却塔时,应注意防止冷却塔排风与进风之间形成短路的可能性,同时,还应防止多个冷却塔之间互相干扰。

3)冷却塔进风口侧与相邻建筑物的净距不应小于塔进风口高度的 2 倍,周围进风的塔间净距不应小于塔进风高度的 4 倍,以使进风口沿高度风速分布均匀和确保必需的进风量。

冷却塔的设置若是存在周围有障碍物遮挡,进、排风之间短路,多个冷却塔之间距离过小等问题时,极易造成冷却塔风机吸入的室外空气湿球温度过高、风量不足、风机阻力增大等不良状况,均会对冷却塔的风-水换热带来不利影响。因此在设置冷却塔时需要避免以上问题。

2. 内部影响因素

制冷系统从设计、施工、调试,再到运行,不可避免地会有一些不合理的因素出现,使得系统能效性无法达到理想状态。这些不由外界大气决定的,而由系统自身设备设计、选型、搭配,以及控制策略的不合理、系统设备的老化而影响系统效率的因素,称为内部影响因素。它包括制冷机组选型过大、群控过于保守;二次泵冷水系统二次侧流量过高,使得在旁通管处发生逆流;冷机待机状态时未关紧自身冷水支路阀门,使得冷冻回水从此冷机处未经降温直接与其余出冷机冷水在总供水管处混合,从而抬高了供水温度;设备或局部构件由于脏堵、损坏而导致换热能力下降;等等。

外部影响因素很难去控制,一般只能尽量合理的应用。但是内部影响因素绝大多数都是可以把控的,当然其把控的难易程度随着具体情况而定。一般制冷系统的能效测试及优化就是从内部影响因素入手,找到检查与分析的切入点,并结合实际具体分析。

第7章 高效制冷空调系统运行案例及实效

高效制冷空调系统的设计、施工、运行对轨道交通节能至关重要,下面将对包含北京、上海、深圳和广州的各个城市轨道交通高效制冷空调系统的案例进行介绍。

7.1 北京地铁复八线通风空调系统节能改造

7.1.1 工程概况

北京地铁复八线建成于1999年,节能试点站国贸站2012年6月完成节能改造。

车站通风空调系统由风、水2个系统组成。风系统主要能耗设备由4台90kW主风机组成,2台负责送风,2台负责排风。由于复八线主风机均未配置变频器,所以在由星三角方式启动后,只能运行于工频转速下,能耗较高。风系统全年均在运行,使用时间较长,能耗约占通风空调系统的65%。水系统主要能耗设备包括冷水机组、冷水泵、冷却水泵、冷却塔等。冷水泵、冷却水泵同样未配置变频器,只能运行于工频转速下。水系统只在每年空调季运行,能耗约占通风空调系统的35%。

7.1.2 改造思路

改造方案以不降低原系统的服务水平为基本原则,以不改变原系统的基本运行方式为前提,在既有系统的基础上增加节能运行模式,并在运行过程中根据运营的需要进行节能运行模式与工频运行模式(原运行模式)的切换。在循环泵(冷水泵、冷却水泵)的变频运行过程中,最低变频下限应满足冷水机组设备要求,同时应尽量使冷水机组运行在高效区,以实现循环水系统整体节能的目的。对于风系统设备,应考虑在火灾报警状态下应急联动控制模式与节能控制模式的不同应用。一旦火灾报警系统信号触发,通风设备必须转换至火灾报警系统(FAS)应急联动控制模式。

7.1.3 风系统改造

为车站4台90 kW主风机加装变频器旁路,并在风机回风道上安装压力传感器和温度传感器。根据末端通风需要,设定通风风压值及温度值,同时还可设置上、下限保护值,包括保护触发值和保护解除值。在风道安装的传感器用于检测风压及温度信号,并将此信号送到智能控制器的模拟信号输入端口。智能控制器将该信号与设定的风压及温度值进行比较,然后根据偏差值和内部集成的智能优化算法,计算出在当前风压下风机应调整的运行频率,以调节通风风量,保障通风系统的通风质量。

7.1.4 水系统改造

为冷水泵及冷却水泵加装旁路变频器,并在相应的管道上加装温度传感器及流量传感器,实时调整水泵的运行状态,使温度及流量适应系统的要求,达到节能的目的。另外,在冷冻站设置中央控制系统,在站台安装环境温度传感器,通过收集通风空调系统循环水路的温度、流量以及车站温度、风道风量等参数,经智能控制器运用模糊控制理论进行计算,给变频器发出执行命令,实时调整循环泵的流量及风机的风量。

7.1.5 FAS 系统改造方案

复八线日常风机运行由建筑自动化系统(Building Automatic System,BAS)进行自动化控制,火灾报警系统系统(Fire Alarm System,FAS),仅对设备运行状态进行监视。当有火灾报警发生时,FAS 系统会自动切掉 BAS 的控制电源(即 BAS 的控制权),转由 FAS 控制。

节能控制系统可利用 FAS 控制方式的特点,取电在 BAS 中,当 FAS 激活断开 BAS 的不间断电源(Uniterrupte Power Supply,UPS)后,节能控制系统同时掉电,以保证火灾情况下 FAS 的控制权。

7.1.6 改造效果

以北京地铁复八线国贸站为例,该站作为通风空调系统的节能试点站,于 2012 年 6 月初完成改造施工,为测试节电效果,在主要配电回路均安装了电能计量表。测试选取连续 4 天的时间,2 天为改造后的节能工况运行,另 2 天为切换回改造前的工频工况运行,计量时段为每天的 9:00—21:00,主要测试数据见表 7-1。

表 7-1 国贸站通风空调系统节能测试数据

设 备	工频工况能耗/(kW·h)	节能工况能耗/(kW·h)	节电率/(%)
主风机	7 055	3 990	43
循环泵	2 138	1 073	50
冷水机组	3 345	3 134	6

7.2 北京地铁 10 号线一期节能改造

7.2.1 工程概况

北京地铁 10 号线一期 2008 年开通,2017 年对 20 个站实施水系统节能改造工程。以苏州街站为例,共有 2 台冷水泵(LD/B_1,LD/B_2,$P_e=18.5$ kW),两台冷却水泵(LQ/B_1,LQ/B_2,$P_e=30$ kW),采用定频控制,同时系统采用 BAS 控制,节能性一般。

7.2.1 改造思路

(1)改造基本原则为不降低原系统的服务水平,以不改变原系统的基本运行模式为前提。

在既有系统运行模式的基础上,增加节能运行模式,运行过程中可根据运营需要及实际情况进行两种模式的切换。采用原模式运行时原系统及各类设备运行工况不发生变化。

(2)针对地铁站空调水系统的节能改造,相关节能控制程序及设备均由节能公司进行改造施工与安装调试。

(3)对冷水泵及冷却水泵加装变频器,应通过对系统温度的监控,经变频调整水泵的运行状况,使系统温度和流量适应系统需求,达到节能目的。变频器的设置与冷水泵一一对应。同时,应注意系统的节能改造以不影响运营安全为前提。

(4)冷水泵、冷却水泵变频运行过程中,最低变频流量下限应满足冷水机组设备要求,同时应尽量使冷水机组在高效区运行,以实现冷水系统整体节能。冷水泵、冷却水泵变频运行下限设定值应由节能公司与冷水机组厂商进行确认。

7.2.2 空调水系统改造

为 2 台冷水泵(LD/B_1,LD/B_2,$P_e = 18.5$ kW),两台冷却水泵(LQ/B_1,LQ/B_2,$P_e = 30$ kW)加装变频器旁路,并将相应管路上的温度计更换为带数据传输功能的温度传感器,通过节能控制系统对系统温度的监控,调整水泵的运行状况,使系统温度和流量适应系统需求,达到节能的目的。

节能控制系统相关模块安装于新增的变频控制柜中,变频控制柜安装于冷冻站内。节能系统控制器现场用通信线缆与冷水泵、冷却水泵、智能变频控制柜、现场采集箱以及原有的冷水机组起、停控制柜连接。

冷水系统的供回水总管之间安装水流压差传感器,主机冷水出口管上安装有水温传感器,冷水总管上安装有流量计。每只水温传感器、流量计及水流压差传感器与现场采集箱连接。

节能系统控制器依据所采集的实时数据及系统的历史运行数据,计算出最佳温度、温差、压差和流量值,并与检测到的实际参数作比较,根据其偏差值控制冷水泵的转速,改变其流量使冷水系统的供回水温度、温差、压差和流量趋于模糊控制柜给定的最优值。

冷却水系统的供、回水总管上分别安装有水温传感器,每只水温传感器经传输导线与现场采集箱连接。冷却水泵智能控制柜设置就地/远程转换开关,转换开关置"就地"位可在柜上进行水泵起、停、调速等操作。当处"远程"位时,由模糊控制柜控制冷却水泵和冷水机组的启、停,由模糊控制柜对冷却水泵进行调节。机组运行时如果温度超过高限温度,系统送出报警信号并采取相应的保护措施,保证冷水机组的安全正常运行。

7.2.3 BAS系统采集控制接点改造内容

(1)将水泵变频器故障状态点并入BAS控制器故障状态采集点,当变频器旁路或工频回路发生故障时将故障信息反馈给BAS系统,同时将变频器运行状态点并入状态中间继电器控制点,BAS控制器可实时采集到水泵的运行状态。

(2)当系统切换到工频状态或复位清零时,原工频运行状态、故障状态、停止状态反馈到BAS界面,BAS启停命令控制工频启停。

(3)当系统切换到变频状态时,变频设备运行状态、故障状态、停止状态反馈到BAS系统,BAS启停命令控制变频启停。

(4)变频器具有过电流、短路、过电压、欠电压、电源缺相、三相不平衡及自身故障等保护。

在水泵的一次配电回路断路器上方加装电能计量装置(具有通信接口),对变频状态及工频状态的耗电量进行计量。

7.2.4 变频设备的配电及控制原则

(1)改造完成后,冷水泵、冷却水泵可在工频和变频两种状态下进行快速切换,且两种模式互锁。水泵的工/变频切换设置在就地变频柜上,由柜面转换开关进行模式切换;冷水泵、冷却水泵的控制均需具备"就地/远程、手动/自动"切换功能。

(2)当水泵在工频状态下运行时,设备完全按照原来的控制方式运行,在变频状态下运行时,变频设备取 BAS 系统对水泵发出的启停指令,控制节能系统的启停,同时由原 BAS 系统返信至车站综控室显示设备运行状态及故障信号。

7.2.5 EMS 的应用模式的应用优势

(1)地铁运营公司不需要承担节能项目实施的资金、技术风险,并在项目实施降低用能成本的同时,获得实施节能带来的收益和获取合同能源原理项目(Eleitro Magnetic Contracting,EMC)组提供的设备。

(2)节能效率高。EMC 项目的节能率一般在 5%～40%,最高可达 50%。

(3)使地铁公司运营管理更科学,地铁运营公司借助 EMC 实施节能服务,可以获得专业节能资讯和能源管理经验,提升运营人员素质,促进内部管理科学化。

(4)节能更专业。由于 EMC 项目是全面负责能源管理的专业化"节能服务公司",所以能够比一般技术机构提供更专业、更系统的节能技术。

(5)节能有保证。EMC 项目可向地铁运营公司承诺节能量,保证其可在项目实施后即刻实现能源利用成本下降。

(6)市场机制及双赢结果。EMC 项目为地铁运营公司承担了节能项目可能失败的风险,在客户见到节能效益后与客户一起分享节能成果,以取得双赢的效果。

7.3 上海地铁 8 号线通风空调系统节能改造

7.3.1 工程概况

上海地铁 8 号线于 2007 年建成通车,中央空调系统的水系统水泵原来一直采用的是工频运行模式,传统工频控制下的冷水泵和冷却水泵不能随负载变化做出相应调节,不可避免地存在较大截流损失和大流量、小温差的现象,不仅大量浪费电能,而且还造成中央空调末端达不到合理配置的情况。

为了使系统节能运行,曲阳路站 2011 年采用某品牌 FEC 节能控制系统实时节能改造,增加了深度节能控制系统及变流量节能控制装置,同时将大系统空调的调冷纳入整个控制系统,实现整个系统的统一协调控制,更有利于系统整体节能。该项目于 2012 年节能改造完成并投入运营,如图 7-1 所示。

图 7-1 现场改造图片

7.3.2 控制策略及模型

（1）冷水机组模型及控制。通过建立冷水机组能耗模型，可以精确计算出冷水机组在各运行工况下（如不同的冷水进出水温、冷却水进出水温、部分负荷率等）的能效 COP，从而得到各种系统工况下冷水机组的能耗。在模型计算中充分考虑到当前制冷机房中的定频离心机。超高效中央空调冷冻站节能优化控制站（Ultra Performance Plant Controller，UPPC）优化算法中将在定频离心机精确建模的基础上，在不同的工况下充分发挥定频离心机组的性能。

冷水机组的台数控制和加减机策略是基于优化程序的计算结果来执行的。即在满足不同的冷负荷需求的前提下，以机房整体能效比最高为控制目标，在不同运行组合中寻优而确定冷水机组运行的台数，并进行加减机判断。

（2）冷水泵模型及控制。通过建立冷水泵能耗模型，可以精确计算出冷水泵在各运行工况下（如不同的冷水流量、扬程和运行频率等）的能耗。冷水泵的能耗计算公式仅考虑冷水泵根据差压信号进行变频调速，根据优化算法找到其优化后的工作点。冷水供水压差设定值根据末端需求流量重置，冷水泵根据重置后的压差设定值工作，通过优化算法计算得到所需流量，变频控制运行在此优化后的工作点。

（3）冷却水泵模型及控制。建立冷却水泵能耗模型，精确计算出冷却水泵在各运行工况下（如不同的冷却水流量、扬程和运行频率等）的能耗。冷却水泵的台数和运行频率控制都是基于流量优化及温度控制来执行的，在不同的组合中寻优而确定冷却水泵的运行方式。冷却泵变频的同时要综合考虑流量减小对主机能效的影响，以机房整体能效比最高为控制目标。

（4）冷却塔模型及控制。建立冷却塔热湿交换模型，精确计算出冷却塔在各工况下（如不同的冷却水进出水温、冷却水流量、排热量、室外湿球温度等）的运行参数。冷却塔的台数控制是基于优化程序的计算结果来执行的，即在满足不同的排热量需求的前提下，以机房整体能效比最高为控制目标，在不同运行组合中寻优而确定冷却塔运行的台数。

根据经验,冷却水入口温度每降低1℃,主机可节电1.5%~2.0%。冷却水入口温度应在符合冷水主机特性及室外气温、湿球温度的限制下尽可能地降低,以节约冷水主机的耗电。在较低的冷却水温时冷水主机耗电降低,但冷却水塔耗电升高,两者耗电之和存在一最佳运转效率点。要达到最佳化控制,冷却水设定温度应随室外气温、湿球温度而变。

7.3.3 项目实施结果

曲阳路站冷冻泵为2台30kW,改造完成后测试数据见表7-2。

表7-2 冷冻水泵运行工况

日 期	冷冻泵电量/(kW·h)	运行模式	运行频率/Hz	室外温度/℃
7月10日	971	工频	50	34
7月9日	582	变频	43	34
7月15日	312	变频	37	28
7月16日	965	变频	50	28

改造完成后,全系统节能测试结果见表7-3。

表7-3 曲阳站节能效果

日期	主机电量	冷冻泵电量	冷却泵电量	总电量	运行模式	室外温度/℃	节能率
7月15日	2 977	312	363	3 652	变频	28	33.20%
7月16日	3 018	965	1 484	5 467	工频	28	基准值
9月6日	2 765	242	522	3 559	变频	29	34.53%
9月7日	3 112	903	1 422	5 436	工频	29	基准值

系统整体改造后,整体节能率在30%以上,节能效果非常明显。

7.4 深圳地铁1号线车站中央空调变频节能改造

7.4.1 工程概况

深圳地铁1号线(一期工程)2004年开通,以华侨城站为试点,2010年完成变频节能改造。深圳地铁车站中央空调系统有大系统、小系统和水系统。其中大系统指车站公共区(站台、站厅)的空调通风系统,包括组合式空调箱、回排风机等能耗设备;小系统指车站设备管理用房的空调通风系统,包括柜式风机盘管、回排风机等能耗设备;水系统指为大系统、小系统提供冷源的系统,包括冷水机组、冷冻泵、冷却泵、冷却塔等耗能设备。深圳地铁一期工程所有风机、水泵均为定频运行。

从系统设计来看,深圳地铁一期工程环控系统设计是按远期2028年晚高峰小时运营条件来设计的,而目前地铁大部分车站客流量还达不到远期设计要求。因此,地铁中央空调系统在初期及中期运营阶段都有较大的节能空间;从车站负荷情况来看,运营时段,车站客流主要集中在早中晚上下班高峰期,其余时间客流相对较少,差别明显。运营结束后,大系统停止工作,而小系统由于负责一些设备管理用房,需 24 h 不间断供冷,这就导致在夜间停止大系统后,水系统长时间在低负荷状态下运行,极大地浪费了能源。因此,运营时段及非运营时段负荷的差异性也使地铁中央空调系统有较大的节能空间。

7.4.2 改造思路

在大型公共建筑供暖空调电力消耗中,有 60%～70% 是由输送和分配冷量(热量)的风机、水泵所消耗,而这部分电耗有可能降低 60%～70%,存在巨大的节能潜力。由于风机及水泵都采用了变频控制,理论上功率的比与流量的比的三次方成正比,因此变频改造后,地铁车站中央空调系统能耗较以前能有很大降低。

本项目硬件方面通过增加变频器回路,软件方面通过在现有人机接口(Human Machine Interface,HMI)PLC 工程的基础上深度集成,增加变频工艺参数及相关监控功能,根据车站公共区的温湿度和 CO_2 浓度变化进行变频调节,在保证空气质量的前提下达到节能的目的。同时将变频控制的相关参数(如频率、自动/手动控制方式等)上传至车站 EMCS(原有的设备监控系统)系统并上传至调度中心(Operating Control Center,OCC)。环控调度员通过电力自动化系统(Electrical Monitoring and Control System,EMCS)实现对车站温度的自动控制及必要时的手动干预,从而满足车站舒适度与节能要求。变频改造兼顾车站火灾防排烟功能,EMCS 系统启动火灾模式后,变频风机能自动切换到工频运行,与现有火灾控制模式保持一致。

7.4.3 改造范围

改造范围见表 7-4。

表 7-4 华侨城站中央空调系统改造范围

系统名称	设备名称	功率/kW	数量/台	改造内容
水系统	冷水机组	140	2	运行状态及参数监测
	冷水泵	18.5	2	2 台变频控制(一控一)
	冷却水泵	22	2	2 台变频控制(一控一)
	冷却塔	2.2	2	不做改造
大系统	风柜	30	4	4 台变频控制(一控一)
	排风柜	11	4	4 台变频控制(一控一)
	新风机	0.75	2	不做改造

7.4.4 水系统改造

1. 改造系统硬件配置

(1)冷水泵控制柜 2 台(每个柜包含 1 台机械电表和 1 台通信表)。

(2)冷却水泵控制柜 2 台(每个柜包含 1 台机械电表和 1 台通信表)。

(3)主机电能计量单表它安装在主机控制箱内,方便接线,一控2(2机械2通信4块)测量冷水机组电量。

(4)现场仪表。它包括4个温度传感器、2台流量计和1台压差传感器,监测冷水系统过程参数。

2. 控制策略

(1)以冷水进出水管温差为被控量,以冷冻泵为控制对象,构成一套闭环控制系统,调节冷冻泵运行频率,使其在适当的节能状态下运行;流量和压差作为保护参数,当参数达到设定下限时,触发冷冻泵频率保护。

(2)以冷却水进出水管温差为被控量,以冷却泵为控制对象,构成一套闭环控制系统,调节冷却泵运行频率,使其在适当的节能状态下运行。

(3)当主机处于冷水流量或冷水出水低温保护状态时,提高冷却泵运行频率,以保护主机。

(4)当主机处于冷水进出水高压差保护状态时,降低冷却泵运行频率,以保护主机。

(5)当主机处于冷却水高温保护状态时,提高冷却泵运行频率,以保护主机。

(6)当主机处于冷却水低温保护状态时,降低冷却泵运行频率,以保护主机。

(7)水系统的启停控制由主机控制系统控制,变频器频率控制由车站环网控制进行控制,两个系统可进行数据交换,保证系统的正常运行。

(8)冷水温差控制采用分季节、分时段控制,室外温度传感器反馈作为辅助控制,如温度和季节完全不符合,就相应做出调整,以适应各种季节里的特殊天气。

7.4.5 大系统改造

1. 改造系统硬件配置

(1)替换原有风柜4个,加入变频器和电表等,保留原有功能。

(2)替换原有排风柜4个,加入变频器和电表等,保留原有功能。

(3)安装CO_2传感器4个。

2. 控制策略

(1)根据站厅内温度和CO_2浓度控制风机的运行频率。

(2)根据站厅内温度,控制风机二通阀的开启度,达到控制站内温度的目的。

(3)根据室内CO_2浓度控制排风机的运行频率。

(4)为保证车站正压需要,要求回排风机频率小于等于空调机频率,当检测到同一区域(东区和西区)中回排风机频率大于空调机频率时,系统强制设定回排风机频率等于空调机频率。

7.4.6 经济性分析

本项目改造费用95.6万元,按全年节省电费31.4万元计,3年可收回投资成本,具备可观的经济性。

7.4.7 存在的问题及优化方向

(1)仅关注水泵节电,忽略了系统能耗可能上升。

(2)冷水循环和冷却水循环控制相对独立,未能实现系统COP的综合优化控制。

(3)未能够根据中央空调主机特性优化组控。中央空调制冷主机的效率特性通常随着负荷的变化而变化,并在某一负荷率下具有最佳效率。因此,在多台机组并联运行时,可根据当前负荷情况和历史记录的主机负荷效率特性,选择一种最佳的主机运行台数组合,以达到系统的最高效率。

(4) PID 控制回水温度波动大,容易发生振荡,运行稳定性差,如采用模糊预期算法则能够实现回水温度精确控制。

(5) 在实际运行中,发现存在水力失调问题,为了保障局部失衡区域达到制冷标准,就必须保持较大的冷水流量,导致系统能耗增加且节能空间受到限制。后续可通过加装水力平衡阀,提供水力动态调节功能,实现空调管网系统的水力动态检测和自动调节,确保各支路的能量平衡和制冷效果均衡。

7.5 广州地铁 13 号线超高效机房系统

7.5.1 项目实施背景

广州地铁 13 号线首期工程于 2017 年底全线开通,白江站为 13 号线一期工程自西向东第 8 个车站,车站有站厅站台共两层,两端为设备区,中间为公共区。站厅层公共区面积 2 422 m²,站台层公共区面积 2 050 m²,公共区面积共 4 472 m²。各参数见表 7-5 和表 7-6。

表 7-5 白江站制冷机房初步设计中的主要设备参数

	主要性能参数	台 数	备 注
冷水机组	$Q_{冷}=888$ kW,$N=158.1$ kW/380 V COP=5.62 冷水:7℃/12℃;冷却水:32℃/37℃	2	折合到国标名义工况 COP 为 5.95,为超一级能效。满足国家标准 GB 50189—2015 能效要求。
冷水泵	$L=150$ m³·h⁻¹,$H=31$ mH₂O $N=18.5$ kW,380 V,效率 80%	2	
冷却水泵	$L=220$ m³·h⁻¹,$H=22$ mH₂O $N=22$ kW,380 V,效率 80%	2	
冷却塔	$L=254$ m³·h⁻¹,$N=4$ kW,380V 供回水温度:32℃/37℃ 塔体扬程 3.76 m	2	

表 7-6 白江站制冷主机房能效比计算

	单台制冷量/kW	单台输入功率/kW	台数/台	总制冷量/kW	总输入功率/kW
冷水机组	888	158.1	2	1 776	316.2
冷水泵	—	17.12	2		34.25
冷却水泵		17.77	2	—	35.53
冷却塔	—	3.6	2		7.2
总计		—		1 776	393.18
机房能效比	4.52				

备注:冷却塔输入功率按照装机功率 0.9 考虑;水泵电机效率按 2 级能效考虑,冷水泵电机效率 92.4%,冷却水泵电机效率 92.7%。

根据《公共建筑节能设计标准》(GB 50189—2015)中对电冷源综合制冷性能系数(SCOP)的规定,即设计工况下,电驱动的制冷系统的制冷量与制冷机、冷却水泵及冷却塔净输入能量之比,其要求见表7-7。

表7-7 电冷源综合制冷性能系数(SCOP)

类型		名义制冷量CC/kW	综合制冷性能系数SCOP/(W/W) 夏热冬暖地区
水冷	活塞式/涡旋式	CC≤528	3.6
	螺杆式	CC≤528	3.7
		528＜CC＜1 163	4.1
		CC≥1 163	4.4
	离心式	CC≤1 163	4.2
		1 163＜CC＜2 110	4.5
		CC≥2 110	4.6

电冷源综合制冷性能系数中不包括冷水泵的功耗。如果扣除冷水泵的功耗,白江站的SCOP值为4.95,满足新节能标准要求。

根据美国暖通空调工程师协会(Americovn Society of Heating, Refrigerating and Air-Conditioning Engineers, ASHRAE)的指引,制冷主机房全年平均能效比低于3.5为需要改进,3.5～4.1为一般效率,4.1～5.0为高效机房,5.0以上为超高效机房。

根据上述计算,在设计工况下白江站的制冷机房能效比为4.52,该能效比处于高效机房效率范围内,但与超高效制冷机房还有一定的差距,且该能效比为设计工况下,并非全年平均值。因此如何实现在全年不同工况下,获得更高的全年平均能效比,是该项目的研究重点。2015年12月由广州地铁集团科研立项,南京天加环境科技有限公司提供高效冷水机组、组合式空气处理机组及其他附属设备,南京福加自动化科技有限公司提供自动化系统设备集成及策略控制,三方共同开展国内第一个城市轨道交通超高效制冷机房的研制。

7.5.2 冷水机组优化选型

(1)串联逆流设计。从图7-2可以看出,系统1和系统2的蒸发器和冷凝器进出口呈现逆流状态,以设计工况(系统冷凝器进出口水温30.5℃/35.5℃,系统蒸发器进出口水温10℃/17℃)为例,此时对于系统1,冷凝器进出口水温为30.5℃/32.5℃,蒸发器进出口水温12.8℃/10℃与单机头相同工况相比,蒸发器出口水温不变,而冷凝器出口水温较设计工况高(35.5-32.5=3℃),根据压缩机的特性,机组COP将得到较大的提高。同样对于系统2,冷凝器进出口水温为32.5℃/35.5℃,蒸发器进出口水温17℃/12.8℃与单机头相同工况相比,冷凝器出口水温不变,而蒸发器出口水温较设计工况高(12.8-10=2.8℃),根据压缩机的特性,机组COP将得到较大的提高,同时冷量亦得到较大的提高。综上所述,采用串联逆流的设计可以实现机组冷量和 COP 均有较大幅度提高。

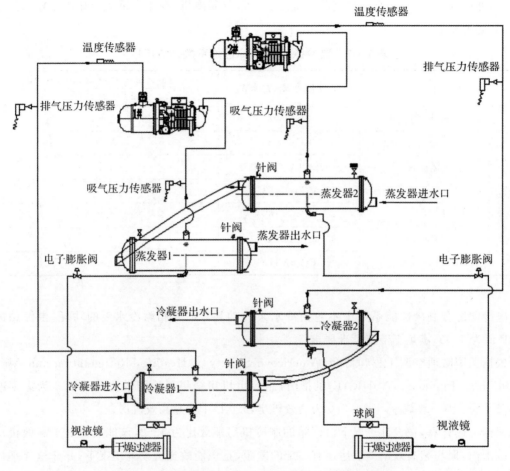

图 7-2 串联逆流子母配双机头高效冷水机组系统图

(2) 双机头子母设计。从系统图 7-2 中可以看出,该高效冷水机组包括系统 1 和系统 2 两个独立的制冷系统,压缩机设计冷量比例为 4:6,由于压缩机的特性,在相同工况下,单个压缩机在 75%~100% 负荷下系统性能相差不大,但随着压缩机负载的进一步降低,其系统性能将大幅度降低,因而该设计主要目的在于通过有效控制实现机组能够在较大负荷范围内均能够高效运行。

(3) 大温差/高出水温度设计。根据地铁站台冷量需求的特点,串联逆流子母配双机头高效冷水机组采用大温差设计,根据大温差和高出水温度匹配优化换热器尺寸和换热面积,换热器均采用三流程,提高在水流量变小情况下水侧的换热性能,从而提高整体换热器换热性能。采用高出水温度设计(10℃及其以上蒸发器出水温度),在蒸发中设置特有的挡液板,确保制冷剂在蒸发器中剧烈沸腾时不产生带液现象。同时采用特有的回油技术,实现压缩机在不同工况下回油问题得到完好解决。通过大温差、高出水温度设计,实现机组蒸发温度得到较大提升,从而大幅度提高机组 COP。

(4) 控制逻辑优化。从上述分析可以看出,要想实现制冷系统在部分负荷下高效运行,则

需要控制系统的运行逻辑,实现任何一台压缩机无论何时均在其75%负载及以上运行,其控制逻辑如下:

压缩机减载调节:当实际负荷小于计算负荷时,大小压缩机同时减载,直到减载到额定负载的75%。当此时负荷仍然小于计算负荷,关闭小压缩机,大压缩机直接加载到100%(相当于总负载的67%)。随着负荷的进一步降低,逐步降低压缩机负载到75%。如果此时负载进一步降低,则打开小压缩机并加载到100%(相关于总负载的33%)同时关闭大压缩机。随着负载进一步降低,小压缩机减载到其负载的75%,直到关机。

压缩机加载调节:当实际负荷大于计算负荷时,开启小压缩机,并持续加载到100%,若负荷不能满足要求时,开启大压缩机,并持续加载到100%。当加载过程完成稳定时,如果压缩机的加载负荷不在75%及其以上情况,先将负载加载到75%,然后按照压缩机减载调节逻辑进行运行。

(5)冷水机组优化前后对比分析。从表7-8和表7-9可以看出,优化前白江站额定工况COP为5.62,优化后额定工况平均COP为7.13,COP提高27%。对于指定工况NPLV,优化前白江站NPLV为4.7,优化后NPLV为7.02,NPLV提升高达49%。

表7-8 优化前白江站机组性能参数表

项 目				白江站 (原设计方案)
运行工况			方案参数表	500RT=2×252RT
			机组型号 TWSF-DC1	250.1
指定工况系统NPLV定温差,定进出水温度(优化前)	冷却水进出水温度: 37/32℃;冷媒水进出水温度:12℃/7℃	100% 工况	冷量/kW	1 776
			功率/kW	316
			COP	5.62
			运行逻辑说明	100%满负荷运行
	冷却水进出水温度: 37/32℃;冷媒水进出水温度:12℃/7℃	75% 工况	冷量/kW	1 332
			功率/kW	261
			COP	5.11
			运行逻辑说明	75%负荷运行
	冷却水进出水温度: 37/32℃;冷媒水进出水温度:12℃/7℃	50% 工况	冷量/kW	888
			功率/kW	200
			COP	4.45
			运行逻辑说明	50%负荷运行
	冷却水进出水温度: 37/32℃;冷媒水进出水温度:12℃/7℃	25% 工况	冷量/kW	444
			功率/kW	108
			COP	4.10
			运行逻辑说明	25%负荷运行
指定工况 NPLV				7.02

表 7-9 优化后白江站机组性能参数表

项目			白江站（新设计方案）	
运行工况		方案参数表	500RT＝200RT(120＋80)＋300RT(180＋120)	
		机组型号	200.2	300.2
指定工况系统NPLV定温差，定进出水温度（优化后）	冷却水进出水温度：35.5/30.5℃；冷媒水进出水温度：17℃/10℃	100%工况		
		冷量/kW	1 783	
		功率/kW	250	
		COP	7.13	
		运行逻辑说明	100%满负荷运行	
	冷却水进出水温度：35.5/30.5℃；冷媒水进出水温度：17℃/10℃	75%工况		
		冷量/kW	1 337	
		功率/kW	190	
		COP	7.05	
		运行逻辑说明	关闭200.2系统大压缩机，300.2系统两台压缩机和200.2小压缩机同时无极能量调节	
	冷却水进出水温度：35.5/30.5℃；冷媒水进出水温度：17℃/10℃	50%工况		
		冷量/kW	892	
		功率/kW	127	
		COP	7.04	
		运行逻辑说明	关闭200.2系统，300.2两台压缩机同时无极能量调节	
	冷却水进出水温度：35.5/30.5℃；冷媒水进出水温度：17℃/10℃	25%工况		
		冷量/kW	446	
		功率/kW	65	
		COP	6.85	
		运行逻辑说明	关闭300.2系统，关闭200.2小压缩机，200.2大压缩机无极能量调节	
指定工况NPLV			7.02	

7.5.3 冷却塔优化选型

(1)冷却塔能耗在空调系统能耗中所占比例虽然较小，但其出水温度对冷水机组能耗影响较大。因此冷却塔的节能运行控制包括冷却塔风机节能及提供更接近空气湿球温度的冷却水。

由于冷却塔散热面积根据设计工况选取，在部分负荷下，冷却塔散热面积相对变大，应充分利用以获得更好的冷却效果。而在部分负荷下,冷水机组冷凝器所需排走的冷凝热减少,系统部分负荷下由于单台主机运行负荷率较高,其对应的冷却水变流量范围不大,流量变化引起的 COP 下降不大,可考虑冷却水变流量运行,此时冷却塔需可满足变水量运行要求。

部分负荷工况下,进入冷却塔总的最小冷却水流量由主机制冷系统所需要的最小流量确定,但进入各台冷却塔的流量可以根据冷却塔的变流量范围结合开启台数控制。随着负荷降低,当进入冷却塔的冷却水流量减少到一定程度时,将影响冷却塔的布水,从而将影响冷却塔的换热性能,因此为尽量利用冷却塔在部分负荷时多余的散热面积,需扩大冷却塔可变流量的范围,通过对冷却塔内部结构的优化,冷却水变流量范围一般可控制在 50%～100%,甚至更低。

部分负荷时,通过充分利用冷却塔散热面积,相比设计工况,进出冷却塔流量变小,散热面积不变,则可减小风量、风机变风量运行,降低冷却塔风机能耗,同时散热面积相对增大,冷却塔出水温度可以更接近空调湿球温度,获得较低的冷却水的出水温度,进而提高冷水机组能效。

故冷却塔高效运行的控制为开启多台冷却塔,其开启台数不一定与冷水机组台数对应,而只需保证每台冷却塔的流量不小于所需最小流量、冷却塔提供的总水量满足冷水机组总冷却水水量要求即可,同时根据设定的冷却水温与空气湿球温度的逼近温差,控制冷却塔的风机变频运行,节省风机能耗。

(2)冷却塔台数优化。为保证在低负荷时,尽量节省冷却水泵运行能耗,需对冷却塔变流量运行范围及台数进行优化,以保证冷却水泵提供最少的冷却水即可满足冷水机组运行及冷却塔运行要求。通过选用变流量范围为 30%～100% 的冷却塔,结合优化,可以实现在极低的部分负荷时,冷却塔也可以变流量运行。

白江站原有冷却塔为 2 台,优化后为 4 台,则每台冷却塔承担的负荷为 25%,变水量运行至 30% 时,单台冷却塔承担的负荷为设计总负荷的 7.5% 左右,考虑到冷水机组有 1.2 左右的富裕系数,则实际上单台冷却塔可变流量承担的最低负荷为 9%。

白江站所选冷水机组最小机头负荷占各自设计总冷负荷的 16%,当最小机头卸载至 75% 的荷载率时,此时冷水机组提供的最小冷负荷分别为设计总冷负荷的 12%,与单台冷却塔可变流量承担的最低负荷 9% 较为匹配。

(3)冷却塔优化前后参数对比见表 7-10。由表 7-10 可以看出,优化前后冷却塔台数由 2 台变为 4 台,通过增加填料面积,冷却水进出水温度为 35.5℃/30.5℃,比原设计降低了 1.5℃;冷却塔风机总功率基本保持不变;塔体扬程不变,不额外增加冷却水泵扬程;风机电机采用变频高效电机,变频范围可达 5～50Hz,可更好节省风机运行能耗。

表 7-10 白江站冷却塔优化前后技术参数对比表

内容		方形横流式超低噪声冷却塔		
		优化前方案	优化后方案	配置变动情况
整体技术参数	型号/数量	NC8407KAN1/2 台	NC8405HCN/4 台	
	湿球温度/℃	28	28	
	进水温度/℃	37	35.5	
	出水温度/℃	32	30.5	
	冷却水量/(m³·h⁻¹)	254/508	104/416	
	最大功率/kW	4/8	2.2/8.8	总功率相同
	塔体扬程/mH₂O	3.76	3.76	
风机	配套风机生产厂家及型号	马利/X72	Marley MAG 进口超静音风机	改用进口静音风机
	风量/(m³·h⁻¹)	136 620/273 240	96 500/386 000	
	风机直径/mm	3 048	2 743	
	转速/(r·min⁻¹)	181	134	转速减低
	叶片数量/片	6	4	
电机	配套电机生产厂家及型号	马拉松	马拉松/变频电机	改变频电机
	变频范围/Hz	/	5~50	
	转速/(r·min⁻¹)	1 000	750	转速减低
	功率/kW	4	2.2	
	极数/Pole	6	8	改 8 级电机
	电压/V	380	380	
	频率/Hz	50	50	
填料	填料形式	悬挂式	悬挂式	
	填料材质	PVC	PVC	
	填料片数量/片	370×2=740	308×4=1 232	填料面积增加 66%
	填料片厚度/mm	0.32	0.32	
	片间距/波高/mm	25/5.72	25/5.72	
配水	配水方式	重力池式布水	重力池式布水	
	变流量方式	/	采用可变流量进口专利喷头	
	变流量范围	/	30%~100% 变流量运行	
	喷头数量	322×2=644	266×4=1 064	

7.5.4 制冷机房水管网优化

(1)低阻力阀件选择。

1)过滤器。对于空调水系统,在水泵、冷水机组入口需设置过滤器,一般的Y型过滤器过滤面积小,阻力较大,在1～3 m左右。而对空调水系统而言,直径<2 mm杂质在系统内运行而不会对制冷机、末端设备以及换热设备造成损坏。所以可以采用较大滤孔、较大过滤面积的过滤器,减少过滤器阻力,如篮式过滤器。不同厂家不同过滤器阻力见表7-11。

表7-11 不同厂家不同过滤器阻力损失对比表

序号	设备名称	品牌	水流量 $(m^3 \cdot h^{-1})$	管口直径尺寸 mm	水流速 $(m \cdot s^{-1})$	水阻力 mH_2O
1	篮式过滤器	品牌1	292	250	1.65	0.2
2	Y型过滤器	品牌2	292	250	1.65	1
3	Y型过滤器	品牌3	292	250	1.65	2.2

因此可以按以下原则选取过滤器:单个过滤器在额定流量下的初阻力不大于0.2 mH_2O。为进一步减少水管网阻力,还可以选择直角式过滤器,安装在水泵入口,可以连接水平管和竖向管道,节省一个弯头及其阻力损失。

2)止回阀。空调水系统中水泵出口需设置止回阀防止逆流和水锤。常见止回阀有升降式止回阀、旋启式止回阀、蝶式止回阀、梭式止回阀、球型止回阀和静音止回阀等若干种。不同厂家不同止回阀阻力见表7-12。某厂家静音型止回阀不同流速下的阻力损失如图7-3所示。

表7-12 不同厂家不同止回阀阻力损失对比表

序号	设备名称	品牌	水流量 $(m^3 \cdot h^{-1})$	管口直径尺寸 mm	水流速 $(m \cdot s^{-1})$	水阻力 mH_2O
1	静音止回阀	品牌1	292	250	1.65	0.15
2	消声止回阀	品牌2	292	250	1.65	0.3
3	止回阀	品牌3	292	250	1.65	1.8

从表7-12和图7-3可以看出,不同类型止回阀、不同厂家,阻力损失相差较大,为降低水泵扬程,可选择静音型止回阀,既满足水系统关闭时的消声要求,又可控制阻力损失在0.2 mH_2O以内。

(2)水管路低阻力优化。

1)减少弯头。通过将水泵进出水口高度与主机进出口置平,可以减少管路弯头,如图7-4所示,左边为一般常规接法,采用卧式端吸水泵,右边为采用立式或中开卧式水泵,将主机与水泵水平对接,直进直出,可以减少3个弯头。如将水泵入口处弯头改为直角式过滤器,则还可以减少一个弯头。

2)将直角弯头、直角三通改为顺水弯头或顺水三通。图7-5为弯头、三通优化前后的阻力系数比较结果,可以看出,优化后三通、弯头可分别减少66%和50%的阻力损失。

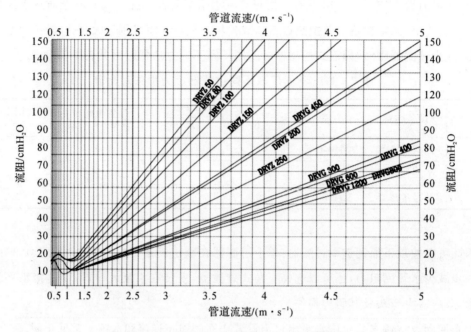

图7-3 静音式止回阀流量-压差曲线图

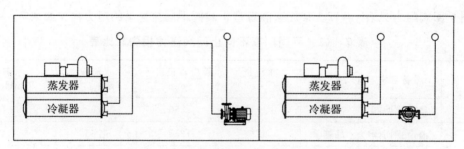

图7-4 冷水机组与水泵优化接管方式

形式简图	流向	阻力系数
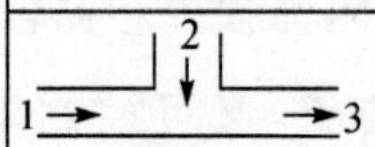 (直角三通)	2→3	1.5
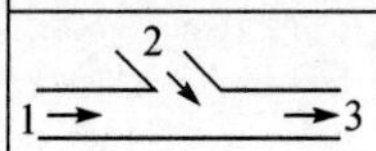 (顺水三通)	2→3	0.5

弯头类型	阻力系数
 (直角弯头)	ξ
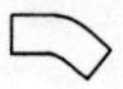 (顺水弯头)	0.5ξ

图7-5 三通、弯头优化前后阻力系数对比

7.5.5 水泵选型优化

(1)冷水泵。

1)制冷机房外管路阻力损失。冷水最不利环路为从 B 端制冷机房至 A 端 AHU-A01 环路。制冷机房外管路阻力损失计算结果见表 7-13。经计算,最不利环路机房外冷水供水管长度约为 238.5 m,局部阻力损失为 10 kPa,沿程阻力损失为 23.5 kPa,总阻力为 33.5 kPa。由于系统为异程管路,则回水管路阻力损失与供水管路阻力损失相等,则最不利环路机房外总的局部阻力损失为 20 kPa,总沿程阻力损失为 46.5 kPa,总阻力为 66.5 kPa。

2)制冷机房内管路阻力损失。制冷机房内冷水计算环路为 CH-W02 环路,管路阻力损失计算结果见表 7-14。

经计算,机房内冷水供水管长度为 38.5 m,局部阻力损失为 13.4 kPa(含分集水器 3.7 kPa),沿程阻力损失为 3.4 kPa,总阻力约为 16.8 kPa。

3)冷水泵扬程计算。根据之前的计算,冷水泵扬程计算见表 7-15,故取白江站冷水水泵扬程为 27 mH_2O。(各主机蒸发器水压降接近,各水泵扬程统一取值)

(2)冷却水泵。

1)制冷机房外管路阻力损失。制冷机房外管路阻力损失计算结果见表 7-16。

经计算,最不利环路机房外冷却水供水管长度约为 51 m,局部阻力损失为 5.1 kPa,沿程阻力损失为 2.8 kPa,总阻力为 7.9 kPa。由于系统为异程管路,则回水管路阻力损失与供水管路阻力损失相等,则最不利环路机房外总的局部阻力损失为 10.2 kPa,总沿程阻力损失为 5.6 kPa,总阻力为 15.8 kPa。

经计算,机房内冷却水供水管长度约为 41.65 m,局部阻力损失为 8.5 kPa,沿程阻力损失为 3.1 kPa,总阻力约为 11.6 kPa。

2)冷却水泵扬程计算。根据之前的计算,冷却水泵扬程计算见表 7-18。

故取白江站冷却水泵扬程为 16.5 mH_2O(各主机冷凝器水压降接近,各水泵扬程统一取值)。

经过对水泵流量及扬程的计算和选型,白江站各水泵主要参数见表 7-19。

7.5.6 空调末端优化选型

大温差高温冷水对末端盘管选型的特殊考虑有以下几点。

(1)因冷水进水温度越低,盘管的换热性能越好,盘管的规格越小,所以想要达到设计参数要求,盘管规格会增大。在 10℃进水工况下,盘管排数会选到 8 排,10 排,一般风阻增加量为 25Pa·排$^{-1}$,为保证风阻不过大,盘管选型以排数控制在 6 排以内,每英寸(1 in=2.54 cm)翅片数控制在 12 片以内为原则,适当增大盘管迎风面积,满足换热要求。

表 7-13 白江站机房外冷水管路阻力损失计算表

编号	流量/(kg·h⁻¹)	负荷/W	流速/(m·s⁻¹)	Rm/(Pa·m⁻¹)	管径/mm	长/m	动压/Pa	ζ	Δp_d/Pa	Δp_l/Pa	Δp/Pa
管段 0	75 838.35	617 400.00	1.10	88.08	DN150	3.50	607.55	0.00	0.00	308.27	308.27
管段 1	75 838.35	617 400.00	1.10	88.08	DN150	2.42	607.55	1.00	607.55	213.29	820.84
管段 2	75 838.35	617 400.00	1.10	88.08	DN150	6.55	607.55	1.00	607.55	576.58	1 184.13
管段 3	75 838.35	617 400.00	1.10	88.08	DN150	4.92	607.55	1.00	607.55	432.96	1040.51
管段 4	75 838.35	617 400.00	1.10	88.08	DN150	1.37	607.55	1.00	607.55	120.76	728.30
管段 5	75 838.35	617 400.00	1.10	88.08	DN150	2.20	607.55	1.00	607.55	193.77	801.32
管段 6	75 838.35	617 400.00	1.10	88.08	DN150	44.30	607.55	1.00	607.55	3 902.18	4 509.73
管段 7	75 838.35	617 400.00	1.10	88.08	DN150	24.64	607.55	1.00	607.55	2 170.38	2 777.93
管段 8	75 838.35	617 400.00	1.10	88.08	DN150	110.10	607.55	1.00	607.55	9 697.21	10 304.76
管段 9	63 260.04	515 000.00	1.30	151.81	DN125	7.95	850.11	0.10	85.01	1 206.88	1 291.89
管段 10	63 260.04	515 000.00	1.30	151.81	DN125	2.25	850.11	1.00	850.11	341.57	1 191.68
管段 11	63 260.04	515 000.00	1.30	151.81	DN125	15.80	850.11	1.00	850.11	2 398.57	3 248.68
管段 12	63 260.04	515 000.00	1.30	151.81	DN125	7.89	850.11	1.00	850.11	1 197.77	2 047.88
管段 13	63 260.04	515 000.00	1.30	151.81	DN125	2.76	850.11	1.00	850.11	418.41	1 268.52
管段 14	63 260.04	515 000.00	1.30	151.81	DN125	1.26	850.11	1.00	850.11	191.26	1 041.37
管段 15	63 260.04	515 000.00	1.30	151.81	DN125	0.60	850.11	1.00	850.11	91.08	941.20
小计						238.51		14.10	10 046.07	23 460.94	33 507.01

第7章 高效制冷空调系统运行案例及实效

表 7-14 白江站机房内冷水管路阻力损失计算表

序号	负荷/kW	流量/(m³·h⁻¹)	管径/mm	管长/m	N/(m·s⁻¹)	R/(Pa·m⁻¹)	Δp_y/Pa	ξ	动压/Pa	Δp_j/Pa	$\Delta p_y+\Delta p_j$/Pa
1	1 775	218.261 0	DN250	7.50	1.169	52.566	394.245 0	1.404	683.280 5	959.325 822	1 353.570 822
2	753	92.592 0	DN150	1.15	1.346	128.650	147.947 5	1.500	905.858 0	1 358.787 000	1 506.734 500
3	377	46.357 5	DN150	1.00	0.674	33.864	33.864 0	0.100	227.138 0	22.713 800	56.577 800
4	377	46.357 5	DN125	6.70	0.955	82.480	552.616 0	4.140	456.012 5	1 887.891 750	2 440.507 750
5	753	92.592 0	DN150	14.00	1.346	128.650	1801.1	4.750	905.858 0	4 302.825 500	6 103.925 500
6	1 775	218.261 0	DN250	8.15	1.169	52.566	428.412 9	1.724	683.280 5	1 177.975 582	1 606.388 482
小计				38.5			3 358.2	13.618		9 709.5	13 067.7

表 7-15 冷水泵扬程计算

单位:mH₂O

机房外管路沿程阻力	机房外管路局部阻力	空调末端阻力	控制阀	机房内管路沿程阻力	机房内管路局部阻力	机房内其他局阻		冷水机组	总阻力	水泵扬程 *1.1~1.2
						过滤器	止回阀			
4.63	2	5	2.5	0.34	1.34	0.2	0.2	7.29	23.56	27

表 7-16 白江站机房外冷却水管路阻力损失计算表

编号	流量/(kg·h^{-1})	负荷/W	流速/(m·s^{-1})	R_m/(Pa·m^{-1})	管径/mm	长/m	动压/Pa	ζ	Δp_d/Pa	Δp_i/Pa	Δp/Pa
管段0	348 065	2 024 000	1.30	61.00	DN300	4.50	834.90	0.	0.00	274.49	274.49
管段1	348 065	2 024 000	1.30	61.00	DN300	5.79	834.90	1.0	834.90	353.18	1 188.07
管段2	348 065	2 024 000	1.30	61.00	DN300	13.21	834.90	1.0	834.90	805.54	1 640.44
管段3	348 065	2 024 000	1.30	61.00	DN300	3.38	834.90	1.0	834.90	205.88	1 040.78
管段4	348 065	2 024 000	1.30	61.00	DN300	10.39	834.90	1.0	834.90	633.72	1 468.62
管段5	348 065	2 024 000	1.30	61.00	DN300	3.20	834.90	1.0	834.90	195.32	1 030.21
管段6	261 049	1 518 000	0.97	34.52	DN300	3.10	469.63	0.1	46.96	107.00	153.96
管段7	174 032	1 012 000	0.65	15.52	DN300	3.10	208.72	0.1	20.87	48.10	68.98
管段8	87 016	506 000	0.32	4.00	DN300	3.10	52.18	0.1	5.22	12.41	17.63
管段9	87 016	506 000	1.27	139.93	DN150	1.14	803.24	1.0	803.24	159.00	962.00
						50		6.3	5 050	2 795	7 845

表 7-17 白江站机房内冷却水管路阻力损失计算表

序号	负荷/kW	流量/(kg·h^{-1})	管径/mm	管长/m	v/(m·s^{-1})	R/(Pa·m^{-1})	ΔP_y/Pa	ξ	动压/Pa	Δp_j/Pa	$\Delta p_y+\Delta P_j$/Pa
1	857	147 404	DN200	15.90	1.113	70.456	1 120.250 40	2.22	619.384 5	1 375.033 59	2 495.283 99
2	429	73 788	DN200	1.00	0.557	18.002	18.002 00	0.10	155.124 5	15.512 45	33.514 45
3	429	73 788	DN150	6.70	1.078	100.821	675.500 70	4.34	581.042 0	2 521.722 28	3 197.222 98
4	857	147 404	DN200	17.10	1.113	70.456	1 204.797 60	4.34	619.384 5	2 688.128 73	3 892.926 33
5	2 021	347 612	DN300	0.95	1.295	60.777	57.738 15	2.22	838.512 5	1 861.497 75	1 919.235 90
				41.65			3 076.3	13.22		8 461.9	11 538.2

表 7-18 冷却水泵扬程计算 单位:mH₂O

机房外管路沿程阻力	机房外管路局部阻力	冷却塔	机房内管路沿程阻力	机房内管路局部阻力	机房内其他局阻		冷水机组	总阻力	水泵扬程 *1.1~1.2
					过滤器	止回阀			
0.56	1.01	3.8	0.31	0.85	0.2	0.2	7.5	14.42	16.5

表 7-19 白江站各水泵主要参数表

	冷水泵 1	冷水泵 2	冷却水泵 1	冷却水泵 2
白江站	$L=70$ m³·h⁻¹, $H=27$ mH₂O, 水泵效率≥79.2%, $N=7.5$ kW/380 V 2 900 r·min⁻¹ 2 台	$L=50$ m³·h⁻¹, $H=27$ mH₂O, 水泵效率≥76.4%, $N=7.5$ kW/380 V 2 900 r·min⁻¹ 2 台	$L=110$ m³·h⁻¹, $H=16.5$ mH₂O, 水泵效率≥81.3%, $N=7.5$ kW/380 V 2 900 r·min⁻¹ 2 台	$L=80$ m³·h⁻¹, $H=16.5$ mH₂O, 水泵效率≥76.7%, $N=5.5$ kW/380 V 2 900 r·min⁻¹ 2 台

(2)为保证冷量充足,将所有盘管调整为 6 排 12 片,优化回路,保证水阻控制在 3.5~5 m 之间,保证机组实际运行时的水力平衡。

(3)因盘管排数和翅片间距发生变化,盘管段风阻会增加在 10~50Pa 左右,但相对于机组全压而言,占比并不算大,故电机功率并未发生明显变化。且因盘管迎风面积增大,部分盘管的风阻还降低了。

从表 7-20 可以看出,末端电机功率并未对系统整体能耗造成影响。

表 7-20 电机总功率对比表

序 号	类 型	白江站
1	总电机功率(原设计值)/kW	119.1
2	总电机功率(7~12℃)/kW	114.5
3	总电机功率(10~17℃)/kW	112.1

7.5.7 控制系统节能策略优化

(1)冷水机组加减载控制数学模型。白江站冷源为 1 台 292RT 大小机头双螺杆机组,1 台 215RT 大小机头双螺杆机组,在全运行周期内,通过调整机组台数、压缩机台数,以及机组容量调节,可以保证单台机组或单台压缩机的负荷率保持在 50%以上。具体见表 7-21。

表 7-21 白江站不同负荷率下冷水机组理想开机策略及其单机组负荷率

系统负荷率	开机情况				单机组/机头负荷率/(%)
	292RT 机组		215RT 机组		
	175RT 机头	117RT 机头	129RT 机头	86RT 机头	
100~83	√	√	√	√	100~83

续 表

系统负荷率	开机情况				单机组/机头负荷率/(%)
	292RT 机组		215RT 机组		
	175RT 机头	117RT 机头	129RT 机头	86RT 机头	
83～57.6	√	√	√	×	100～69.4
57.6～42.4	√	√	×	×	100～73.6
42.4～34.5	×	×	√	√	100～81.4
34.5～25.4	√	×	×	×	100～73.7
25.4～17	×	×	√	×	100～66.7
17～10	×	×	×	√	100～59

但实际上由于负荷是波动的，各开机组合之间的切换需要一定控制逻辑及响应时间要求，因此实际的开机策略需调整，使得各开机组合方式之间所负责的冷负荷范围有一定的重合区间，见表7-22。

表7-22 白江站不同负荷率下冷水机组考虑重叠区的开机策略及其单机组负荷率

开机组合	系统负荷率/(%)	单机组/单机头负荷率/(%)
组合方式1：292RT(175+117)+215RT(129+86)	100～78	100～78
组合方式2：292RT(175+117)+215RT(129+0)	83～52.6	100～63.3
组合方式3：292RT(175+117)	57.6～37.4	100～64.9
组合方式4：215RT(129+86)	42.4～29.5	100～69.6
组合方式5：292RT(175+0)	34.5～20.4	100～59.2
组合方式6：215RT(129+0)	25.4～13	100～51.1

从表7-22可以看出，每个组合开机方式对应一定的总冷负荷率区间，相邻负荷率区间有5%的重叠区，即在负荷波动时，有一定的响应时间根据其波动趋势加减载，防止加减载机过于频繁。在系统总冷负荷率为29.5%～100%时，单机组/单机头负荷率可达60%以上，在10%～29.5%区间，单机组/单机头负荷率也可达50%以上。

从组合2、组合5、组合6可以看到，292RT机组、215RT机组均有单机头独自运行，由于机组为双机头串联逆流设计，当单机头独自运行时，机组比双机头同时运行时，在同样的负荷率工况下，COP下降8%左右。因此需要比较单机头在较高负荷率下运行与双机头同时在较低负荷率下运行时的COP。经过计算分析，优化后的开机策略见表7-23。

表 7-23 白江站不同负荷率下冷水机组优化后的开机策略及其单机组负荷率

开机组合	系统负荷率/(%)	单机组/单机头负荷率/(%)
组合方式 1： 292RT(175+117)+215RT(129+86)	100~78	100~78
组合方式 2： 292RT(175+117)+215RT(129+0)	83~52.6	100~63.3
组合方式 3：292RT(175+117)	57.6~37.4	100~64.9
组合方式 4：215RT(129+86)	42.4~20.4	100~48.2
组合方式 5：215RT(129+0)	25.4~13	100~51.1

(2)冷水机组加减载控制相关参数的计算。

1) 系统负荷率 $f(a)$。一种方式是根据电功率核算，系统负荷率 $f(a)$＝当前运行状态压缩机功率和/冷水机组额定总功率。另外一种计算方式是根据冷量核算，系统负荷率 $f(a)$＝当前运行状态冷水机组冷量/冷水机组总的额定冷量。

2) 单机组/单机头负荷率 $f(x)$。由于机组子母压缩机之间是 4∶6 的配比，所以单机组/单机头负荷率 $f(x)$ 也有两种计算方式。一种方式是根据电功率核算，单机组/单机头负荷率 $f(x)$＝当前运行状态压缩机当前功率和/当前运行状态压缩机额定功率和。另外一种计算方式是根据冷量核算，单机组/单机头负荷率 $f(x)$＝当前运行状态冷水机组压缩机冷量和/当前运行状态冷水机组压缩机额定冷量和。不管采用哪一种方式计算，计算结果都可以代表当前状态下单机组/单机头负荷率 $f(x)$。

3) 压缩机加载负荷率 $f(y)$。压缩机加载负荷率 $f(y)$ 主要用于控制压缩机的滑阀位置，由制冷机房节能控制系统计算后将此参数通过通讯方式传递给冷水机组控制器，由冷水机组控制器控制压缩机的滑阀到指定位置，从而间接实现制冷机房节能控制系统控制压缩机加载负荷率 $f(y)$ 的目的。压缩机加载负荷率 $f(y)$ 的计算需要使用以下参数：冷水机组冷水出水温度设定值 T_{sp}，冷水机组冷水出温度实际值 T_{pv}。压缩机加载负荷率 $f(y)$ 根据这两个参数动态调节。

4) 冷水机组加减载控制策略。开机时根据室外新风温湿度来预判首次开机时采用的开机组合，在冷水机组完成开机动作并输出了相应的冷量后计算系统的负荷率和单机组/单机头负荷率，根据系统的负荷率和单机组/单机头负荷率选择合适的组合方式。

5) 压缩机同步加减载控制策略。每台机组两个压缩机在从单台运行转入两台同步运行时，由制冷机房节能控制系统判断组合方式需要改变，此时的单机组/单机头负荷率 $f(x)$ 一定＞50%，先开启另一台压缩机并将这一台压缩机的负荷率 $f(y)$ 增载到100%，然后，两台压缩机负荷率 $f(y)$ 都到按比例进行减载，直至达到当前系统的负荷，之后，再同步加载到制冷机房节能控制系统计算出的当前加载负荷率 $f(y)$。

6) 冷水机组冷水温度智能再设定控制策略。由于末端空调系统在不同的季节消耗的冷量差异较大，在同一天不同时段消耗的冷量也有不小的差异，通常情况客流高峰期，需求的冷量会比较大，夜间需求的冷量会降低，地铁停运的几个小时冷量需求会进一步降低，根据地铁空调系统的特点，制冷机房提供的冷水根据室外温湿度情况和地铁不同的工作时段提供不同温度的冷水,可以有效提高冷水机组的 COP。

制冷机房节能控制系统根据采集的室外温湿度计算出新风焓值、湿球温度和露点温度,根据以往地铁运营的经验数据和工作特点,建立完整数据库,在不同季节、不同时段从数据库中自动查询出冷水温度设定点,让冷水机组保持在高效点工作。

(3)冷水变流量控制。

1)冷水变流量控制基本原理。一次泵变流量系统中选择可变流量运行的冷水机组,当机组运行时,蒸发器的供回水温差基本恒定,蒸发侧流量随负荷侧流量的变化而改变,从而达到"按需供应",并使得降低水泵在部分负荷时的供水量成为可能,最终降低系统运行能耗。末端冷量由冷水量调配,冷水机组生产的冷量由流经蒸发器的水流量和相对固定的温差决定。

机组允许的最低流量和最高流量之间是该机组允许的流量变化范围,水泵变频节能曲线如图 7-6 所示。根据以前的设计原则,蒸发侧的水流速度在 $3\sim 11$ ft·min^{-1} 之间($0.914\sim 3.35$ m·s^{-1},1 ft=30.48 cm)。通常来讲,为了提高蒸发器的换热效果,流速越高越好;而从减少蒸发器震动和管壁磨损的角度,流速越低越好。

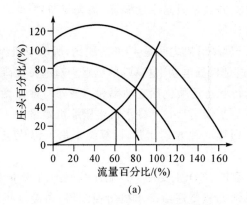
(a)

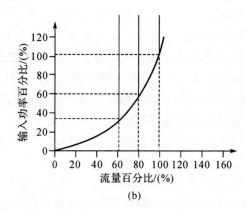
(b)

图 7-6 水泵变频节能曲线
(a)压头百分比; (b)输入功率百分比

就单台水泵而言,如果频率从 50 Hz 降到 40 Hz,流量变为原来的 80%,功率变为原来的约 50%。所以冷冻泵采用一次泵变流量控制。

2)冷水变流量控制策略。通过安装在冷水总供水管道的温度传感器和压力传感器,通过冷水总出水管道的温度传感器和压力传感器采集冷水供回水温度和温差,调节冷水频率,使冷水供回水温差保持在一个设定的温差,当温差变大,则降低冷水频率,当温差减小则升高冷水频率,系统实时监控冷水供水压力,保证冷水供水压头大小,如果压头不够则优先升高冷水泵的频率。通过这种组合的方式控制,可以使冷水系统长期保持在大温差、小流量的工作状态,从而达到"按需供应",并使得降低水泵在部分负荷时的供水量成为可能,最终降低系统运行能耗。末端冷量由冷水量调配,冷水机组生产的冷量由流经蒸发器的水流量和相对固定的温差决定。

(4)冷却水变流量控制。冷却水泵采用变流量控制,在冷水机组部分负荷和低负荷状态下,优先采用定温差控制,这种工况下冷却水变流量可以产生可观的节能效果,在冷水机组高负荷和满负荷状态运行时采用冷凝温度控制,既保证机组对冷却水的换热需求,又能保证冷却水流量不低于最小流量,尽可能地降低冷却水泵的转速和流量,增大冷却水供回水温差,从而实现节能。另外室外湿球温度随着时间变化的时候,充分利用早晚和夜间湿球温度相对较低的特点,采用不同的冷却水供回水温差,有效降低冷却水泵能耗。对于满液式机组,为了保证机组的回油效果,必须保证机组的吸排气压差大于下限值,在过渡季节,由于蒸发温度和冷凝温度相差很小,压差不容易建立,此时可以通过调节冷却水泵的流量,保证机组的吸排气压差正常,使机组稳定可靠开机运行。

(5)冷却塔变风量控制。自控系统设置室外气象站,实时计算室外空气的湿球温度,根据室外的湿球计算冷却塔能够提供的最合理的冷却水温度,在冷却水的供水管和回水管均安装有水温传感器。若冷却水供水温度高于节能系统计算出的最合理的冷却水温度,则冷却塔运行频率升高,若冷却水供水温度低于节能系统计算出的最合理的冷却水温度,则冷却塔运行频率降低。本系统采取这种基于室外湿球温度的动态计算最合理的冷却水温度设定值的策略可以有效避免室外湿球温度过高或过低的情况下多开的冷却塔风机电能浪费的情况。

(6)制冷机房主动寻优控制。制冷机房的耗电大户是冷水机组,其次是冷却泵、冷冻泵、冷却塔,根据这种设备组成,可以对主动寻优控制提供可靠的依据。制冷机房中冷水机组、冷水泵、冷却水泵、冷却塔之间的关系是耦合非线性的。调整期中一台设备的工作状态,其他设备的工作状态变化无法通过简单的数学推导方式列出关系表达式,在这种情况下,利用模糊控制算法和主动寻优控制策略,依据历史数据库和自学习功能,在调节的过程中系统自动调整运行参数,保持制冷机房整体的 COP 最佳。

7.5.8 项目分析

在项目的实施和测试过程中,笔者做了大量的测试实验和数据记录,以下数据供读者参考。

(1)水泵频率和流量、功率对应关系测试结果见表 7-24 和表 7-25。

表 7-24 水泵参数表

电机规格	额定功率/kW	电机效率/(%)	水泵效率/(%)	额定流量/($m^3 \cdot h^{-1}$)
LI100/160-18.5/2	18.5	88.1	79.63	209

表 7-25 18.5 kW 水泵变流量特性测试结果

冷却水泵频率/Hz	50.0	46.0	42.0	38.0	34.0	30.0
冷却水泵流量/(%)	100%	91%	82%	72%	62%	52%
理论计算流量/($m^3 \cdot h^{-1}$)	209.0	192.3	175.6	158.8	142.1	125.4
冷却水泵实测流量/($m^3 \cdot h^{-1}$)	216.7	197.0	177.1	155.7	133.8	112.0
理论计算功率/kW	18.5	14.4	11.0	8.1	5.8	4.0
冷却水泵实测功率/kW	17.7	13.9	10.7	8.1	5.9	4.1

(2)冷水变流量与机组 COP、制冷机房 COP 关系测试。在冷量输出一定的情况下,对冷水流量进行调节,得出流量变化对机组 COP、制冷机房 COP 以及机组冷水温差变化的曲线如图 7-7 所示。

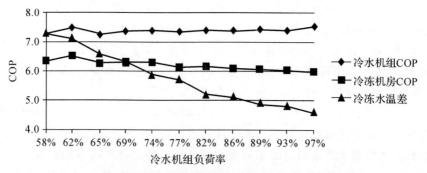

图 7-7 冷水变流量与机组 COP、制冷机房 COP 关系曲线

(3)冷却水变流量与机组 COP、机房 COP 关系测试。

不同负荷下冷却水变流量变化对机组 COP、机房 COP 温差变化的曲线分别如图 7-8 和图 7-9 所示。

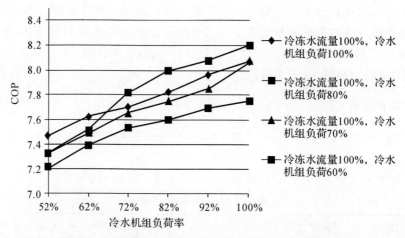

图 7-8 不同负荷下冷却水变流量与机组 COP 关系曲线

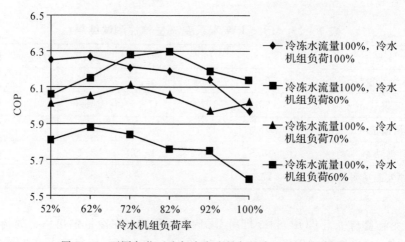

图 7-9 不同负荷下冷却水变流量与机房 COP 关系曲线

由图7-8和图7-9可以看出,冷却水流量增加对机组COP影响是单向的,对制冷机房COP影响存在拐点,而且不同机组、不同负荷下拐点也不一致,所以冷却泵变流量调节有节能空间但是要系统综合考虑。

(4)冷却塔变风量与机组COP、机房COP关系测试。项目中采用4台高效冷却塔,在冷却水定流量情况下,机组负荷在60%和100%工况下,冷却塔采用变风量运行,得出不同冷却塔风机不同频率下对应冷水机组COP和制冷机房COP的对应关系(见图7-10)。

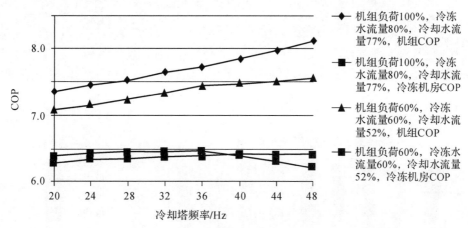

图7-10 不同负荷下冷却塔变风量与机组COP、机房COP关系曲线

冷却塔出水温度并不能无限制降低,在不同的湿球温度下冷却水能够下降的幅度是不同的,在室外温度29℃,湿度46%时如果冷却水进水温度下降到25℃以下时,制冷机房COP反而会下降。高效制冷机房冷却塔采用湿球温度+逼近度控制方案。

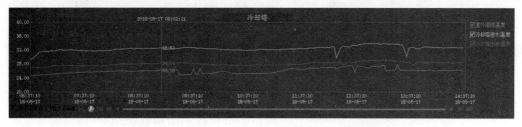

图7-11 湿球温度对应冷却塔供回水温度控制曲线

(5)小新风机控制模式测试。城市轨道交通大系统空调中小新风机有定频和变频两种控制方式,在变频控制方式下,小新风机根据站厅站台二氧化碳浓度进行频率调节,如图7-12所示。

由图7-12看出,小新风机关闭后,车站的二氧化碳浓度并无明显上升,且远低于设计要求指标$1\,000 \times 10^{-6}$。高效机房节能控制系统根据车站的二氧化碳浓度状态,智能控制小新风机启停及频率,在车站的二氧化碳浓度较低时直接关闭小新风机,同时减少了新风热负荷,在车站的二氧化碳浓度较高时根据需要开启小新风机,补充新风降低车站的二氧化碳浓度。

(6)制冷机房设备运行能耗占比分析。从实际运行数据看出,冷水机组的全年实际运行能耗占比在80%以上,辅机设备占比15%左右,制冷机房整体控制策略良好,主动寻优效果显著。

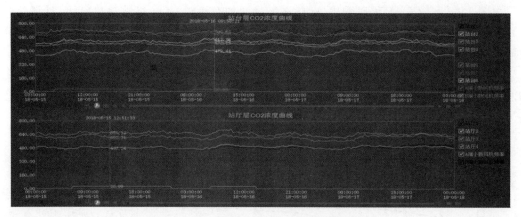

图 7-12 小新风机关闭后二氧化碳浓度曲线

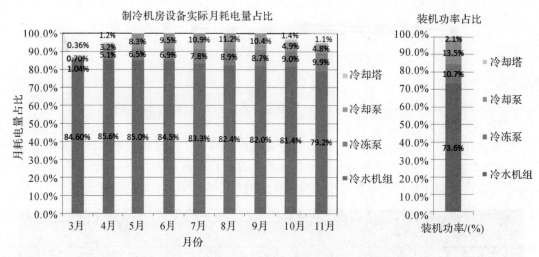

图 7-13 白江站设备实际用电占比与额定功率占比

(7) 白江站室外湿球温度占比分析。广州地处亚热带季风气候区,受海洋气候影响,湿球温度在24~28℃范围时间最长,如图7-14所示。本项目采用高效冷却塔,逼近度2℃左右,全年换热效果有保证。

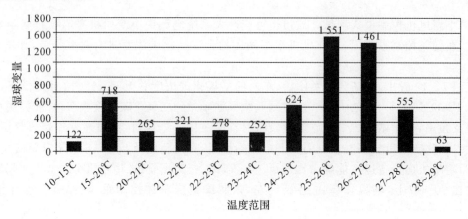

图 7-14 白江站制冷季室外湿球温度分布

(8) 全年运行系统COP统计。白江站全年制冷机房运行综合COP（含冷水泵）6.0以上，空调系统（含制冷机房和空调大系统，不含小系统空调）全年运行COP 4.9以上，全系统运行稳定，节能效果显著，如图7-15所示。

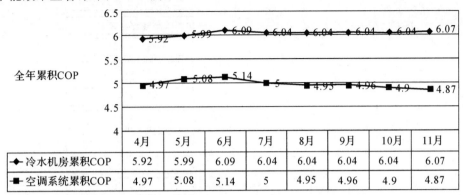

图7-15 白江站全年累积COP

7.5.9 项目总结

白江站超高效制冷机房系统在广州地铁首次采用了跨专业、多层级的系统集成设计，如图7-16和图7-17所示，冷水机组、冷水泵、冷却水泵、冷却塔、大系统空调、小系统空调全部纳入节能控制系统，将原BAS、低压、通风空调进行跨专业整合，实现了空调自控系统的大集成。为空调系统整体节能打下了良好的基础。除此之外设计界面也清晰明了，责任分工明确，接口设计简化。

采用强弱电一体化设计的风水联动设计，降低了现场接线工作量，提高了系统自动化程度，操作管理更简单。

高效机房节能系统以设备为关注点，同时兼顾风水联动和机房节能，专业的节能控制策略，特别是冷水机组深入的了解，能够充分挖掘设备的能效。

制冷机房各设备是动态变化的，随着运行时间的增加，各设备的最佳工况点跟设计以及初投入时均会有差异，运用自学习主动寻优控制策略可以使设备运行最佳状态定期更新，确保整个系统长期运行在高效点。

白江站高效机房系统2017年底投入运行，机房综合COP（含冷冻泵）达到6.0以上，与常规车站相比节能率超过50%，为广州地铁及其他城市轨道交通地下车站高效制冷空调系统研究提供了丰富的经验。

7.6 小 结

近年来城市轨道交通制冷空调系统的节能越来越受到人们的关注，从以上案例可看出，评价制冷系统高效的方式有通过节能率的，如北京、上海、深圳旧线改造项目，也有通过能效指标（如机房全年综合制冷能效比），如广州地铁新线建设项目。

总体来说，旧线路节能改造有很大的节能空间和市场需求，目前行业内节能评价指标主要是节能率，它从某些方面反映了制冷空调系统改造后与改造前的用能对比，但是受测试方法、测试时间、测试周期以及改造前数据记录是否完整有效等多方面限制，尤其是对新建项目，节能率测试有很多值得探讨和改进的地方。广州地铁以实际新建项目案例从制冷机房全年综合能效比和空调系统全年综合能效比做出创新和实践，为城市轨道交通制冷空调系统节能评价提出了新的思路和方法。

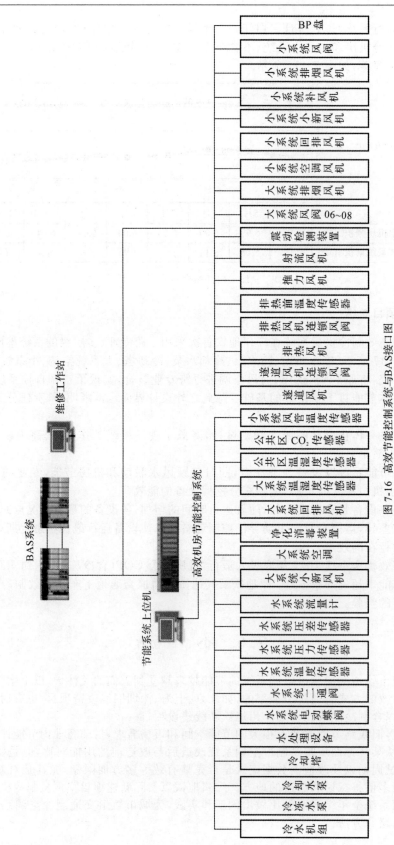

图 7-16 高效节能控制系统与BAS接口图

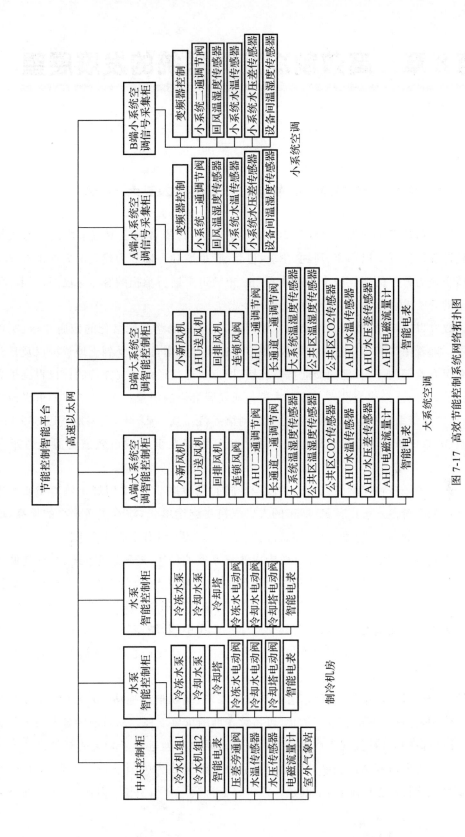

图 7-17 高效节能控制系统网络拓扑图

第8章 高效制冷空调系统的发展展望

8.1 我国城市轨道交通存在巨大需求

城市轨道交通从诞生到现在已经过150多年的发展,世界各国主要城市均已开通或规划了大量的轨道交通工程。以东京、纽约、伦敦、巴黎、新加坡和香港等为代表的大都市都建成了以城市轨道交通为骨干的现代城市交通体系。城市轨道交通所承担的客运量已经占到这些城市总客运量的50%以上。

新中国成立以来,我国城市轨道交通从无到有,从单一线路到网络化的四通八达,实现了跨越式发展。随着中国城市化进程的加快,城市交通需求剧增,同时受到土地资源以及日益增长的机动车保有量等的影响,地面交通日益拥堵,城市轨道交通由于其独特的优势得到了高速的发展。目前,中国已经成为世界上城市轨道交通发展最快的国家。在2018年的世界地铁排行榜(按照地铁运营里程排名)上中国就已经位列第一位。到2018年,上海地铁以669 km的运营里程数、北京地铁以617 km的运营里程数已经稳居在世界城市轨道交通运营里程的前列。

在城市人口和经济快速增长以及公共政策措施的强力推动下,中国城市轨道交通正进入一个快速发展的新阶段。可以预见,城市的人口规模将继续增长,随着生活水平的提高,城市居民对于交通出行的质量(速度、灵活性、舒适度以及安全性)将有更高的要求。

当前世界发达国家的城市大多拥有较为成熟与完整的城市轨道交通系统,并且其城市轨道交通所承担的客运量占城市公交运量的比例已达到50%以上,有的甚至高达80%。如拥有1 000万人口的巴黎,其城市轨道交通承担了70%的公共交通量;而人口为700万人的伦敦,也早已实现了以轨道交通为主的城市公共交通体系。在中国,城市轨道交通最发达的两座城市——北京和上海,城市轨道交通仅承担了25%左右的公共交通客流,远远低于世界发达国家水平,还有很大的发展空间。

城市轨道交通对于城市发展而言,有引导交通需求、缓解道路拥堵、节能减排和改变城市面貌的多重作用,并且是城市远景集约化、可持续发展的重要支柱。从目前的各大城市的交通规划来看,几乎都在其各种规划中或多或少地对城市轨道交通进行了相关的规划设计。同时国内也有很多相关的研究结论表明城市轨道交通将会继续成为中国未来投资热点,并成为带动城市经济稳定增长的新的增长点,其建设需求将会持续一个相当长的阶段,并还存在巨大的发展需求。

8.2 城市轨道交通通风空调技术创新与应用的需求

城市轨道交通由于其自身的特点,使得其建设和运营过程中都面临着巨大的挑战。城市轨道交通经常被认为是"天价工程",其建设投资巨大。目前,建设 1 km 的地下线路需要投资月 5 亿~6 亿元,高架方式也需要投资约 3.5 亿元。城市轨道交通要实现降低建设投资的目的,实现可持续发展,就不可避免地要从解决最主要的问题入手,研究合理的解决方法,寻找切实可行的解决途径。

通风空调系统作为城市轨道交通工程上不可或缺的组成部分,虽然其系统设备自身的初投资在城市轨道交通总投资中所占的份额不是很高,但由于通风空调系统设备和管线的占据了巨大的面积和房间,基本上是城市轨道交通名列前列的占地大户,可以说是对轨道交通建设的土建投资的贡献远远超过其他设备系统。同时城市轨道交通系统投入运营后,运营成本居高不下。其中最大的成本来源于各个系统运行中的能源消耗费用。由于运量大,城市轨道交通总的耗电量非常大。据测算,2008 年北京轨道交通线网规划用电为 6.5 亿千瓦·时,约占北京市用电总量的 1%;到 2015 年,北京市轨道交通线网规划用电为 13.9 亿千瓦·时,约占北京市用电总量的 1.2%,年耗电增幅平均达 12%。现有的城市轨道交通在节约能耗方面仍然存在巨大的潜力。

暖通空调系统在城市轨道交通中扮演着能源消耗大户的角色,根据城市轨道交通所在城市的气候条件不同,通风空调系统基本上消耗了轨道交通电力资源总量的 30%~50%。由此可以看出,轨道交通通风空调系统运行能耗的降低,对于城市轨道交通的运营成本节约来说意义重大。

在我国城市轨道交通体系中,地下轨道交通占有十分重要的地位。作为城市地下轨道交通系统的地铁系统而言,地下车站是其重要组成部分。地下车站人流量大、设备多、空间有限。在地下车站内既有乘客,也有工作人员;既有密闭空间,也有开放空间。而为了保证地下车站空气品质、人员舒适性以及设备安全,作为环控系统重要组成的制冷空调通风系统必须具备优良的性能,同时由于其能耗在地铁系统能耗中占比高,因此还要求该系统具备较高的能效。

在现在智慧先进交通体系中,城市轨道交通系统的节能与运行优化是重要组成部分。而城市轨道交通地下车站的制冷空调通风系统的节能与优化又是城市轨道交通系统节能的重中之重。要达成这一目标,按照整个生命周期来看,需要准确的设计、高效的设备、快速的装配、绿色的施工、优化的运行控制以及智能化的运维。

城市轨道交通系统的巨大需求与快速成长,必然对高效制冷空调系统的发展带来巨大的促进和更高的要求。同时也为适用于轨道交通地下车站的高效制冷空调系统的发展带来巨大的机遇和可观的市场。

本书以轨道交通地下车站高效制冷空调系统设计为主要内容,从系统负荷分析、系统选型优化、高效节能控制、装配设计与绿色建造、系统调试监测与评价等多方面进行展开讨论,力求给出轨道交通地下车站高效制冷空调系统设计的一般方法。同时本书还设置了高效制冷空调系统运行案例及实效的章节内容,希望能够结合实际案例对轨道交通地下车站高效制冷空调系统设计进行更详细直观的阐述。

8.3 城市轨道交通车站制冷空调通风系统的发展趋势

随着城市轨道交通建设规模的日益壮大,建设速度的加快和技术水平的不断提高,通风空调系统技术也将取得越来越大的发展和进步。从工程建设、城市发展和人员需要等方面的需求来看,城市轨道交通地下车站制冷空调通风系统的未来发展趋势主要是"安全健康、经济节能、绿色环保"。

8.3.1 安全健康

通风空调系统承担着城市轨道交通内部整体的空气环境控制的重任,事关乘客和工作人员的健康与安全。在系统设置和设备配置上一定要以此为最基本的出发点,以往工程上采用的系统形式也都是以此为前提的。但随着工程建设的步伐加快,越来越多的实际状况涌现出来,传统的通风空调系统的设置和运行模式已经无法适应当前工程实际的需要。同时轨道交通地下车站的新型建筑和结构形式不断涌现,通风空调系统也必须根据实际需要进行发展,实现既满足人员健康要求又保证安全的目的。

首先,在实际工程建设的地质勘查中,也不断发现在地下遇到气压较高的有害气体的情况。当城市轨道交通线路穿越地下储气层时,在设计、施工和未来运营过程中,一定要将有害气体对工程的危害以及对工程后期运营带来的不利影响细致考虑,这也是通风空调系统面临的新问题。而且随着列车运行速度的提高,区间隧道内的空气压力也随着发生变化。国内已有若干条城市轨道交通线路列车最高运行时速达到了 $120 \text{ km} \cdot \text{h}^{-1}$,有些线路还在研究 $140 \text{ km} \cdot \text{h}^{-1}$ 或者更高的列车最高运行时速。空气压力的波动对人员的舒适度会造成较大的影响,情况严重时甚至会危及健康。针对这种情况,需要多专业系统解决。而通风空调系统无疑是其中重要的一环,需要针对空气压力的变化,结合人员健康需求,进行合理有效地控制,采取稳妥有效的措施进行解决。

其次,城市轨道交通的地下部分相对较为闭塞,随着人们健康意识的提高,对地下空间的空气环境也将提出越来越高的要求。如人员新风量要求、内部环境空气温度对季节和室外气候变化的要求等。另外对于空气品的质的要求也不断提高,这些都对城市轨道交通地下车站制冷空调通风系统提出了更高的要求,需要通风空调专业的不断研究、不断发展来进行逐项解决。对于此类问题,在新版《地铁设计规范》中已经提出了一些条款要求,但现在还是只处于起步阶段,还需要进行大量的工程实践新探索。另外,针对地下线路含尘量大,列车运行中轮轨摩擦以及刹车过程中刹车片和轨道与车轮摩擦产生的大量粉尘,以及日常对地下车站中应用的过滤器的清洗难度较大等实际情况,也需要开展相应的研究实现高效低能耗自动或半自动的清洁装置,更好地保证空气品质,为城市轨道交通提供更加健康的内部空气环境。

8.3.2 经济节能

传统的城市轨道交通地下车站通风空调系统存在两大突出特点:一是占用的土建面积和空间巨大,一般来说地下车站设备及管理用房的一半面积都被通风空调机房占用;二是系统运行能耗高,对于南方城市而言,约50%的运营能耗为通风空调系统耗能,对于北方城市而言,通风空调系统能耗也达到运行总能耗的近1/3。

如何更加合理有效地解决这两大难题,是城市轨道交通通风空调系统要给予高度重视和研究的方向之一。需要从通风空调系统的精确计算、系统制式的选择、系统设备的配置、系统控制、系统运行模式系统运行优化以及新设备研发应用等多角度展开大量工作。从系统制式选择上看,合理的系统方式设置对于节省占用土建空间以及运营节能都至关重要,应当结合气候条件、运力因素、土建结构类型、地质情况、建设标准和经济实力等多方面的因素进行综合性的技术经济比较,发展和采用合理的系统制式。

在城市轨道交通空调系统方式和系统构成方案确定之后,系统设备的选用和配置就成为重要的环节,在工厂建设中,考虑到不同运营时期,客流量和热负荷的不同,通风空调系统应采用不同的设备配置标准以适应负荷的变化,以达到极大的运行节能效果。同时在设备安装施工过程中,结合 BIM 等技术实现绿色装配与快速施工,结合模拟施工提前解决施工中可能存在问题,大大缩短工程周期,有效降低相应的成本和安装能耗。

同时积极推广科学智慧运维等,结合大数据技术以及智能运维系统,对系统运行数据进行深入分析与规律挖掘,总结并制定智能优化的节能运行方案,进一步降低运营能耗。科学合理地确定城市轨道交通通风空调系统的运行模式对于实现系统节能具有重要作用,城市通风空调系统的运行应根据季节变化、客流变动、运营时间和各地气候特点,本着充分利用外界自然条件,有效适应内部负荷变化规律的原则予以合理的设定。

8.3.3 生态环保

城市轨道交通是城市交通的主动脉,对城市具有多方面的影响,城市轨道交通通风空调系统也需要对此高度关注。

首先,从城市景观角度考虑,突出地面的风亭和设置在地面的冷却塔、风冷机组等设施与设备无疑会对城市环境造成影响,比如冷却塔的飘液、城市热岛效应等。在一些敏感区域和道路、建筑物布局比较紧张地段,以及居民集中地区,这些矛盾极为突出。对于通风空调而言,也应积极进行创新性研究,以利于此类问题的解决。

其次,城市轨道交通通风空调系统对于城市环境的噪声与振动的影响也不容忽视。城市轨道交通线路可能穿越城市不同环境要求的区段,这就要求其对周边的环境噪声和振动影响满足环保要求,城市轨道交通通风空调系统设备也需要努力实现低噪声、低振动和低能耗。

总之,设计和建设城市轨道交通通风空调系统需要总结国内外实际应用经验,结合新的理念,采用新的技术,改造和提升传统系统方式,加快技术更新和促进系统技术的进步。加强研究和开发,不断提升城市轨道交通地下车站制冷空调通风系统的性能,科学合理地促进相关新技术和装备的探索和工程应用,为构建先进智慧城市轨道交通系统出力,促进高水平持续发展。

附 录

附录 A 专用名词解释

A.1 地铁

在城市中修建的快速、大运量用电力牵引的轨道交通。线路通常设在地下隧道内,也有的在城市中心以外地区从地下转到地面或高架桥上。

A.2 城市轨道交通

在不同型式轨道交通上运行的大、中运量城市公共交通工具,是当代城市中地铁、轻轨、单轨、自动导向、磁浮等轨道交通的总称。

A.3 活塞通风

利用地铁列车在隧道内的高速运行所产生的活塞效应而形成的一种通风方式。

A.4 大系统

对车站公共区服务的通风空调系统。

A.5 小系统

对车站设备管理用房服务的通风空调系统。

A.6 分站供冷

它指车站自设冷水机房,为本车站大小系统提供冷源。

A.7 集中供冷

通过集中冷站集中生产冷量,冷量以冷冻水为载体通过管道输往相邻的多个车站,为车站提供冷量。

A.8 制冷机房瞬时能效比 COP。

它指某运行时刻,制冷机房的瞬时制冷量与制冷机房的设备冷水机组、冷却水泵、冷冻水泵、冷却塔对应耗电量的比值。

A.9 制冷机房全年综合制冷能效比 SCOP。

它指全年制冷机房的制冷量与制冷机房的设备冷水机组、冷却水泵、冷冻水泵、冷却塔全年耗电量的比值。

A.10 空调系统瞬时制冷能效比 COP_s

它指某运行时刻,空调系统的制冷量与制冷机房设备(含冷水机组、冷却水泵、冷冻水泵、冷却塔)、大系统空调设备(含空调器、新风机、回排风机、出入口、换乘通道的风机盘管)和小系统空调设备(含空调器、回排风机)的对应耗电量的比值。

A.11 空调系统全年平均综合制冷能效比 $SCOP_s$

它指全年空调系统的制冷量与制冷机房设备(含冷水机组、冷却水泵、冷冻水泵、冷却塔)、大系统空调设备(含空调器、新风机、回排风机、出入口、换乘通道的风机盘管)和小系统空调设备(含空调器、回排风机)的全年耗电量的比值。

A.12 高效制冷空调系统

本书定义的高效制冷空调系统是指制冷机房全年综合制冷能效比($SCOP_c$)不低于5.0,且空调系统全年平均综合制冷能效比($SCOP_s$)不低于3.5的制冷空调系统。

A.13 环控系统

城市轨道交通地下车站中空调水系统、大系统、小系统、隧道通风系统的统称。

A.14 空调节能控制系统

针对城市轨道交通地下车站空调水系统和风系统运行特点,以空调系统综合节能为目标,运用电子计算机技术,软硬件相结合的控制系统。

A.15 计算不确定度

某个变量的计量值与真实值之误差的均方根。

A.16 测量能量平衡系数

制冷机房测量能量平衡系数指冷水系统得热及压缩机做功之和相对冷却水系统排热之差与冷却水系统排热的比值。

附录 B 制冷机房推荐布局方案

附录 B.1 两台冷水机组布置的制冷机房(见附图 1 和附图 2)

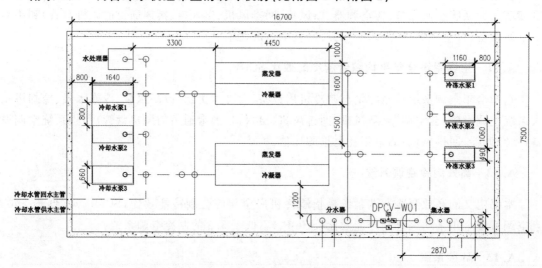

附图 1 地铁冷水站长方形布局图(1)

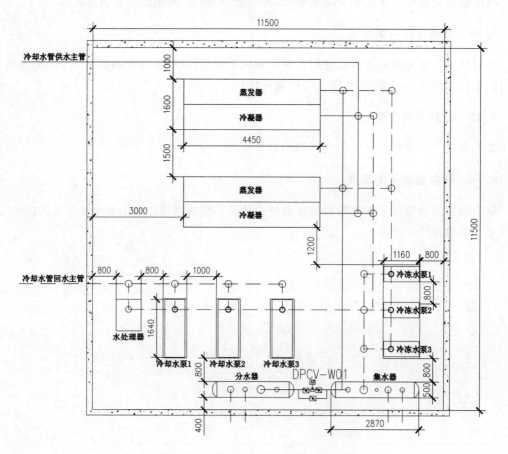

附图 2 地铁冷水站正方形布局图(1)

附录 B.2 三台冷水机组布置的制冷机房（见附图3和附图4）

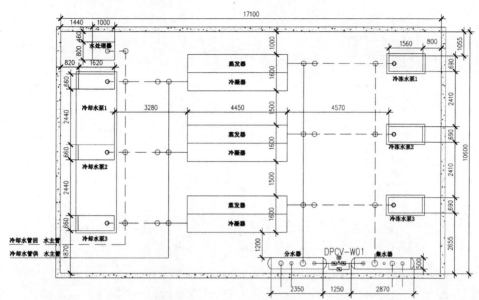

附图3 地铁冷水站正方形布局图（2）

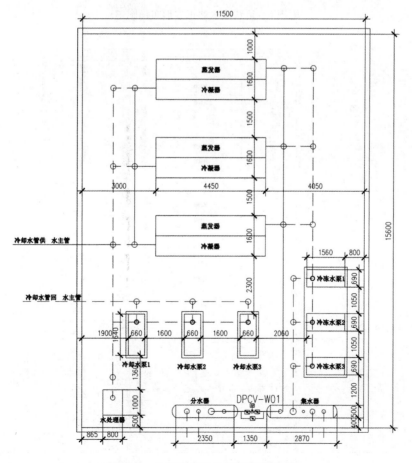

附图4 地铁冷水站长方形布局图（2）

附录 B.3 四台冷水机组布置的制冷机房(见附图5和附图6)

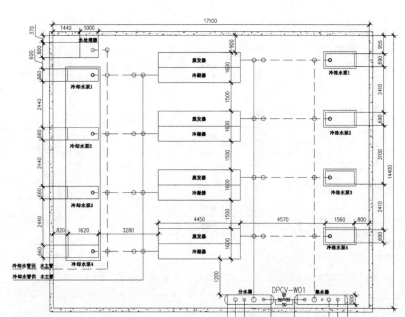

附图 5 地铁冷水站正方形布局图(3)

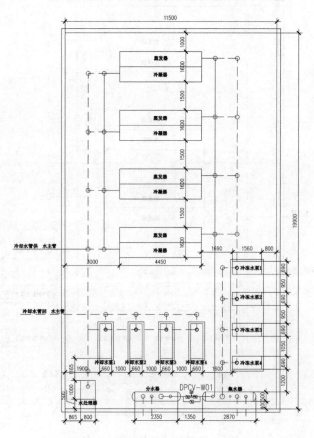

附图 6 地铁冷水站长方形布局图(3)

附录 B.4　制冷机房(两台冷水机组)推荐水系统管道布局方案(见附图 7 和附图 8)

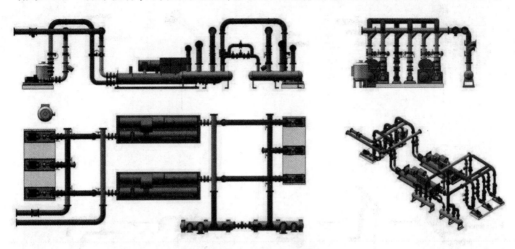

附图 7　地铁冷水站长方形布局图(4)

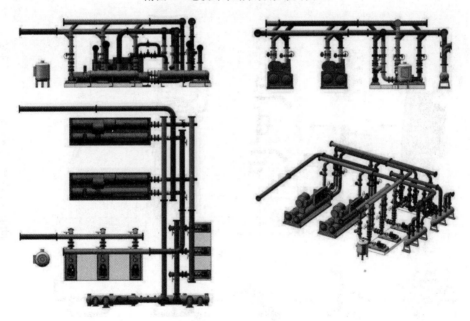

附图 8　地铁冷水站正方形布局图(4)

注：三台及以上冷水机组的制冷机房参考附录 B 建模。

附录 B.5　制冷机房(两台冷水机组)推荐构件拆分方案

制冷机房(两台冷水机组)推荐构件拆分方案如附图 9 和附图 10 所示。

附录 B.6　制冷机房(两台冷水机组)水系统构件大样图

三台及以上冷水机组的制冷机房水系统构件大样图参考附录 D(以长方形布局为例，相同的结构只给出其中 1 个如附图 11～附图 18 所示)。

附录 B.7　制冷机房(两台冷水机组)水系统推荐施工工序(见附图 19 和附图 20)

附录 B.8　管道保温做法参考图(见附图 21 和附图 22)

附录 B.9　阀件保温做法参考图(见附图 23 和附图 24)

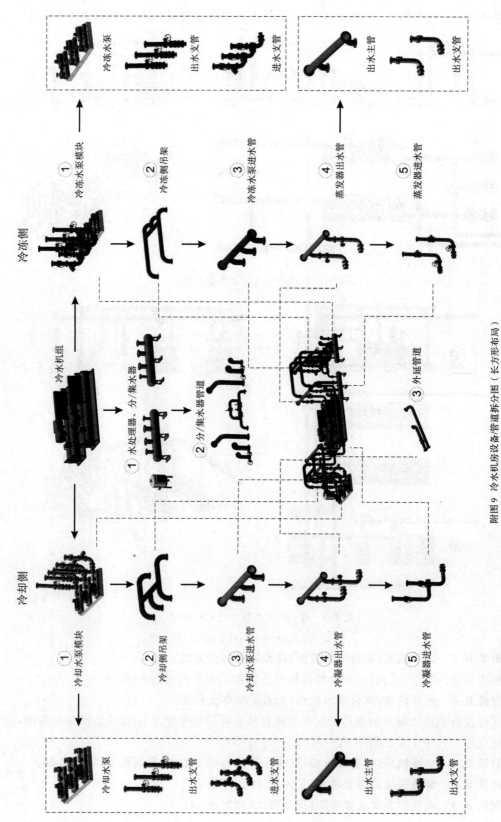

附图 9 冷水机房设备/管道拆分图（长方形布局）

（说明：用等长直管替代流量计）

附 录

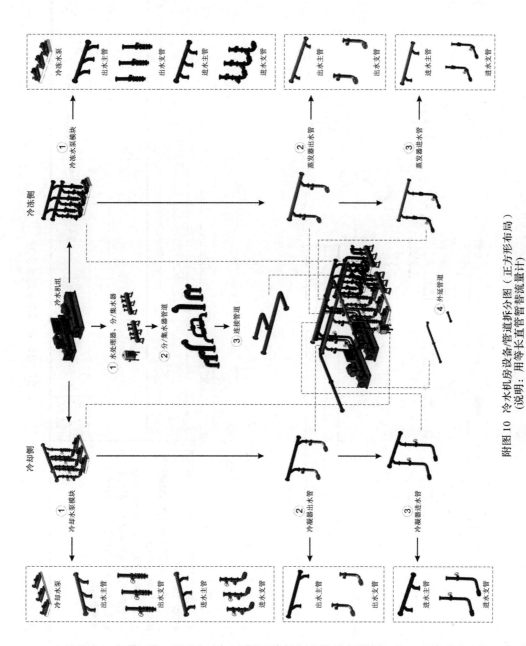

附图10 冷水机房设备管道拆分图（正方形布局）
（说明：用等长直管替矫替流量计）

注：三台及以上冷水机组的制冷机房管路拆分参考附录C的拆分原则。

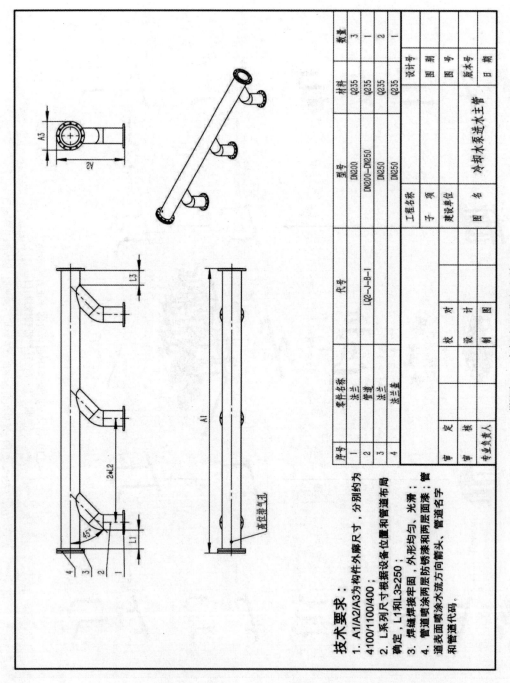

附图 11 冷却水泵进水主管

附　录

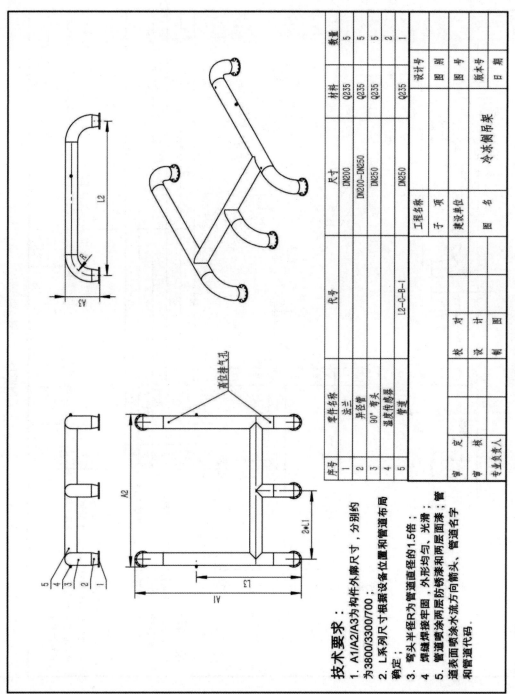

附图 12　冷冻侧吊架

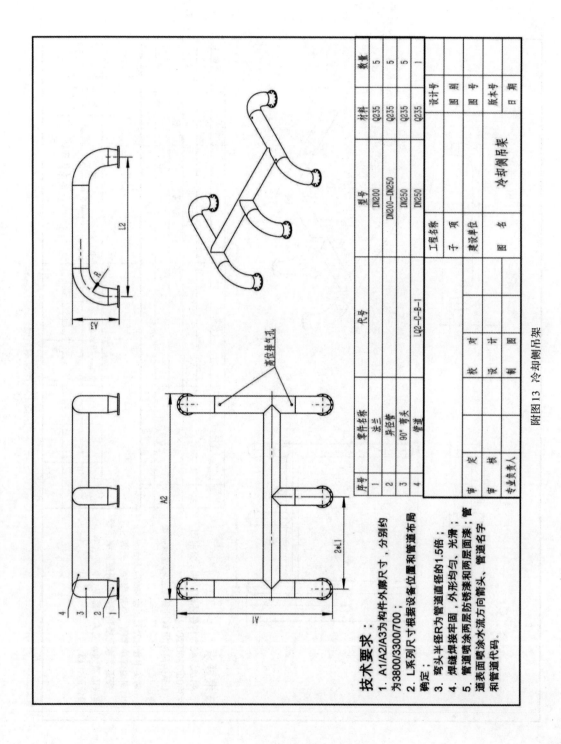

附图 13 冷却侧吊架

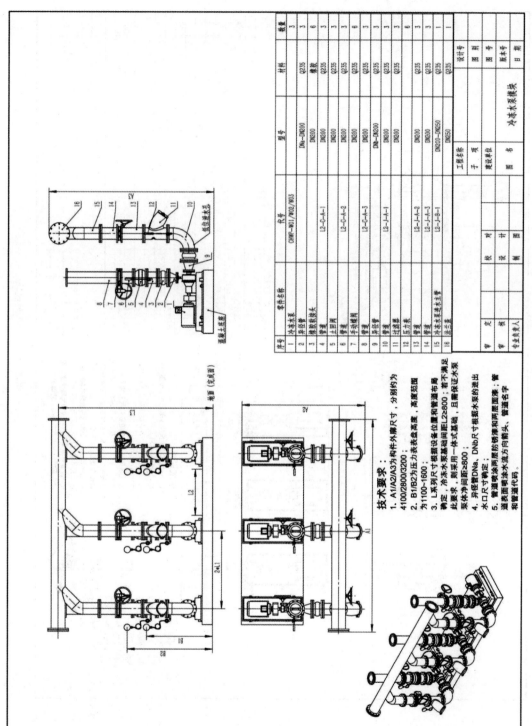

附图14 冷冻水泵模块

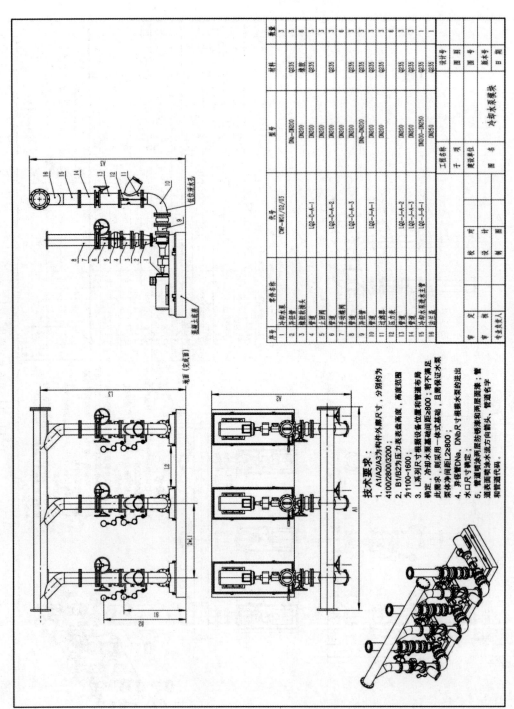

附图15 冷却水泵模块

附 录

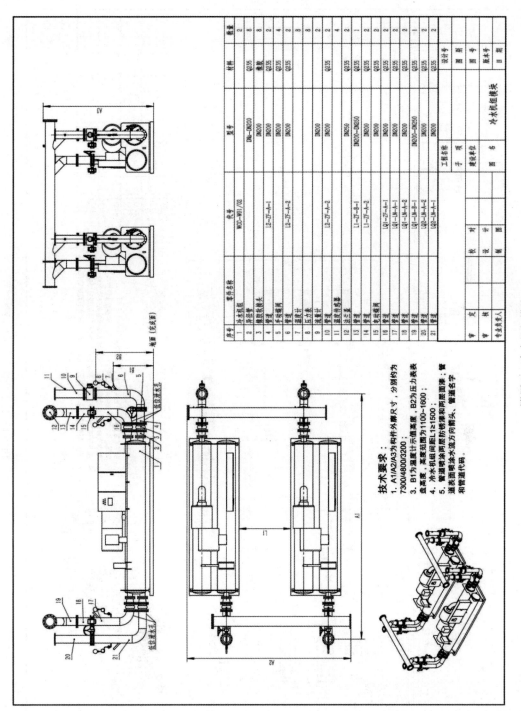

附图16 冷水机组模块

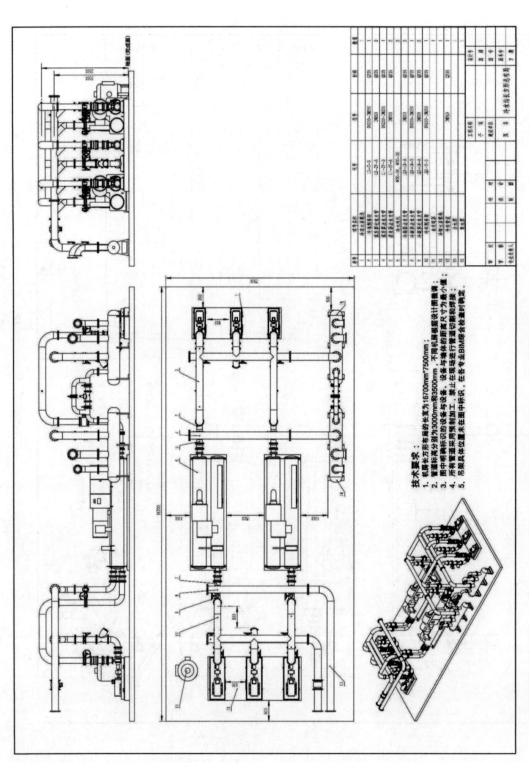

附图17 冷水站长方形总布局图

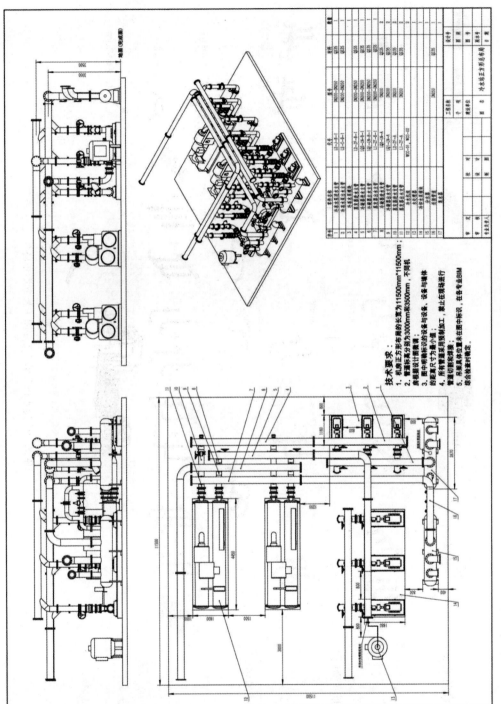

附图 18 冷水站正方形总布局图

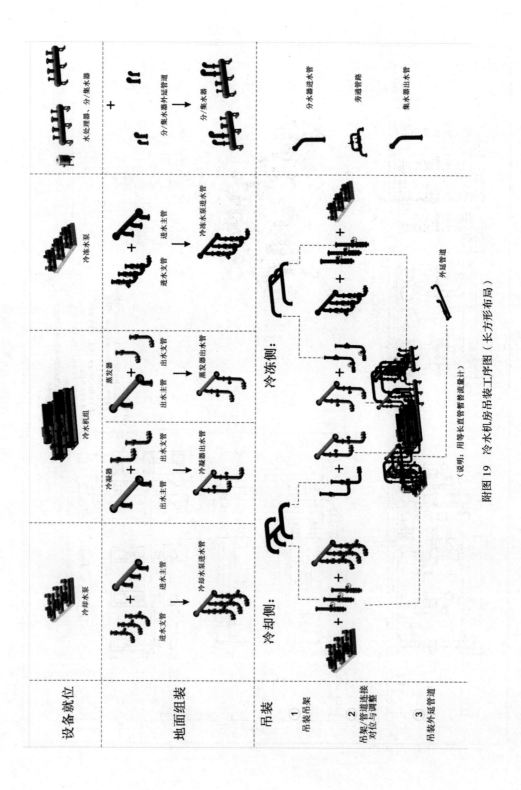

附图 19 冷水机房吊装工序图（长方形布局）

附 录

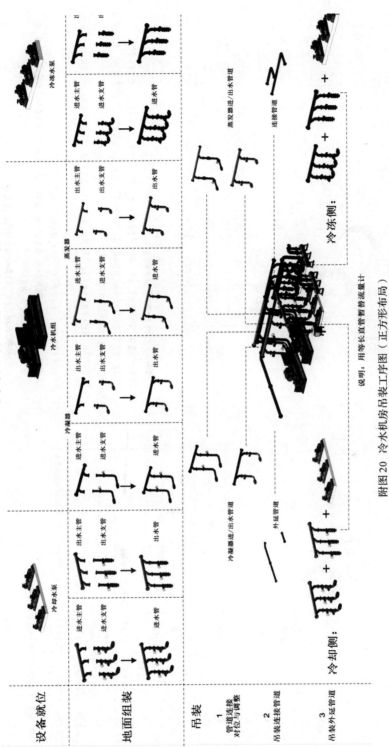

附图 20 冷水机房吊装工序图（正方形布局）

注：三台及以上冷水机组的制冷机房水系统施工工序参考附录E。

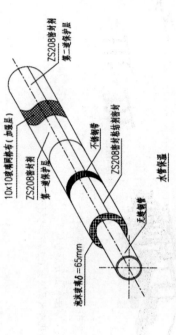

层	代号	类别	密度 kg/m³	介质温度 ℃	厚度 mm
					DN20
管道	1	钢管（除锈）			
保温层	2	泡沫玻璃（两道）			
	3	玻璃棉毡	80	7~35	40
防潮层	4	隔热防潮胶面（白色素再玻璃布、牛皮纸）			
	5	接缝贴面胶带（宽50~60mm）			
固定	6	包装带固定（宽带350~500mm一条）			
止水带	7	止水套管（支于支架木托两侧的表面墙面）			

说明：贴面复合玻璃棉整体燃烧性能应达到A级。

使用范围：适用于车站各DN≤25的冷水水管，冷凝水管采用此保温做法，一般采用40厚的保温材料。

附图21 管道保温做法(1)

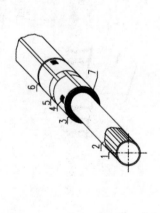

			厚度 mm						
类别	密度 kg/m³	介质温度 ℃	DN300	DN250	DN200	DN150	DN100		
			DN80	DN50	DN40	DN32	DN25		
保温层	泡沫玻璃	120~200	7~35	60	60	60	60	50	
				50	50	50	40	40	

水管保温

说明：
(1) 对于管径DN≥25的冷水本水管采用泡沫玻璃保温。
(2) 管道表面进行除锈、清除表面油污、灰尘、水锈、焊渣，焊渣未进它污物、收之干净、干燥，故工程项目要求做好防腐处理。
(3) 进行泡沫玻璃保温专支安装，先与块之间用刮刀开好ZS208垫封材料均匀涂抹、压实并压紧，车丝材料的制品不小于两道。
(4) 遇到管支架位时，将泡沫玻璃先加工成两块制做，并紧跟触设置进行试装，发现不合适的地方，并经修调加工，直到对位合对止。
(5) 泡沫玻璃专封的所有间向、纵向结缝的缝末大于2mm，缝与结缝相互错开，不管空缝。
(6) 保护层支架、末用ZS208垫封材料涂抹第一道，厚度为1mm，涂末后再采用5度玻璃纤维网格布末支架均匀缠绕，一层进行加压，待干后进行第二道ZS208垫封材料涂末。
(7) 保护层第一道ZS208垫封材料涂末后表面均匀涂末，厚度为1mm。
(8) 由于管道附件来用专封保温，水管与管道附件连接处球泡沫玻璃末端的横向表面均要采用ZS208垫封材料均匀涂末，厚度为2mm。

附图22 管道保温做法(2)

附 录

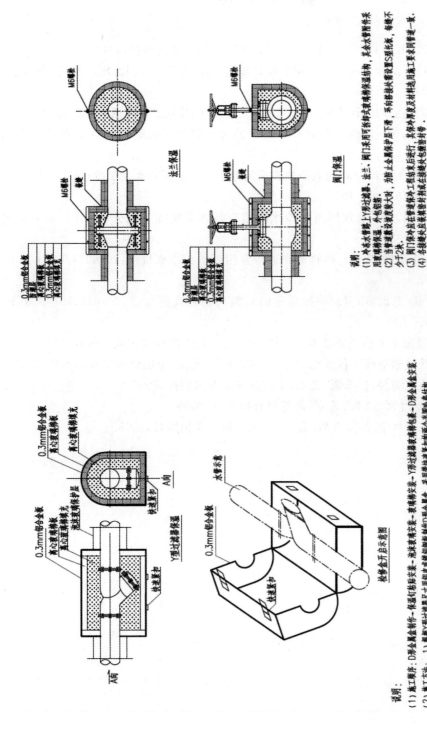

附图 23 阀件保温施工图(1)

附图 24 阀件保温施工图(2)

— 209 —

参 考 文 献

[1] 地铁设计规范:GB 50157—2013[S]. 北京:中国建筑工业出版社,2013.
[2] 邹守春.民用建筑供暖通风与空气调节设计规范:GB 50378—2012[S]. 北京:中国建筑工业出版社,2012.
[3] 陆耀庆.实用供热空调设计手册[M]. 2版.北京:中国建筑工业出版社,2008.
[4] 王颖,吴疆,张瑞,等. 地铁用高效冷水机组的选型设计与试验验证[J]. 制冷与空调,2017,7(17):38-42.
[5] 张瑞,刘昶,冯泽. 基于BIM的城市轨道交通地下车站装配式高效制冷机房应用[J]. 暖通空调,2018,1(48):99-103.
[6] 王颖,吴疆,张瑞,等. 地铁用高效冷水机组空调水系统能效比分析[J]. 暖通空调,2017,8(47):79-82.
[7] 梁路军,王颖,李璐峰,等. 一种轨道交通行业用双机头冷水机组:201621178973.5[P]. 2017-06-27.
[8] 李璐峰,梁路军,王忠良,等. 一种高效的双机头壳管式蒸发器:201621179189.6[P]. 2017-06-27.
[9] 李国庆.城市轨道交通空调新技术及应用[M]. 北京:中国建筑工业出版社,2014.
[10] 车轮飞. 地铁暖通空调工程常见问题及分析[M]. 北京:中国建筑工业出版社,2015.
[11] 陆亚俊. 暖通空调[M]. 2版.北京:中国建筑工业出版社,2007.
[12] 杨世铭. 传热学[M].4版.北京:高等教育出版社,2006.
[13] 朱颖心. 建筑环境学[M]. 2版.北京:中国建筑工业出版社,2005.